Best-sel

• Pa

Qué les enseñan los ricos a sus hijos acerca del dinero, ¡que las clases media y pobre no!

• El Cuadrante del flujo de dinero

Guía de Padre Rico hacia la libertad financiera

• Guía para invertir

En qué invierten los ricos, ¡a diferencia de las clases media y pobre!

• Niño Rico, Niño Listo

Cómo dar a sus hijos una educación financiera sólida

• Retírate joven y rico

Cómo volverse rico pronto y para siempre

• La conspiración de los ricos

Las 8 nueve reglas del dinero

• Historias de éxito

Experiencias verdaderas de personas que siguieron las lecciones de Padre Rico

• Guía para hacerse rico sin cancelar sus tarjetas de crédito

Convierta la deuda mala en deuda buena

• El juego del dinero

Por qué los inversionistas lentos pierden ¡y el dinero rápido gana!

• Padre Rico, Padre Pobre para jóvenes

Los secretos para ganar dinero que no te enseñan en la escuela

• Antes de renunciar a tu empleo

Diez lecciones que todo emprendedor debe saber para construir un negocio multimillonario

• Incrementa tu IQ financiero

Sé más listo con tu dinero

• La ventaja del ganador

El poder de la educación financiera

• Despierta el genio financiero de tus hijos

Por qué los estudiantes de "10" trabajan para los estudiantes de "6"

Best-sellers de Robert T. Kiyosaki

Padre Rico, Padre Pobre

SEGUNDA OPORTUNIDAD

SEGUNDA OPORTUNIDAD

PARA TU DINERO, TU VIDA Y NUESTRO MUNDO

ROBERT T. KIYOSAKI

Autor del *bestseller* internacional *Padre Rico, Padre Pobre*

AGUILAR

Segunda oportunidad
Para tu dinero, tu vida y nuestro mundo

Título original: *Rich Dad's Second Chance*

This edition published by arrangement with Rich Dad Operating Company, LLC.
Esta edición es publicada en acuerdo con Rich Dad Operating Company, LLC.

Primera edición: abril de 2015

www.megustaleer.com.mx

Comentarios sobre la edición y el contenido de este libro a:
megustaleer@penguinrandomhouse.com

ISBN 978-607-11-3713-5

Impreso en México / *Printed in Mexico*

Dedicatoria

Este libro está dedicado al doctor Richard Buckminster Fuller, 1895-1983.

El doctor Fuller es un hombre casi imposible de describir o catalogar. Quienes lo mencionan se refieren a él como futurista, inventor, maestro, filósofo y arquitecto. Fue admitido dos veces en la Universidad de Harvard, las mismas ocasiones en que le pidieron que la dejara.

Tiene numerosos doctorados, patentes en Estados Unidos, premios y reconocimientos, entre ellos, la Medalla de Oro del Instituto Norteamericano de Arquitectos y la Medalla Presidencial de la Libertad, que le fue otorgada por el presidente Ronald Reagan.

Bucky Fuller es mayormente reconocido por haber diseñado el Domo geodésico, una estructura que se sigue utilizando hasta la fecha en todo el mundo. Epcot Center, en Disney World, se encuentra en el interior de uno de los domos de Fuller. A este hombre le han llamado el primer futurista, el hombre que convirtió la predicción del futuro en ciencia. Muchas de sus predicciones se cumplieron en el pasado, y lo siguen haciendo hasta ahora.

Al doctor Fuller, bien conocido por su espíritu humanitario, también lo han llamado "Genio amistoso del planeta" y "Abuelo del futuro". En 1982, John Denver compuso y grabó la canción *Lo que un hombre puede hacer* (*What One Man Can Do)*, precisamente para él.

En la ilustración de esta dedicatoria se puede ver el domo geodésico del Pabellón de Estados Unidos en la Feria Mundial de 1967 –Expo 67–, llevada a cabo en Montreal, Canadá.

Este libro, *Segunda oportunidad*, inicia con mi visita a la Expo 67, cuando viajé de aventón de Nueva York a Montreal para ver el domo de Fuller… y el futuro.

Con todo mi aprecio

Quiero agradecer con todo mi corazón a Mike Sullivan y a Shane Caniglia, director ejecutivo y presidente de The Rich Dad Company, respectivamente, por arreglar el pasado y llevar a Padre Rico al futuro.

Y por darle a The Rich Dad Company su *segunda oportunidad*.

Un agradecimiento especial al equipo de Padre Rico por apoyar a Mike y a Shane en los tiempos difíciles que pusieron nuestras almas a prueba.

El equipo de Padre Rico

Kathy Grady 2000
Mona Gambetta 2001
Bob Turner 2002
Christina Ingemansdotter 2004
Greg Arthur 2006
Mike Allen 2007
Brett Bottesch 2008
Ryan Nalepinski 2008
Mike Sullivan 2009
Shane Caniglia 2009
Robert Boorman 2009
Robb LeCount 2009
Brad Kendall 2009
David Leong 2009
Rhonda Hitchcock 2009
Idalia Fuentes 2010
Darrin Moore 2010
Jack Koch 2011
Zeke Contreras2011
David Adams 2012
Derek Harju 2012
Matthew Stein 2012
Tony Femino 2012
Melissa Marler 2012
Josh Nesa 2014
Matt Quirk 2014

Shane Caniglia, presidente Mike Sullivan, director ejecutivo

Quiero darle un agradecimiento especial a Mona Gambetta. Sin ella no existiría ni este libro, ni la mayoría de los otros libros de Padre Rico. Mona es como el conejito de Energizer: siempre va más allá del deber, las 24 horas del día, los siete días de la semana. Si Padre Rico fuera una organización militar, a Mona tendríamos que otorgarle la Medalla de Plata por su valor en el campo de batalla.

Sé que Mona me apoya y, como yo, reconoce y agradece al equipo de Plata Publishing y a toda la gente de The Rich Dad Company. Cada uno de sus integrantes ha contribuido y apoyado este proyecto editorial a su manera. Les agradezco en particular a Rhonda Hitchcock, Steve King, Greg Arthur, Dave Leong, Jake Johnson, Kellie Coppola, Garrett Sutton y Darrin Moore.

A mi amada Kim por ser una mujer próspera en todos los sentidos: en el amor, la inteligencia y la belleza... Y por ser el sutil motor en el corazón de The Rich Dad Company.

Y, por supuesto, a los millones de personas que, como tú, leen los libros de Padre Rico, y practican y enseñan nuestros juegos en todo el mundo. Gracias por ser el motor de Padre Rico y por ser parte de nuestra misión global:

Incrementar el bienestar financiero de la humanidad

Gracias a los asesores de Padre Rico por compartir su peculiar sabiduría.

Blair Singer
Asesor de Padre Rico desde 1981 en ventas y formación de Equipo

Ken McElroy
Asesor de Padre Rico desde 1999 en bienes raíces, deuda, y captación de capital

Garren Sutton, abogado
Asesor de Padre Rico desde 2001 en protección de bienes y planes de negocios

Darren Weeks
Asesor de Padre Rico desde 2001 en emprendimiento y educación

Tom Wheelwright, contador público
Asesor de Padre Rico desde 2006 en impuestos y estrategias de riqueza

Andy Tanner
Asesor de Padre Rico desde 2006 en activos en papel

Josh y Lisa Lannon
Asesor de Padre Rico desde 2008 en emprendimiento social y cambios de comportamiento

Nota del autor

Aunque este libro hace referencia al gobierno y a ciertas políticas, no tiene motivaciones ulteriores. El autor no es ni republicano ni demócrata. En todo caso, es libre pensador.

En el libro se menciona a dios y al espíritu, pero no es un libro religioso. No tiene motivaciones religiosas. El autor cree en la libertad de elegir una religión, y de creer –o no–, en Dios.

Fuimos llamados para ser los arquitectos del futuro,
no sus víctimas.

–R. Buckminster Fuller

Índice

Tercera parte: El futuro

Introducción

Hace mucho, mucho tiempo...
Estados Unidos era el país acreedor más rico del mundo.
Hace mucho, mucho tiempo...
Al dólar estadounidense lo respaldaba el oro.
Hace mucho, mucho tiempo...
Imprimir dinero era un crimen conocido como *falsificación.*
Hace mucho, mucho tiempo...
La gente iba a la escuela, conseguía un empleo, se retiraba joven y vivía feliz por siempre.
Hace mucho, mucho tiempo...
Lo único que tenías que hacer para volverte rico era comprar una casa y venderla después, cuando subía de precio.
Hace mucho, mucho tiempo...
Contar con un título universitario significaba tener un mejor salario.
Hace mucho, mucho tiempo...
Ser viejo era una activo.
Hace mucho, mucho tiempo...
La gente retirada podía contar con que la Seguridad Social y Medicare se harían cargo de ella.

Pero por desgracia, **Hace mucho, mucho tiempo, *se terminó.*** El cuento de hadas llegó a su fin. El mundo cambió y sigue evolucionando.

P: ¿Entonces que *necesitamos hacer ahora?*

R: Precisamente de eso se trata este libro, de la segunda oportunidad que tendrás para ti, para tu dinero y tu vida.

Este libro se divide en tres partes: el Pasado, el Presente y el Futuro.

El pasado... examina *las causas reales* de la crisis financiera que enfrentamos actualmente.

El presente... analiza en dónde te encuentras hoy.

El futuro... explora la se gunda oportunidad para tu dinero y tu vida, y la forma en que puedes aprovechar las situaciones propicias que ofrecen la crisis y la adversidad para crear la vida que deseas.

La palabra más importante de hoy es *crisis*. Recuerda que la palabra crisis tiene dos partes, dos lados: *peligro* y *oportunidad.*

Tu segunda oportunidad te exige eludir los *peligros* que se te presentarán y estar preparado para aprovechar las *situaciones propicias* que te ofrece la *creciente crisis financiera global.*

Primera parte

El pasado

El sistema tradicional

Ve a la escuela, consigue un empleo, trabaja duro, ahorra dinero, compra una casa, sal de deudas e invierte a largo plazo en la bolsa de valores.

Introducción

El otro día estaba en un Starbucks y me encontré a un amigo que no había visto en años. Aunque me dio gusto verlo, me sorprendió encontrarlo trabajando como barista.

–¿Cuánto tiempo llevas trabajando aquí? –le pregunté.

–Como cinco meses –me contestó mientras tomaba mi orden.

–¿Qué sucedió? –volví a preguntar.

–Bueno, perdí mi empleo después de la caída de la bolsa en 2007. Encontré otro pero ése también lo perdí un poco más adelante. Finalmente, después de gastar todo el dinero para el retiro y nuestros ahorros, terminamos perdiendo la casa. Simplemente no pudimos mantenernos a flote –me explicó–. Pero no te preocupes, hemos estado trabajando, no estamos desempleados. Mi esposa y yo tenemos empleo, es sólo que no estamos haciendo mucho dinero, así que, para ganar unos cuantos dólares más, trabajo aquí, en el Starbucks. Me entiendes, ¿no? para subir un poquito el nivel –me dijo riéndose a todo pulmón.

Entonces me hice a un lado para que los clientes que estaban formados detrás de mí pudieran ordenar y le pregunté:

–¿Y entonces qué estás haciendo para tu futuro?

–Volví a la escuela para estudiar otra maestría. Digamos que es divertido volver a estudiar, incluso tomo algunas clases con mi hijo. Él está tratando de conseguir su primer título de maestría.

–¿La escuela la pagas con préstamos estudiantiles? –inquirí.

–Ajá. ¿Qué más podríamos hacer? Sé que esos préstamos son malignos y que voy a tener que trabajar por el resto de mi vida tan sólo para poder pagar *el mío*. Mi hijo tendrá un poco más de tiempo para pagar el suyo, pero si queremos conseguir empleos mejor pagados, tenemos que tener más educación. Tenemos que hacer dinero y ganarnos la vida, y por eso estamos en la escuela.

Pagué el café y me entregaron un vaso humeante. Cuando le ofrecí una propina a mi amigo, él se negó a recibirla… y sé bien por qué lo hizo, así que solamente le deseé buena suerte y salí del lugar.

La Primera parte de este libro es sobre el pasado y, más específicamente, sobre cómo nos metimos en esta crisis económica global.

George Orwell lo escribió en su libro *1984*: "En un tiempo de engaño universal, decir la verdad es un acto revolucionario."

Capítulo uno

Por qué los ricos no trabajan para obtener dinero

Están jugando con dinero...
Nos están robando la riqueza a través
del dinero por el que trabajamos.
–R. Buckminster Fuller

Padre Rico, Padre Pobre se publicó de manera independiente en 1997. Tuve que publicarlo yo mismo porque todas las editoriales importantes a las que lo ofrecí, lo rechazaron. Varios editores me dijeron: "Usted no sabe de lo que está hablando."

Algunos de los puntos a los que se opusieron tenían que ver con las afirmaciones de mi padre rico, como:

1. Tu casa no es un activo
2. Los ahorradores son perdedores.
3. Los ricos no trabajan para obtener dinero.

Diez años después, en 2007, se produjo la crisis hipotecaria *subprime*, y millones de propietarios de bienes inmuebles descubrieron de manera directa, que su casa no era un activo.

En 2008, el gobierno de los Estados Unidos y el Banco de la Reserva Federal comenzaron a imprimir billones de dólares y provocaron que millones de ahorradores se convirtieran en perdedores gracias a la anulación de su poder adquisitivo por causas como la inflación, incremento en impuestos y bajas tasas de interés sobre sus ahorros.

En el libro *Padre Rico, Padre Pobre*, la lección uno de Padre Rico es: Los ricos no trabajan para obtener dinero, sin embargo, ésa fue la enseñanza sobre el dinero menos criticada de las tres. En este capítulo comprenderás por qué este comentario es el más importante de mi padre rico y por qué es fundamental entenderlo antes de que empieces a evaluar las opciones para tu segunda oportunidad, para el nuevo comienzo para tu dinero y tu vida.

LO QUE NECESITAS SABER SOBRE EL DINERO

El tema del dinero puede ser complicado e intimidante, pero si empiezas por los rudimentos y los usas como si fueran ladrillos, podrás ir construyendo el conocimiento que necesitas para entender el dinero, invertirlo y hacerlo trabajar para ti.

Lo más elemental que necesitas saber sobre este tema es que tú *puedes* ser más inteligente, y que saber más te puede brindar la confianza suficiente para que tomes decisiones informadas.

P: ¿Quién necesita una segunda oportunidad?
R: Todos la necesitamos

P: ¿Por qué?
R: Porque el dinero ya no es lo que conocíamos, ha cambiado y sigue haciéndolo.

P: ¿Por qué es eso importante?

R: Porque los pobres se volverán más pobres, la clase media se reducirá, y los ricos se volverán aún más ricos.

P: *Creo que ya todos sabemos eso. ¿Cuál es la diferencia entre que los ricos se vuelvan más ricos y que todos los demás se vuelvan más pobres?*

R: Mucha gente que es adinerada ahora, estará entre los nuevos pobres.

P: ¿Por qué los ricos serán los nuevos pobres?

R: Hay muchas razones. Una de ellas es porque mucha gente adinerada mide su riqueza en dinero.

P: ¿Y qué hay de malo en ello?

R: Que el dinero ya no es dinero.

P: ¿Si el dinero ya no es dinero, entonces cuál es el nuevo dinero?

R: El conocimiento es el nuevo dinero.

P: *Entonces, si el conocimiento es dinero, ¿eso significa que muchos de quienes son pobres o pertenecen a la clase media en la actualidad, tienen la oportunidad de ser los nuevos ricos del futuro?*

R: Exactamente. En el pasado los ricos eran quienes controlaban la tierra y los recursos como el petróleo, las armas o corporaciones enormes. Pero hoy las cosas son distintas. Ahora vivimos en la Era de la Información, y los datos, además de ser abundantes, con frecuencia también son gratuitos.

P: ¿Entonces por qué no todos son millonarios?

R: Para procesar la información y convertirla en conocimiento se requiere de educación. Sin educación financiera, la gente no puede convertir los datos en riqueza personal.

P: *Pero Estados Unidos invierte miles de millones de dólares en educación. ¿Por qué hay más gente pobre que rica?*
R: Sí, se gastan cientos de miles de millones de dólares en educación, pero prácticamente no se invierte en educación *financiera.*

P: ¿Por qué no se *imparte educación financiera en las escuelas?*
R: Llevo años haciendo la misma pregunta. Desde que tenía nueve, de hecho.

P: ¿Y qué averiguaste?
R: Que el conocimiento es poder. Si quieres controlar la vida de la gente, tienes que limitar su conocimiento. Por eso, a lo largo de la historia, los déspotas han quemado libros y exiliado (e incluso asesinado) a quienes amenazan su poder con conocimiento. Antes de la Guerra Civil de los Estados Unidos, en muchos estados estaba prohibido enseñarles a leer y escribir a los esclavos. El conocimiento es la fuerza más poderosa sobre la Tierra. Por eso es esencial controlarlo si se quiere asumir el poder.

La fórmula es:
Información x Educación = Conocimiento
Conocimiento es poder – Falta de conocimiento es debilidad.

Mi padre pobre era un hombre con un nivel de educación muy alto; incluso tenía un doctorado. Sin embargo, casi no tenía educación financiera. Tenía bastante autoridad dentro del sistema escolar, pero muy poco poder en el mundo real.

Mi padre rico nunca terminó la escuela pero su educación financiera y del mundo del dinero era extensa. Aunque tenía menos educación formal que mi padre pobre, gozaba de mayor poder en el mundo real que él.

P: *Entonces quienes están en el poder mantienen el control por medio del sistema escolar... a través de lo que se enseña y lo que no. ¿Es por eso que en las escuelas no se ofrece educación financiera?*

R: Me parece que así es. El conocimiento financiero de la actualidad es más poderoso que un arma de fuego o que los latigazos y los grilletes de la esclavitud. La falta de educación financiera esclaviza a miles de millones de personas en todo el mundo.

P: ¿Qué re*emplazó los latigazos, los grilletes y las pistolas?*

R: El sistema monetario.

P: ¿El sistema monetario? ¿Nuestro dinero? ¿Cómo puede controlar a la gente?

R: El sistema monetario está diseñado para mantener pobre a la gente, no para ayudarla a enriquecer. Fue creado para mantener a la gente trabajando muy duro para obtener dinero. El dinero esclaviza a quienes carecen de educación financiera porque los vuelve esclavos de un cheque de nómina, de un pago semanal o quincenal.

Además, nuestra riqueza está siendo robada a través del dinero, a través de aquello por lo que la mayoría de la gente trabaja toda su vida. Por eso es que quienes se empeñan más en conseguir dinero –a quienes llamamos «la clase trabajadora»–, son cada vez más pobres a pesar de lo mucho que se esfuerzan.

P: ¿Cómo nos roban a través del dinero?

R: Hay muchas maneras. Tal vez ya conozcas algunas:

1. Impuestos

El valor de tu trabajo está siendo robado a través de los impuestos.

2. Inflación

Cuando los gobiernos imprimen dinero, los precios aumentan. Y cuando esto sucede, la gente trabaja con más ahínco pero sólo termina pagando más impuestos y gastando más debido a la inflación.

3. Ahorros

Los bancos roban la riqueza de los ahorradores a través de un proceso bancario conocido como sistema de reserva fraccionaria. Tomemos una reserva fraccionaria de 10, por ejemplo. Cuando el ahorrador guarda 1 dólar en su cuenta de ahorros, el banco tiene permiso de prestar 10 dólares contra ese dólar a quienes lo soliciten. Se trata de otra manera de "imprimir dinero" que no sólo es inflacionaria, sino también reduce el poder adquisitivo del dinero del ahorrador. Ésta es una de las razones por las que padre rico solía decir: "Los ahorradores son perdedores."

Más adelante explicaré otras formas en que te están robando tu dinero. Como ya dije: El sistema monetario fue diseñado para empobrecer a la gente, no para enriquecerla.

P: ¿Puedes probar lo que dices?

R: Te mostraré una gráfica porque creo en el dicho: "Una imagen vale más que mil palabras." Esta gráfica no es una prueba pero sí muestra que la gente necesita ayuda del gobierno cada vez más.

LA GUERRA CONTRA LA POBREZA

En 1964 el presidente Lyndon Johnson le declaró la guerra a la pobreza, y muchos creen que ganó. Otros no. La gráfica a continuación muestra la cantidad de gente que utiliza «cupones de alimentos», también conocidos como SNAP: siglas de Supplemental Nutrition Assistance Program (Programa de Asistencia para Nutrición

Suplementaria). Aunque muchos creen que el presidente ganó la guerra, la creciente necesidad de usar cupones nos dice algo muy distinto.

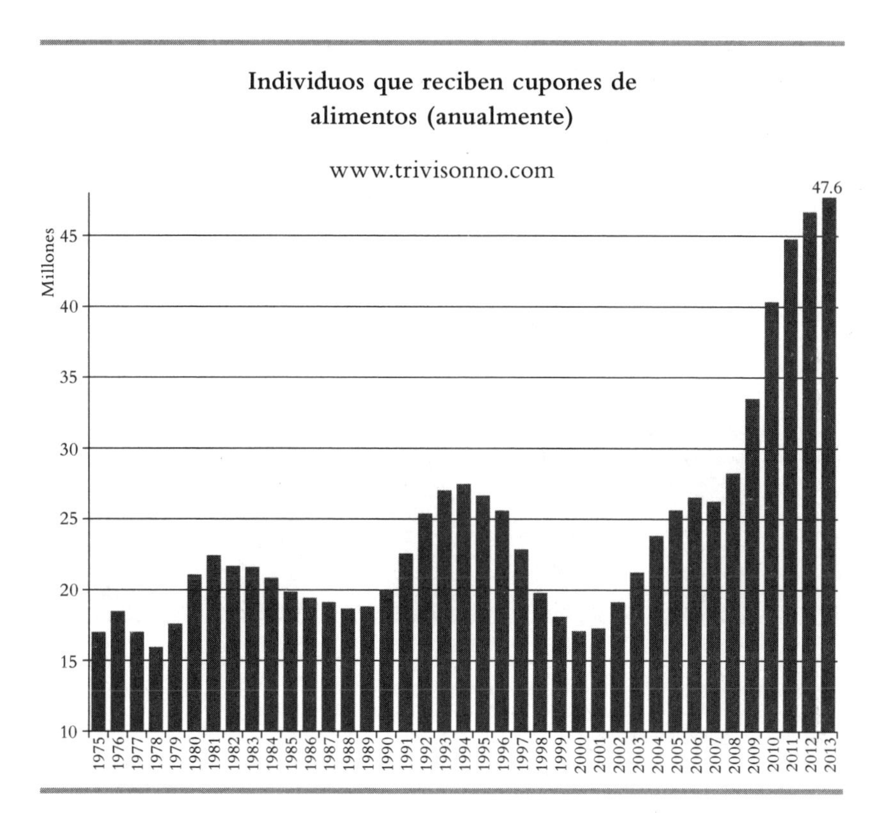

La gráfica de individuos que reciben cupones de alimentos nos muestra que en 1975, aproximadamente 17 millones de personas se beneficiaban de esta prestación. Para 2013, el número se había incrementado hasta llegar a los 47 millones aproximadamente, y sigue creciendo.

P: *El número de personas pobres aumenta, ¿de dónde vienen?*

R: De la clase media. A muchos de los pobres de la actualidad les estaba yendo bien y eran parte de la clase media estadounidense hasta hace algunos años.

LA GUERRA CONTRA LA CLASE MEDIA

Actualmente cada vez menos hogares obtienen ingresos correspondientes al nivel de la clase media

Los ingresos de la clase media no fue lo único que se estancó, también la cantidad de hogares que los reciben ha sufrido un decremento desde la década de los setenta. En 2010, la cantidad de hogares estadounidenses que ganaban entre 50 y 150 por ciento del ingreso medio, era 42.2 por ciento, punto al que llegó después de haber estado en 50.3 por ciento en 1970.

Porcentaje de hogares con ingresos anuales dentro del 50 por ciento de la media

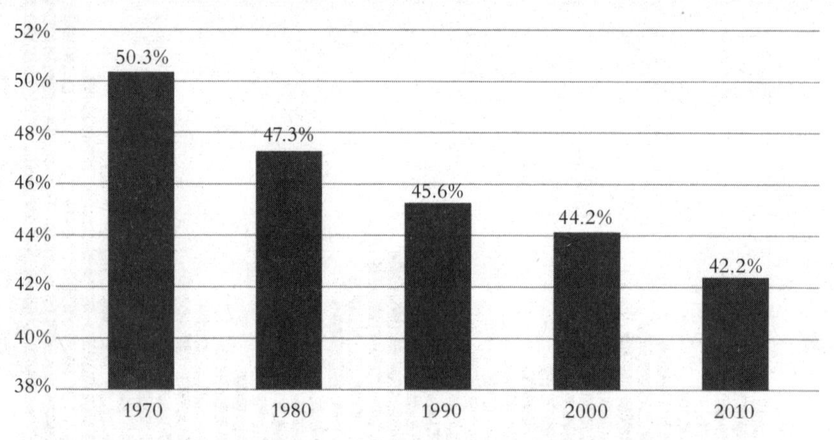

Fuente: Alan Krueger, "The Rise and Consequences or Inequality". Discurso en Center for American Progress, Washington, D.C., enero 12, 2012.
Center for American Progress

La gráfica anterior muestra lo que le está sucediendo a la clase media.

Hace unos años, el periodista de televisión Lou Dobbs escribió un libro sobre la decadencia de la clase media: *The War on the Middle Class: How the Government, Big Business, and Special Interest Groups Are Waging War on the American Dream and How to Fight Back.* La premisa de Lou era: Si la clase media está en decadencia, entonces Estados Unidos también lo está porque la clase media es el motor de la economía del país.

Durante la campaña presidencial de 2012, los dos candidatos –Barack Obama y Mitt Romney–, prometieron salvar a la clase media. Cualquier mente curiosa preguntaría: "¿Por qué la clase media necesita ser salvada?" Pero ya todos sabemos que si el gobierno promete rescatarte, es porque ya estás perdido.

LA INFLACIÓN ROBA LA RIQUEZA

El sistema monetario te roba tu riqueza a través de la inflación. La gráfica que encontrarás a continuación explica por qué las clases media y pobre enfrentan tantas dificultades a pesar de lo mucho que trabajan.

El costo de importantes bienes y servicios de la clase media ha crecido con rapidez

Mientras el ingreso de la clase media se estanca, el costo de sus bienes y servicios sigue subiendo de manera significativa. Si estas compras fueran lujos, entonces el aumento no sería preocupante, sin embargo, el gas, los cuidados de salud, la educación universitaria y la posesión de una casa, no son ningún lujo. Todos son elementos clave para unirse o seguir perteneciendo a la clase media, y su costo ha aumentado de manera importante y mucho más rápido que la inflación.

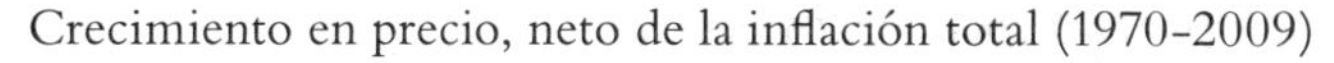

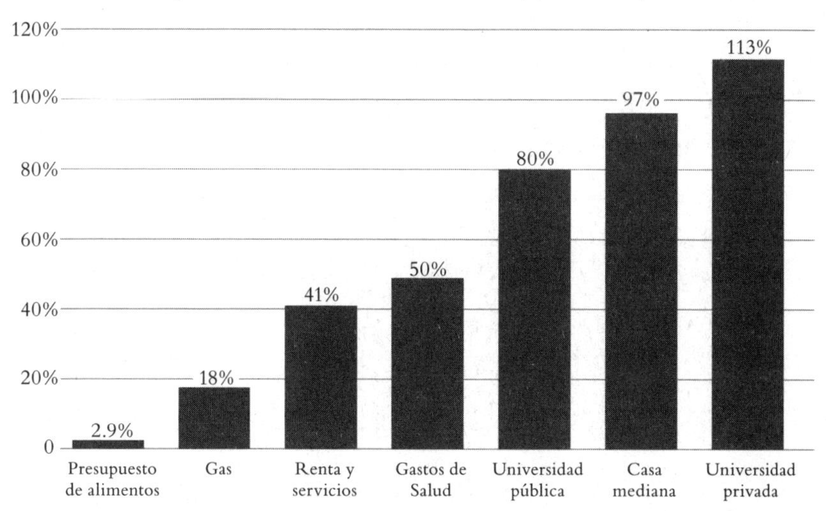

Fuente: *Comité del Senado* en Salud, Educación, Trabajo y Pensiones, "Saving the American Dream The Past, Present, and Uncertain Future of America's Middle Class", 2011. Center for American Progress

P: ¿Cómo provoca la inflación el sistema monetario?

R: La primera causa de inflación es la impresión del dinero. Cuando se imprime dinero –ya sea que lo hagan los bancos o los gobiernos–, suceden dos cosas: la inflación inicia y los impuestos suben. Cuando los precios y los impuestos suben, la gente empieza a tener problemas económicos.

P: ¿Cómo sobrevive la gente cuando suben los precios?

R: Cuando los precios suben, la gente usa sus tarjetas de crédito para sobrevivir. Muchos se ven forzados a recortar sus gastos, como por ejemplo, la compra de comida más sana o el cuidado dental. Muchos se vuelven esclavos de la deuda, otros más se tienen que transformar casi en sirvientes obligados a trabajar para alguien por plazos demasiado prolongados, y algunos sólo viven para generar su cheque de nómina.

Esclavos de la deuda

Mientras el ingreso de la clase media decae y los impuestos y los precios aumentan, muchos tienen que recurrir a sus tarjetas de crédito para sobrevivir, y así es como se vuelven esclavos de la deuda.

La gráfica a continuación lo explica.

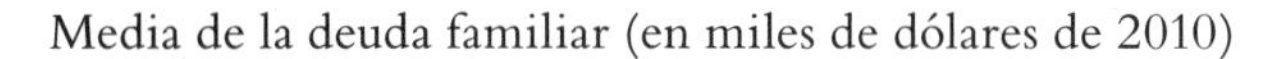

El nivel de deuda de las familias también se incrementa

Las familias se están endeudando más porque deben enfrentar un ingreso estancado y los crecientes costos de los bienes fundamentales. La carga de deuda media casi se ha triplicado de los 25 300 dólares de 1989, a 70 700. La familia típica de 2010 tenía un nivel de deuda que equivalía al 154 por ciento de su ingreso anual. En 1989, la proporción era de solamente 58 por ciento.

Media de la deuda familiar (en miles de dólares de 2010)

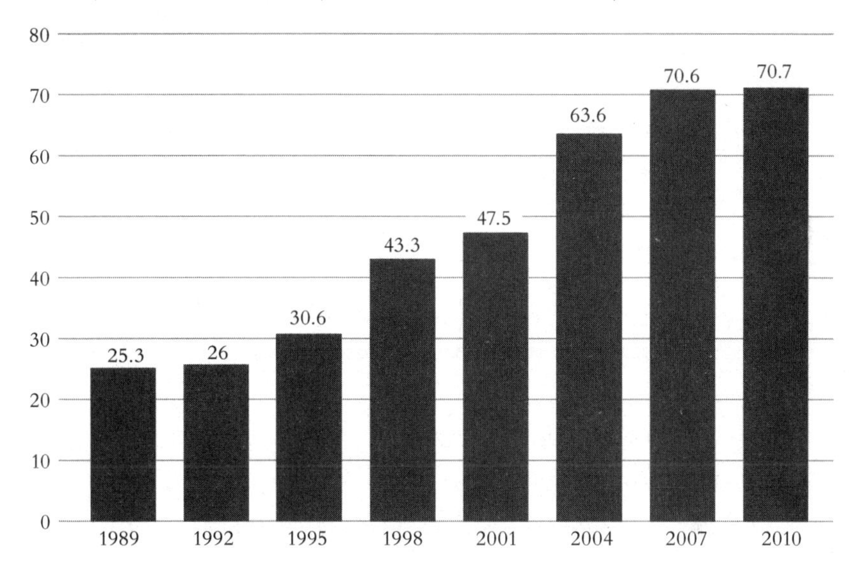

Fuente: *Consejo de Gobernadores del Sistema de Reserva Federal*, "Survey of Consumer Finance". Center for American Progress

Hoy en día, los impuestos, la deuda y la falta de información son los grilletes de hierro de los esclavos modernos.

Dos tipos de ricos

P: ¿Cómo es que los ricos tienen cada vez más, si la clase media y los pobres cada vez tienen menos?

R: Hay dos tipos ricos. En el primero están los verdaderamente pudientes, son quienes cada día tienen más. El otro tipo está empobreciendo. La siguiente gráfica te mostrará por qué.

Figura 2U Cambio acumulativo en el ingreso real anual de capital en el hogar, por grupo, 1979-2007

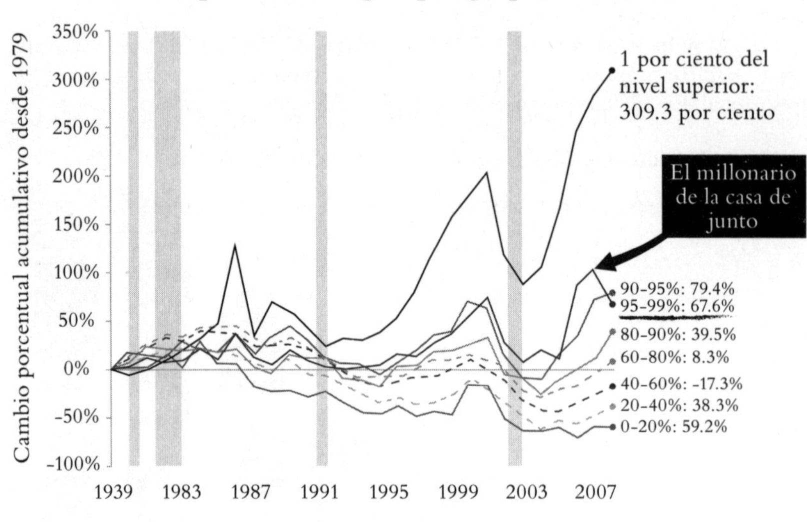

P: *Veo que los ricos, el 1 por ciento en el nivel superior, cada vez son más adinerados, ¿pero qué le pasa al 90-95 por ciento? ¿Por qué bajan su ingresos?* ¿Son ésos los ricos de los que hablas?, ¿los que cada *día tienen menos?*

R: Sí. Esta gráfica nos habla de dos tipos diferentes de gente rica. Como podrás ver, la gente que realmente es millonaria, es decir el 1 por ciento en el nivel superior, o por encima de todos los demás estadounidenses, se volvió extremadamente rica porque de 1979 a la fecha, obtuvo una ganancia de 309 por ciento en su ingreso. El otro 95-99 por ciento, en cambio, está perdiendo terreno porque su ingreso no aumenta.

P: ¿Es por eso que anteriormente dijiste que algunos de los ricos se están convirtiendo en los nuevos pobres?

R: Sí. Observa que la gráfica que acabamos de ver sólo nos lleva hasta 2007. Ése fue el año en que comenzó la Gran Recesión. Después de 2007, muchos millonarios desaparecieron debido al fiasco hipotecario *subprime* y a la caída del mercado de valores.

P: *¿Eso significa que esta misma gráfica se vería peor actualizada?*

R: Sí. El 1 por ciento de estadounidenses en el nivel superior ahora tiene todavía más dinero. Muchos de los otros, del segundo tipo de ricos que describí, son ahora más pobres; hubo quienes pasaron de ser millonarios a ser pobres en menos de un año. Otros desaparecieron cuando perdieron sus increíblemente bien pagados empleos y sus casas, y cuando sus fortunas –en forma de portafolios de acciones–, se desplomaron.

Actualmente, de los ricos que sobrevivieron al colapso y permanecieron en el 20 por ciento superior, muchos están empobreciendo a causa de la inflación. Algunos ya forman parte de la clase media.

P: *Por favor vuélveme a explicar la diferencia entre los dos tipos de ricos.*

R: Uno se conforma por la gente con empleos muy bien pagados, como ejecutivos de corporaciones, profesionistas –doctores y abogados, por ejemplo–; y atletas y estrellas de cine. Todos ellos son ricos porque reciben ingresos altos.

El otro tipo es el de la gente que no necesita un empleo para ser rica. La mayoría de estas personas son ricas gracias a sus activos.

El millonario de la casa de junto

En 1996 se publicó *El millonario de la casa de junto* (*The Millionaire Next Door*). Fue un gran libro para aquel tiempo; los autores fueron Thomas J. Stanley y William D. Danko, quienes describieron la forma en que algunos ciudadanos ordinarios de la clase media se habían convertido en millonarios. Lo hicieron sin ser Donald Trump, Steve Jobs ni Gordon Gekko, de la película *Wall Street*. Tampoco eran estrellas de cine millonarias, ni estrellas de rock o atletas profesionales. Se convirtieron en millonarios de clase media gracias a una buena educación, a que vivieron en un hogar modesto en un buen vecindario, a que conducían automóviles de precio accesible, y a que ahorraron dinero e invirtieron de manera constante en el mercado de valores.

Muchos eran "millonarios de valor neto", es decir, gente que se había vuelto rica como resultado del creciente valor de sus inmuebles y sus portafolios de inversión para el retiro. Llegaron a ser millonarios de clase media gracias a la inflación y a que eran parte de la pujante economía estadounidense. Eran la prueba viva del sueño americano.

El 11 de septiembre de 2001, los ataques terroristas a las Torres Gemelas marcaron el inicio del nuevo milenio y el fin del sueño americano.

La gráfica siguiente muestra que a partir del 9/11, la vida se hizo mucho más difícil para los millonarios de la casa de junto.

Promedio Industrial Dow Jones (DJIA)

Fuente: Índices Dow Jones LLC de S&P

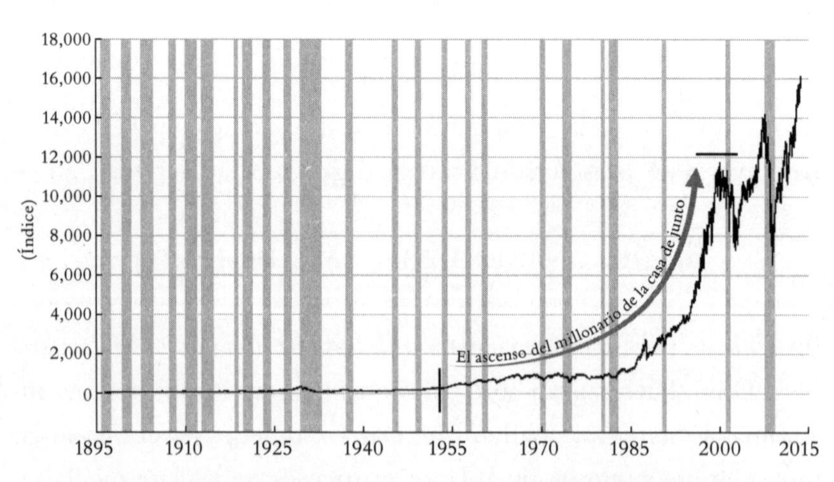

Las áreas sombreadas indican las recesiones en Estados Unidos

FRED 2013 research.stlouisfed.org

En el año 2000, el NASDAQ y el colapso de la burbuja *dot-com* desencadenaron una serie de auges y fiascos que sacudieron la categoría de los millonarios de la casa de junto, dejando fuera a muchos.

EL REMATE DE LA CASA DE JUNTO

En 2007, cuando estalló la burbuja de la crisis hipotecaria *subprime*, muchos millonarios de la casa de junto tuvieron que rematar sus inmuebles.

Figura 4: Casas rematadas en Estados Unidos
Junio 2012

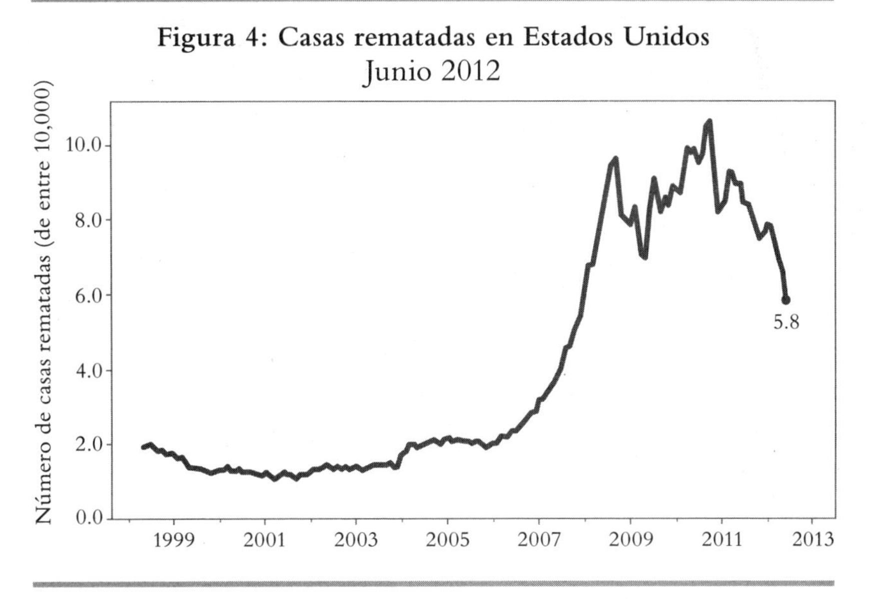

Antes de 2007, los precios de las casas habían estado incrementándose de manera constante durante años. Conforme los precios subieron, millones de propietarios empezaron a solicitar "préstamos sobre el valor líquido de la vivienda", que en muchos casos usaron para pagar la deuda de sus tarjetas de crédito o para irse de vacaciones. Dicho de otra forma, estas personas usaron sus casas como cajeros automáticos y, cuando su valor se desplomó, tuvieron que aprender que su "casa no es un activo" por las malas.

El uso de tarjetas de crédito disminuyó en cuanto los precios de las casas se desplomaron, y cuando los propietarios dejaron de usar las tarjetas la economía se desaceleró porque depende del gasto de los consumidores y de que usen sus medios de crédito. Asimismo, cuando los consumidores disminuyeron el gasto, los minoristas empezaron a sufrir y, cuando esto sucede, la economía mundial también se ve afectada.

Actualmente, hay aproximadamente 115 millones de hogares en Estados Unidos. De esos 115 millones de hogares, 43 corresponden a gente que renta y 25 a familias que ya son poseedoras absolutas de sus inmuebles. Se estima que de los casi 50 millones de hogares hipotecados, 24 millones están "por debajo del agua", es decir, que los propietarios deben más por la casa de lo que ésta vale.

Mientras los propietarios se sigan sintiendo pobres, la economía continuará sufriendo.

La generación perdida

Cuando los millonarios de la casa de junto –que en realidad eran de la clase media–, perdieron sus empleos y sus casas, y tuvieron que empezar a utilizar los recursos de sus cuentas para el retiro para poder pagar sus deudas, surgieron otros afectados: los hijos de los millonarios de la casa de junto.

Alrededor de todo el mundo hay un grupo de gente joven al que se le conoce como la nueva generación perdida. Se trata de los estudiantes universitarios y de escuelas vocacionales, y de los alumnos graduados de preparatoria que no pueden encontrar empleos en que se aproveche el nivel de educación que tienen o, simplemente, que no encuentran trabajo de ningún tipo. Más que ingresos, lo que se les está escapando de las manos a estos muchachos es una experiencia laboral en la vida real que es crucial. Si estos jóvenes no obtienen esta experiencia de trabajo mientras tienen veintitantos o treinta y tantos años, sus ingresos y poder adquisitivo se verá afectado más adelante: por eso que se les llama "generación perdida".

Jóvenes, preparados y endeudados

Muchos de estos jóvenes están sumamente bien educados, pero cuando se gradúan, salen cargados de deudas causadas por los préstamos para estudiantes, que son las peores que puede haber. A diferencia de un préstamo para comprar un auto o una casa, o para poner un negocio, los préstamos estudiantiles generan deudas que rara vez son condonadas. El estudiante jamás puede declararse en bancarrota para liberarse del préstamo. Éste tipo de deuda se convierte en el legendario albatros que el estudiante tiene que cargar colgado al cuello durante toda su vida y, para colmo, no deja de generar intereses. Muchos de estos muchachos no podrán adquirir un auto o una casa, ni invertir en nada para su futuro hasta que no liquiden su deuda estudiantil. La carga de los programas de préstamos para estudiantes debería ser revisada para analizar estos problemas y desafíos.

Resulta triste, pero podría decirse que estos estudiantes son como bumerangs porque dejan el hogar familiar, pero después se ven forzados a regresar, y esto provoca que muchas madres y padres –la generación sándwich–, se vean forzados a cuidar de sus hijos *y* de sus padres. Y, naturalmente, por eso ahora es tan normal ver tres generaciones viviendo bajo el mismo techo.

Hay otros países que ofrecen educación superior gratuita, pero en Estados Unidos, lo que hacemos es volver esclavos a nuestros estudiantes.

P: ¿Es por esto que dices que todos merecen una segunda oportunidad? ¿Porque algunos de los ricos se están volviendo pobres, la clase media *disminuye, los pobres aumentan, y nuestros estudiantes están desempleados y endeudadísimos a pesar de contar con un alto nivel de preparación?*

R: Sí. El mundo y el dinero están cambiando. Quienes siguen operando en el pasado y obedeciendo las viejas reglas del dinero, son los que están siendo desplazados en el presente.

Vivimos en la era de la Información. En Internet es posible encontrar una enorme cantidad de datos que, en su mayoría, son gratuitos, pero si no cuenta con educación financiera, la gente no puede convertir esta información en conocimiento.

P: *Dices que la información es poder, pero hay millones de personas que, aunque cuentan con educación superior no tienen control. ¿Es por esto que millones de personas necesitan una segunda oportunidad? ¿Para recuperar su poder?*

R: Sí.

P: El millonario de la casa de junto *se publicó en 1996, y* Padre Rico, Padre Pobre, *en 1997. ¿Cuál es la diferencia entre ambos?*

R: *El millonario de la casa de junto* habla sobre los millonarios de valor neto, y *Padre Rico, Padre Pobre*, sobre los millonarios de flujo de dinero, o flujo de efectivo.

P: ¿Hay alguna diferencia entre ellos?

R: Hay diferencias enormes. Muchos millonarios de valor neto estaban dando por hecho que sus *pasivos* –como casas y autos–, eran *activos*. Cuando los bienes raíces y los mercados de valores colapsaron, muchos *millonarios de valor neto* desaparecieron porque el valor de sus pasivos se desplomó.

En cambio, muchos *millonarios de flujo de efectivo* –los que reciben sus ingresos a partir de activos reales–, se volvieron todavía más ricos porque compraron los pasivos de los millonarios de valor neto, a precios de remate de bodega.

P: *Entonces, como la gente no tiene educación financiera, no sabe cuál es la diferencia entre los dos tipos de millonarios, ¿correcto?*

R: Así es. Hay distintas maneras en las que una persona puede llegar a amasar riqueza. Puede, por ejemplo, heredar dinero o casarse con alguien que lo tenga. Warren Buffett suele decir: "Hay muchas maneras de llegar al paraíso financiero."

Como mi padre era un hombre pobre y no tenía activos, yo no heredé nada. Tampoco quería casarme por dinero, así que, siendo todavía muy joven, decidí que obtendría mi fortuna siguiendo el ejemplo de mi padre rico: a través de la acumulación de educación financiera y activos.

P: *Entonces, como la mayoría de la gente carece de educación financiera, no sabe cuál es la diferencia entre activos y pasivos, y por eso le roban su riqueza. ¿Es eso lo que estás tratando de decir?*

R: Sí. Si una persona conociera las definiciones de los términos financieros básicos, podría incrementar su riqueza. La buena noticia es que las palabras y las definiciones son gratuitas.

Pasado, presente y futuro

P: *¿Y por qué millones de personas preparadas y trabajadoras están perdiendo su riqueza? ¿Me estás diciendo que se convirtieron en esclavos educados del dinero como lo eran los esclavos sin preparación del tiempo previo a la Guerra Civil?*

R: Sí. La educación, o la falta de la misma, es una de las armas de quienes ostentan el poder.

P: ¿Qué les está pasando a quienes están en el poder?

R: La Era de la Información está provocando que pierdan el control. Por eso tu educación financiera personal es más importante que nunca antes en la historia. La gente desesperada está haciendo hasta lo impensable para aferrarse a la ilusión de que puede conservar su poder.

P: ¿Qué ves en el futuro?

R: Una vez más, las imágenes son más poderosas que las palabras.

Ahora te mostraré algunas imágenes, añadiré varias y luego te dejaré dilucidar lo que nos depara el futuro.

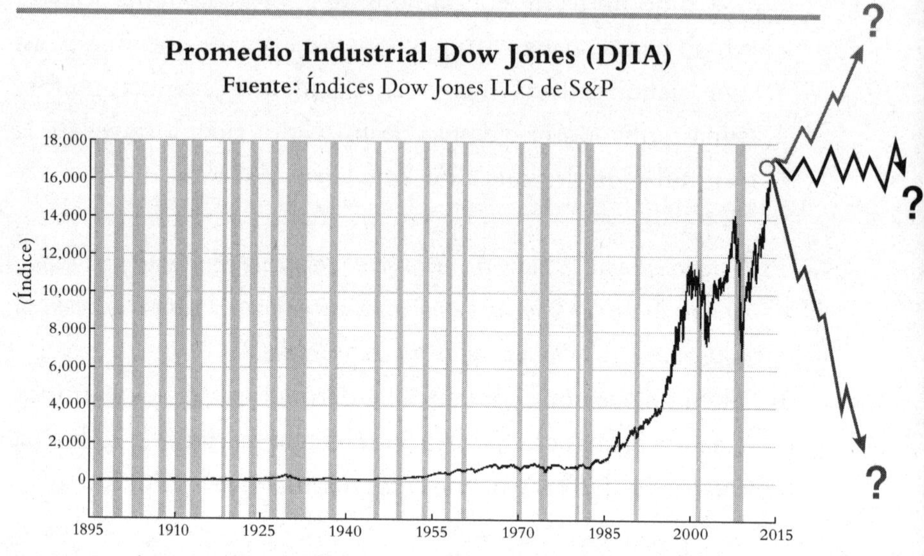

En esta gráfica puedes ver el pasado, el presente y el futuro del Promedio Industrial Dow Jones. No es una medición de toda la economía porque es demasiado compleja, sino, más bien, una foto instantánea de lo que ha estado sucediendo en una de sus partes.

P: ¿Entonces hay tres posibilidades para el futuro? ¿Hacia arriba, hacia abajo o a los lados?

R: Sí. Las posibilidades son siempre las mismas.

P: *¿Qué ves tú para el futuro?*

R: La mejor manera de ver el futuro es echándole un vistazo al pasado. En la gráfica que acabamos de analizar se puede ver el pasado y un suceso que conocimos como la Gran Depresión, y que dio inicio con la caída del mercado de valores en 1929.

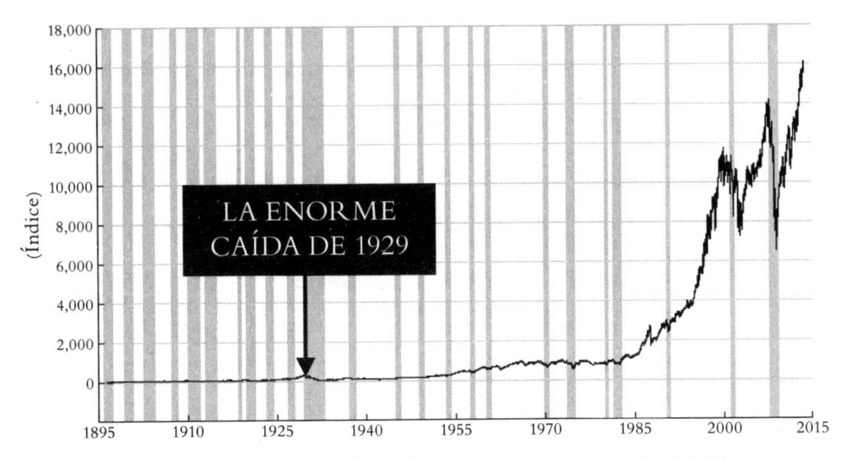

Las áreas sombreadas indican las recesiones en Estados Unidos
2013 research.stlouisfed.org

P: ¿Éste fue el gran colapso del mercado de valores de 1929?
R: Sí.

P: ¿El siguiente colapso podría ser peor?
R: Sí

P: ¿Qué sucedería si así fuera?
R: Observa la Gran Depresión

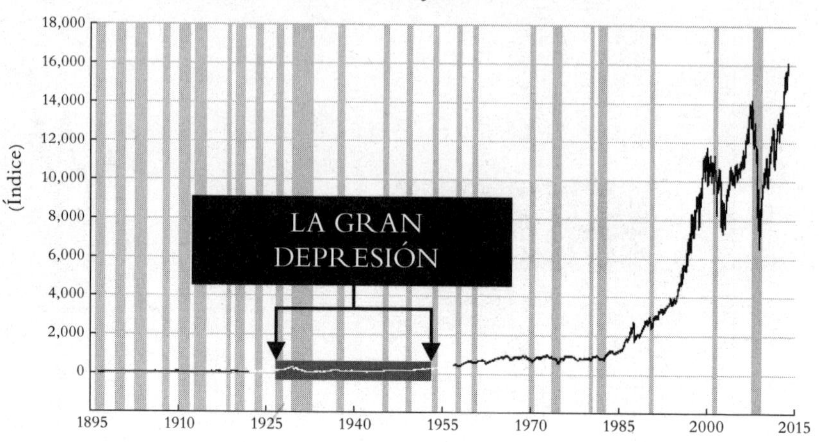

Cuando se le mide contra el Dow, se puede ver que la Gran Depresión duró 25 años, de 1929 a 1954. En 1929, el Dow llegó a su nivel más alto: 381 puntos. Luego le tomó 25 años regresar a ese lugar. Éste es un punto de vista alternativo porque hay quienes creen que la depresión terminó en 1939.

P: ¿Podríamos estar entrando a una Nueva Depresión?

R: Sí. De hecho mucha gente ya está en su propia Nueva Depresión. Por eso el uso de cupones para alimentos se ha incrementado, la clase media está desapareciendo, los estudiantes que cargan con deudas por sus préstamos estudiantiles no pueden encontrar empleo, y muchos de quienes solían ser millonarios de la casa de junto, ahora están en bancarrota. Para colmo, los primeros de aproximadamente 76 millones de *baby boomers* estadounidenses, ya empezaron a jubilarse. Muchos de estos *baby boomers* que ya están envejeciendo –si no es que la mayoría–, no cuentan con suficiente dinero para retirarse. Los avances en el campo de la medicina podrían implicar que estas personas vivan más tiempo, pero mientras tanto, el costo de los cuidados de salud seguirá aumentando, y lo mismo sucederá con el costo de los alimentos, combustibles y vivienda.

SEGURIDAD MEDIOCRE

Observa la gráfica que se presenta a continuación. En ella se describe la condición del Fondo de Seguridad Social de los Estados Unidos

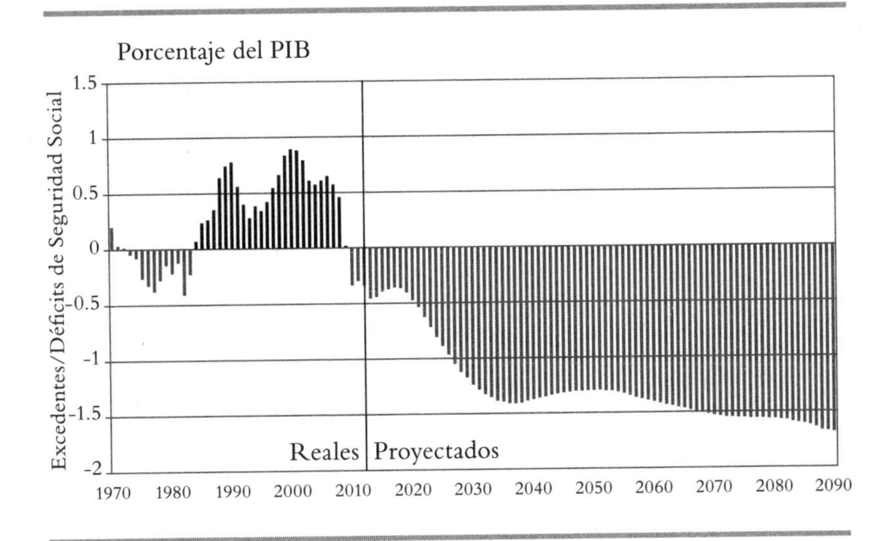

P: ¿Qué significa esta gráfica?

R: Significa distintas cosas para cada quien. Si eres joven, te dice que más te vale no contar con que el gobierno se hará cargo de ti. Si eres *baby boomer*, significa que el dinero que le pagaste al fondo de Seguridad Social ya desapareció. Si perteneces a la generación de la Segunda Guerra mundial, tuviste suerte.

La gráfica de la deuda interna también es muy interesante y nos cuenta otra historia.

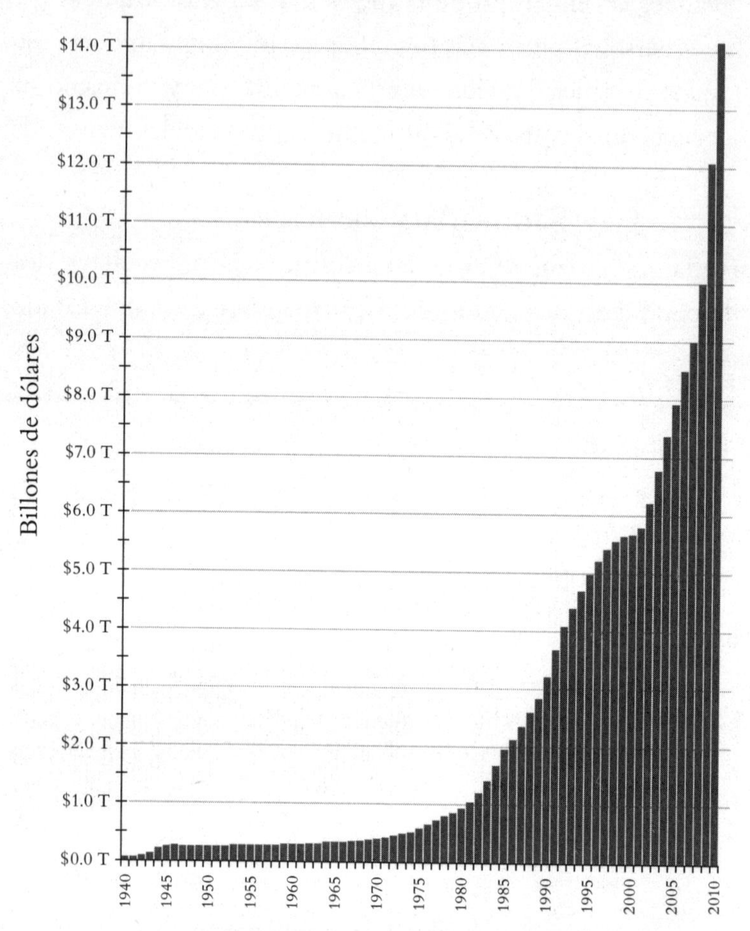

Deuda interna de 1940 al presente
Fuente: *National Debt Clock* Estados Unidos
www.brillig.com/debt_clock/

P: ¿Qué nos dice esta gráfica?

R: Al igual que la anterior, todo depende de a quién le preguntes. Para la mayoría de la gente y para el estadounidense promedio, esta gráfica no significa nada porque, como casi todos los estadounidenses carecen de educación financiera, no pueden leer gran cosa en ella.

Actualmente la deuda interna asciende a 17 billones de dólares. Para algunas personas esto significa que el fin se acerca, pero para unos cuantos afortunados, es la señal de que su gran oportunidad está por llegar.

P: ¿Para ti qué significa?

R: Aunque me siento identificado con los dos primeros grupos, en realidad pertenezco al tercero. Naturalmente, temo y me preocupo por quienes resultarán dañados, pero en general veo el futuro con emoción porque seré testigo del cambio de poder y de la transferencia de riqueza más grandes de la historia del mundo. Es el amanecer de una nueva era. Si el cambio se lleva a cabo de la manera adecuada, se romperán muchos de los grilletes de la humanidad, y entraremos a una era de prosperidad sostenible para muchos. Pero si las cosas no salen bien y quienes tienen el poder recurren a la violencia para conservarlo, podríamos entrar a una Nueva Edad Oscura.

P: ¿Qué será lo que marque la diferencia?

R: Habrá muchos factores en juego, como la tecnología y el ascenso de China hasta convertirse en un poder mundial. Sin embargo, el cambio tendrá que darse en la educación, no sólo en lo que enseñamos, sino en la forma en que lo hacemos.

P: ¿Qué crees que suceda? ¿Crees que la educación cambiará?

R: No, al menos, no en el futuro cercano. Se podría argumentar que quienes controlan el sistema monetario también controlan el sistema educativo. Por eso me convertí en empresario de la educación en 1984; por eso escribo mis libros y diseño juegos de educación financiera que no pertenecen al sistema escolar. Hoy en día soy una especie de híbrido: empresario como mi padre rico y educador como mi padre pobre.

Como ya sabes, yo creo en la responsabilidad personal. Creo en cambiar las cosas que podemos modificar y controlar. Todos tenemos la capacidad de cambiar de manera personal, pero lo más sencillo e importante es que lo hagamos a través de la educación.

P: ¿Qué ves en el futuro?

R: Para ver el futuro primero se tiene que estudiar el pasado. Recordar el dicho: "Quienes no aprenden del pasado, están condenados a repetirlo".

En el pasado hubo dos tipos de Depresiones:
La Depresión estadounidense (1929 a 1954)
La Hiperinflación alemana (1918 a 1924)

P: ¿Cuál fue la diferencia?

R: En términos bastante sencillos, podríamos decir que los estadounidenses no imprimieron dinero y los alemanes sí.

A continuación se ilustra lo que sucedió cuando Alemania empezó a imprimir dinero.

Un hombre que era millonario en 1923, estaba en bancarrota cinco años después

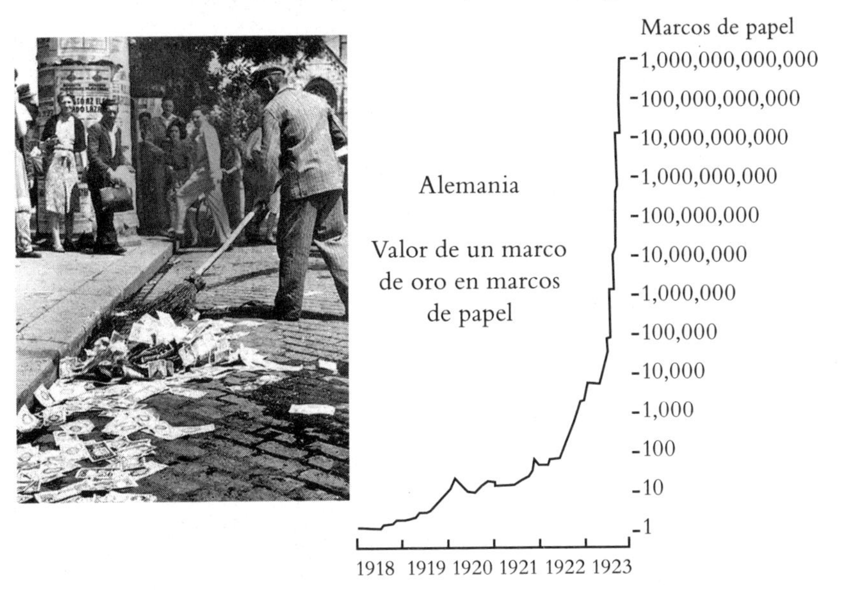

La imagen anterior muestra lo que sucede cuando un banco central y un gobierno imprimen dinero para pagar sus deudas.

En 1918, un ciudadano alemán podía ser millonario si tenía millones de marcos alemanes ahorrados, pero menos de cinco años después, ese mismo alemán ya se había convertido en un hombre pobre.

P: ¿Está sucediendo lo mismo en Estados Unidos actualmente?

R: Sí.

A continuación se presenta una gráfica de la Expansión cuantitativa.

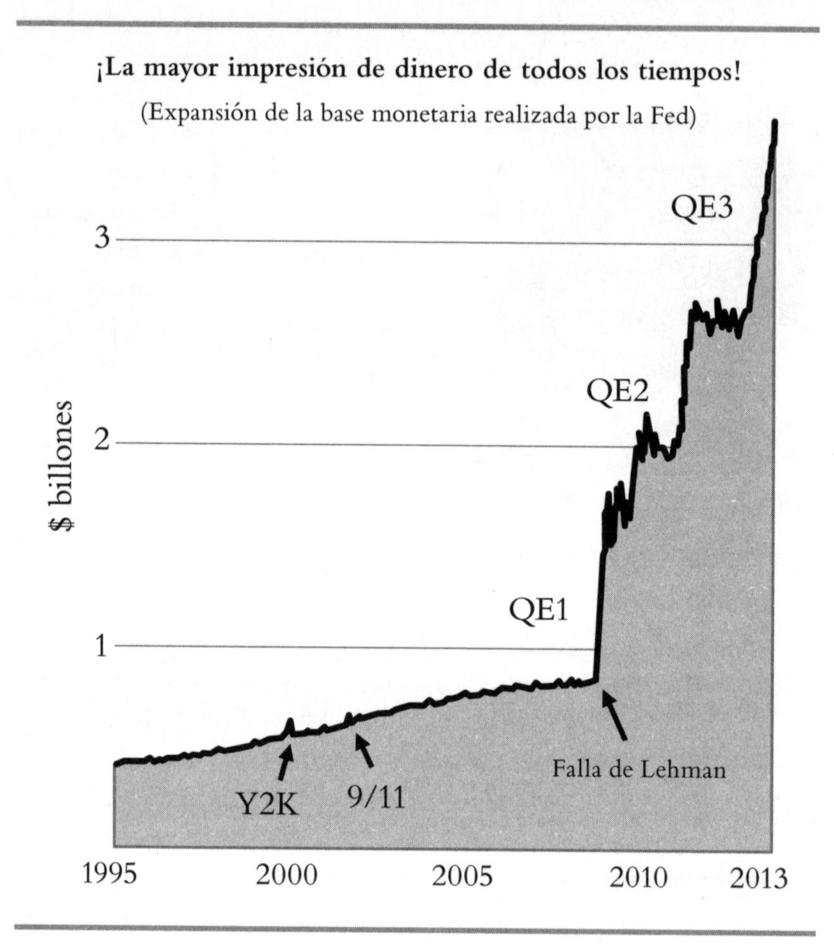

P: ¿Qué significa esto?

R: Significa que Estados Unidos está siguiendo el modelo alemán de la última Depresión. Nuestro gobierno está tratando de salir de la crisis financiera por medio de la "impresión" de dinero.

P: ¿Y eso qué implica para mí?

R: Precisamente lo que mencioné anteriormente en este capítulo, implica que tu riqueza te está siendo robada a través del dinero por el que trabajas tanto. Como ya dije, el sistema monetario no fue diseñado para que enriquezcas, sino para robarte todo lo que tienes.

Observa la gráfica que se presenta ahora. En ella se muestra lo que le ha estado sucediendo al poder adquisitivo de tu dinero.

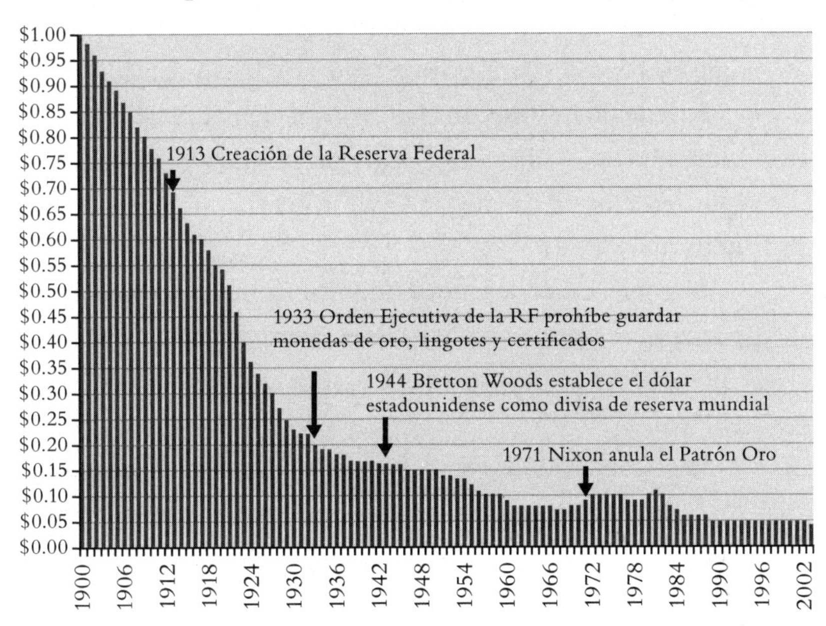

© 2003 Mary Puplava, Financial Sensa. Fuente de datos http://eh.net/hmitppowerusd/

Al dólar le ha tomado cerca de cien años perder el 95 por ciento de su poder adquisitivo, pero dudo mucho que tarde otros cien en perder el último 5 por ciento.

P: ¿Estás diciendo que el dólar volverá a cero?
R: Si Estados Unidos sigue imprimiendo dinero, podría suceder.

P: ¿Pero no puede suceder en Estados Unidos, ¿o sí?
R: Ya ha sucedido varias veces.

P: ¿Cuándo?

R: En la Guerra de Independencia, el presidente George Washington y el Congreso de Estados Unidos empezaron a imprimir una divisa llamada "continental" con el objetivo de pagar por el conflicto. Los británicos ayudaron a destruir el continental imprimiendo continentales falsos, por lo que, en muy poco tiempo, el continental empezó a valer menos de lo que costaba el papel en el que estaba impreso. Fue en ese tiempo que empezó a usarse la frase "No vale ni un continental."

Sucedió lo mismo con el dólar confederado. La Confederación imprimió dinero para pagar sus deudas y comprar armas. De cierta forma, la Guerra Civil se perdió por culpa del "dinero malo".

El gobierno de Estados Unidos imprimió el "greenback" para pagar la Guerra Civil. Si el Norte hubiera perdido, el "greenback" se habría ido a la basura igual que el dólar confederado.

Si el gobierno de Estados Unidos continúa imprimiendo los billetes "greenback" de la actualidad, éstos también podrían llegar a valer tan poco como el continental y los dólares confederados.

P: ¿Qué pasaría si el dólar llegara a perder todo su valor?

R: Los ahorradores serían los mayores perdedores. Quienes trabajan para obtener dinero perderían la batalla porque toda su riqueza desaparecería. Yo siempre trato de recordar que en 1918 un alemán podía ser un millonario y, para 1923, podía haberlo perdido todo.

Es por eso que la lección uno de *Padre Rico, Padre Pobre* es: Los ricos no trabajan para obtener dinero.

P: *Si los ricos no trabajan para obtener dinero, ¿entonces para qué trabajan?*

R: Sobre eso trata este libro –así como la mayoría de mis libros y juegos–: mucha gente necesita una segunda oportunidad para pensar qué quiere obtener con su trabajo.

P: ¿Qué es lo que tengo que aprender?
R: Comenzaremos por el pasado.

P: ¿Por qué con el pasado?
R: Porque sólo podemos ver el futuro a partir del pasado. Viendo el pasado podrás comprender cómo es que los ricos y los poderosos roban nuestra riqueza a través del dinero.

En los siguientes capítulos descubrirás cómo los ricos y poderosos nos han estado desplumando con un Gran Golpe de Dinero. Si comprendes cómo funciona el Gran Golpe de Dinero, tendrás más posibilidades de elegir bien en el *presente* para tener un *futuro* más próspero y seguro.

P: ¿Toda la gente tendrá un futuro próspero y seguro?
R: Por desgracia, no. Me temo que no.

P: ¿Por qué?
R: Porque la mayoría de la gente sigue viviendo en el pasado, y por eso no puede entender la lección uno de Padre Rico: Los ricos no trabajan para obtener dinero.

En la actualidad, la mayoría de la gente está demasiado ocupada trabajando para obtener dinero, para pagar sus cuentas y para ahorrar suficiente para el futuro. Es evidente que no van a entender la lección uno a menos de que estén dispuestos a tomarse algo de tiempo para comprender el pasado.

A la gente estancada en el pasado, la segunda oportunidad no le servirá de nada. Recuerda el dicho: "La definición de locura es hacer exactamente lo mismo una y otra vez, y esperar resultados diferentes." Hay mucha gente que cae en la locura en lo que se refiere al dinero.

Tenemos que empezar con el pasado para poder ver el futuro. ¿Estás preparado? Si tu respuesta es afirmativa, por favor continúa leyendo.

P: *Una última pregunta: Si el dinero fue diseñado para empobrecer a la gente y robar su riqueza, ¿entonces a quiénes hace millonarios?*
R: A los ricos... pero sólo a los ricos que no trabajan para obtener dinero, los que controlan el juego del dinero.

P: ¿Cuánto tiempo ha durado el juego?
R: El juego del dinero empezó desde que los humanos comenzaron a desplazarse sobre la Tierra. Los humanos siempre han querido esclavizar a otros o tomar lo que tienen. Es un juego muy antiguo y los ricos llevan muchísimo tiempo jugándolo.

Si crees que es tu turno de aprender el juego del dinero, el que juegan los ricos, entonces esta segunda oportunidad es para ti.

Capítulo dos

El hombre que podía ver el futuro

La mayor parte de mis avances los logré por error.
Uno descubre lo que sí es, sólo cuando se deshace de lo que no es.
–R. Buckminster Fuller

En el verano de 1967 viajé de Nueva York a Montreal, Canadá. Me fui "de aventón" con un compañero de la escuela. En aquel tiempo, Andy Andreasen y yo teníamos veinte años y asistíamos a la Academia de la Marina Mercante de Estados Unidos en Kings Point, Nueva York. Viajamos a Montreal para ver el futuro.

La ciudad de Montreal fue la sede de la Expo 67, una Feria Mundial enfocada en el futuro. La pieza central de la Feria fue el pabellón de Estados Unidos: un domo geodésico monumental que se podía ver a kilómetros de distancia. El creador del domo era el doctor R. Buckminster Fuller, considerado uno de los más grandes genios de nuestro tiempo.

El doctor Fuller era reconocido como un futurista, y con frecuencia era llamado "abuelo del futuro". En aquel tiempo parecía muy adecuado que nuestro gobierno hubiera elegido el domo del doctor como pabellón, porque era una estructura que en verdad *representaba* el futuro.

El doctor Fuller –o "Bucky", como muchos lo llamaban–, era un enigma, una persona indefinible. La Universidad de Harvard afirma que era uno de sus alumnos más prominentes, pero Bucky no se graduó ahí. De hecho, aunque nunca se graduó en ninguna universidad, a lo largo de su vida recibió 47 títulos honorarios.

El Instituto Estadounidense de Arquitectos (AIA, por sus siglas en inglés), lo considera uno de los arquitectos más importantes del mundo. Bucky no tenía preparación de arquitecto, pero actualmente hay edificios suyos en todo el mundo. En el vestíbulo de las instalaciones del AIA, se exhibe con gran pompa un busto de Fuller.

Bucky es considerado uno de los estadounidenses más consumados de la historia y cuenta con más de dos mil patentes bajo su nombre. Por si fuera poco, fue autor de muchos libros que cubren temas de ciencia, filosofía e incluso poesía. En 1982 el presidente Ronald Reagan le entregó la Medalla Presidencial de la Libertad, y en algún momento, fue considerado para el Premio Nobel.

Y a pesar de todos estos logros, Bucky a veces se refería a sí mismo como "sólo un hombrecito".

Padre pobre y Bucky

Mi padre biológico, la persona a la que me refiero cada vez que digo "mi padre pobre", fue quien me dio a conocer al doctor Fuller. A finales de los cincuenta, cuando yo todavía estaba en la primaria, papá y yo nos sentábamos por horas a construir maquetas de los edificios de Bucky con pegamento y palitos. Hicimos los tetraedros, octaedros e icosaedros que, según Fuller, eran "los bloques de construcción del Universo". Mi padre pobre y Bucky tenían mucho en común. Ambos eran hombres extremadamente inteligentes que luchaban en el mundo académico y se desempeñaban en las áreas de matemáticas, ciencia y diseño, en particular. Ambos estaban comprometidos con la construcción de un mundo mejor que funcionara para toda la gente. Ambos dedicaron sus vidas a servirle a la humanidad y a la promoción de la paz mundial.

En 1964, cuando el doctor Fuller apareció en la portada de la revista *Time*, mi padre estaba extasiado.

CON UN PIE EN EL FUTURO

En 1967, Andy y yo –ambos éramos fanáticos de Bucky– estábamos ansiosos por visitar el pabellón de Estados Unidos y entrar al monumental domo del doctor. La sensación que tuvimos al estar dentro, fue mágica. El lugar tenía un ambiente surrealista de paz y posibilidad. Jamás habría imaginado que más adelante estudiaría con el "abuelo del futuro".

En 1981 me invitaron a pasar una semana con el doctor Fuller en una cabina afuera de Lake Tahoe, California, para estudiar. El título de su conferencia fue "El futuro de los negocios". Esa semana la dirección de mi vida cambió para siempre.

Me gustaría poder decir que asistí a la conferencia para aprender más sobre la paz mundial, matemáticas, ciencia, diseño, principios generalizados y filosofía, pero no puedo. Asistí principalmente porque quería conocer la manera en que Fuller predecía el futuro. Lo que me motivó fue la codicia, no la paz mundial. Quería aprender a predecir el futuro para luego aprovechar ese conocimiento y hacer más dinero.

Pero el último día del evento me sucedió algo. Desearía poder explicarlo pero lo limitado de mi vocabulario me impide describir la experiencia.

Estaba parado detrás de una cámara de video en un tripié porque me ofrecí como voluntario para videograbar todo el evento. Me ofrecí a permanecer todo el tiempo detrás de la cámara porque, cuando estuve entre el público como participante, me quedé dormido varias veces. Fuller no era un orador particularmente dinámico y, de hecho, me atrevería a decir que incluso era aburrido; balbuceaba y usaba palabras que yo no entendía.

Pero cuando el evento estaba a punto de terminar, miré a Bucky directamente a través de la lente de la cámara, y una sutil ola de energía se apoderó de mí. De pronto sentí el corazón abierto y empecé a llorar. No eran lágrimas de tristeza o dolor, sino de gratitud por la valentía que aquel hombre había tenido para guiar, enseñar y mirar hacia el futuro a lo largo de tantos años.

John Denver compuso y grabó una canción dedicada al doctor Fuller porque también tocó e inspiró su vida. La canción se llama *Lo que un hombre puede hacer* (*What One Man Can Do*).

La canción tributo que le compuso John Denver a Bucky Fuller describe la experiencia que tuve aquel día, mucho mejor de lo que yo puedo hacerlo en palabras.

Ésta es la parte de la canción de John Denver que más me conmueve:

Es difícil decir la verdad
cuando nadie quiere escuchar,
cuando a nadie le importa.
¿Qué sucede?

Es difícil estar solo
cuando necesitas alguien a tu lado.
Tu espíritu y tu fe
deben ser fuertes.

Y el coro...

Lo que un hombre puede hacer, es soñar.
Lo que un hombre puede hacer, es amar.
Lo que un hombre puede hacer, es cambiar el mundo
y hacerlo joven otra vez.
Eso es lo que un hombre puede hacer.

Este libro es sobre segundas oportunidades, y por eso quise describir lo que me sucedió con Bucky Fuller, porque fue una de las muchas segundas oportunidades que he recibido en la vida. Cuando regresé a Honolulu, era otra persona.

En 1981 yo tenía fábricas en Taiwán, Corea y Hawái. En ellas fabricaba productos con licencia para la industria del rock and roll.

Mi empresa manufacturaba productos para bandas como Pink Floyd, Duran Duran, Judas Priest, Van Halen, Boy George, Ted Nugent, REO Speedwagon y The Police. Me encantaba el negocio. En mis fábricas se producían sombreros, carteras y bolsas con los rostros y logos de las bandas serigrafiados. Los fines de semana iba a conciertos para ver a los felices admiradores comprar mis productos como pan caliente. Era un gran negocio. Yo era soltero, vivía en la playa de Waikikí y tenía vecinos como Tom Selleck. Además, ganaba muchísimo dinero que, en aquel entonces, solía hacerme muy feliz.

El problema era que Fuller había tocado mi corazón y yo lo sabía. En el fondo, estaba consciente de que mis días de sexo, drogas, rock and roll y dinero, estaban por llegar a su fin. No dejaba de preguntarme, "¿Qué puedo hacer para que éste sea un mundo mejor?" y, "¿Qué estoy haciendo con mi vida?".

En 1981 tenía treinta y cuatro años, y tres profesiones. Había asistido a la Academia de la Marina Mercante de Estados Unidos en Nueva York, y ahí recibí mi título de ciencias, así como una licencia para navegar en buques petroleros. También había asistido a la Escuela de Vuelo de la Armada de Estados Unidos para aprender a pilotear a nivel profesional. Por un tiempo consideré trabajar en aerolíneas pero cuando regresé de Vietnam supe que mis días como piloto se habían acabado a pesar de que adoraba volar. Ahora era un empresario con un negocio de fabricación y distribución a nivel global, y mis productos se vendían en cadenas nacionales como JCPenney, Tower Records, las tiendas de regalos de Spencer's, en los conciertos de las bandas y, gracias a distribuidores mundiales, también a través de muchos minoristas en distintos países.

Mi problema era que había conocido a Bucky Fuller y cuando volví a mi fábrica en Honolulu, mi mente no dejaba de viajar a aquella experiencia que había vivido en Montreal. Como ya mencioné, ni siquiera cuando estuve en el mágico entorno del domo imaginé que llegaría a conocer al hombre que lo diseñó, y que después de conocerlo mi vida cambiaría de nuevo.

Mi trabajo espiritual

En lugar de escuchar rock and roll, empecé a escuchar la música de John Denver. Y siempre que oía *What One Man Can Do*, la canción que le compuso a Fuller, me preguntaba incesantemente: "¿Qué se supone que debo hacer con mi vida?"

El rock and roll sólo me inspiraba a ir a los centros nocturnos de Waikikí, pero las canciones de John Denver me instaban a pensar desde el corazón. En lugar de desvelarme en discotecas, empecé a pasar más tiempo solo, surfeando o explorando para estar cerca de la hermosura de la naturaleza. Los fines de semana me los pasaba en talleres de desarrollo personal aprendiendo cómo ser mejor persona a nivel emocional y espiritual. Este aspecto mío más delicado, hizo que algunos de mis amigos del Cuerpo de Marina me miraran con disgusto. Asimismo, comencé a pasar más tiempo con grupos de negocios enfocados en resolver problemas sociales de comunidades de todo el mundo, que con mis socios del mundo del rock and roll y las ventas al menudeo.

Poco a poco empecé a comprender que asistimos a la escuela con la esperanza de encontrar una profesión económica o empleo. Pero después de conocer a Fuller entendí que en realidad tenía que buscar una profesión espiritual: mi *empleo espiritual* y el propósito de mi vida.

Entre 1981 y 1983 estudié con el doctor Fuller en tres ocasiones durante el verano, y cuando no estaba en sus conferencias, me reunía con mis nuevos amigos en un "grupo de estudio" que se enfocaba en sus libros. Debo decir que sus textos no son fáciles de comprender, y por eso nos pusimos de acuerdo y decidimos estudiar un capítulo por semana de manera individual para luego reunirnos en la casa de alguien para discutir el tema y hacer "mapas mentales" de las ideas de Fuller.

El mapeo mental es un método en el que se utilizan colores e imágenes, en lugar de palabras, para organizar y jerarquizar ideas que, en nuestro caso eran las que presentaba Fuller en cada capítulo. Construíamos los mapas en hojas de rotafolio y siempre comenzábamos con un concepto central. La clave del mapeo mental es usar solamente color y dibujos; si acaso hay palabras, son muy, muy pocas. Esto fuerza a los participantes a convertir las palabras y los pensamientos en imágenes, y eso intensifica los procesos de aprendizaje, análisis y discusión.

Como ya todos sabemos, dos mentes (o más), son mejor que una… excepto en la escuela, claro, en donde el hecho de que dos mentes o más trabajen en equipo se considera *trampa*.

En nuestro grupo de estudio recurríamos a debates, color e imágenes, lo que hacía que las actividades fueran estimulantes, desafiantes y novedosas. En lugar de pasarme la noche entera en clubes nocturnos, empecé a hacerlo en la casa de algún compañero trabajando con el grupo de estudio porque sabía que ésa era la segunda oportunidad que tenía para encontrar el propósito de mi vida. En lugar de ir a la escuela a aprender cómo transportar petróleo, causar terror desde el cielo o manufacturar y vender más productos de rock and roll, ahora iba "a la escuela" de la segunda oportunidad para aprender a ser un ser humano mejor y, quizá, una persona capaz de hacer una diferencia en el mundo.

El problema era que todavía no sabía cuál era, o sería, mi empleo espiritual… Entre 1981 y 1983 dediqué mucho tiempo a estudiar el trabajo de Fuller, y en 1983 fue el último verano que pasé con él. En esa ocasión cerró su conferencia diciendo: "Adiós, querida gente, los veré el verano próximo", pero no fue así, falleció tres semanas después, el primer día de julio.

Cambios en el horizonte

Para 1984 sabía que tenía que hacer varios cambios, sólo que no estaba seguro de cuáles. Por eso nada más decidí hacer algo, lo que fuera. Ya sabes lo que dice el dicho:

> "A veces tienes que dejar de hacer lo que te gusta para dedicarte a lo que se supone que debes hacer."

Para ese tiempo ya también había releído el libro *Juan Salvador Gaviota* de Richard Bach, el cual fue publicado por primera vez en 1970.

La siguiente información de Wikipedia te dará una idea de sobre qué trata el libro:

> El libro cuenta la historia de Juan Salvador Gaviota, una gaviota que está aburrida de las riñas cotidianas por la comida. Embargado por la pasión del vuelo, se obliga a aprender todo lo posible sobre el vuelo hasta que, finalmente, su rechazo a conformarse provoca que lo expulsen de la parvada. Ya como paria, Juan Salvador Gaviota continúa aprendiendo; cada vez se siente más complacido con sus nuevas habilidades, y goza de una nueva vida llena de paz y felicidad.
>
> Un día, Juan conoce a dos gaviotas que quieren llevarlo a un "plano de existencia más alto" en el que no existe el paraíso, sino un mundo mejor al que se llega a través de la perfección del conocimiento, y ahí conoce a otras gaviotas que aman volar. Descubre que su tenacidad y deseo de aprender lo convierten en "un ave en un millón". En este nuevo lugar, Juan se hace amigo de Chiang, la gaviota más sabia, y ella lo lleva más allá de sus conocimientos previos y le enseña a moverse de manera instantánea a cualquier lugar en el Universo. El secreto, dice Chiang, es "empezar sabiendo que ya llegaste". Pero insatisfecho con su nueva vida, Juan regresa a la Tierra, en donde encuentra a otras gaviotas, a las que les transmite sus enseñanzas y su amor por el vuelo. Su misión tiene éxito, y Juan logra reunir a otros que también se negaron a conformarse y fueron marginados. Finalmente, Pedro Pablo Gaviota, el primero de sus alumnos, se convierte también en maestro, y Juan se puede ir a compartir sus enseñanzas con otras parvadas.

Saltos de fe

De *Juan Salvador Gaviota* aprendí una lección muy importante: que a veces la gente necesita liberarse y permitir que las corrientes de la vida la lleven adonde se supone que debe estar.

Entre el verano de 1983 y finales de 1984 me preparé para liberarme y permitir que las corrientes de la vida me llevaran.

El proceso comenzó cuando les informé a mis dos socios del negocio de rock and roll que quería "liberarme" para seguir adelante. Cuando me preguntaron a dónde iría, les dije entre murmullos que dejaría que las corrientes de la vida me transportaran, y cuando comenzaron a pensarlo bien, añadí: "Voy a dar un salto de fe a lo desconocido." En octubre de 1983 dimos inicio al proceso de adquisición que me permitiría dejar el negocio.

En enero de 1984, mientras me encontraba arreglando los últimos detalles en Hawái, Nueva York, Taiwán y Corea, conocí a la mujer más hermosa del mundo. Se llamaba Kim y no quería tener nada que ver conmigo. Pasé los siguientes seis meses pidiéndole que aceptara tener una cita conmigo y su respuesta siempre fue la misma: "No."

Pero finalmente aceptó, así que cenamos y caminamos durante un buen rato a lo largo de la playa de Waikikí, hasta que salió el Sol. Desde la noche anterior y hasta la mañana siguiente, le hablé de Bucky Fuller, de la posibilidad de encontrar el propósito de nuestra vida y del empleo espiritual de cada persona. Ella fue la primera mujer que conocí interesada en estos temas.

En los siguientes meses nos vimos con regularidad y ella se convirtió en parte de mi proceso de "liberación". Estuvo conmigo cuando me despedí llorando de mis socios y de los trabajadores de la fábrica de Honolulu. Kim y yo sabíamos que también nos despediríamos pronto porque ella tenía una carrera en el ámbito de la publicidad en Honolulu y yo estaba a punto de saltar a la nada. Sin embargo, ya cerca de la despedida, Kim me dijo: "Quiero ir contigo." En diciembre de 1984 Kim y yo nos tomamos de la mano y dimos ese salto de fe a lo desconocido; y 1985 fue, sin duda alguna, el peor año de nuestras vidas. Por desgracia no sabíamos entonces que más adelante viviríamos años que harían parecer a 1985 un período fácil en comparación.

Nos gustaría poder decir que todo ha sido muy sencillo, miel sobre hojuelas; pero la verdad es que ha sido un infierno. Incluso ahora, aunque gozamos de "éxito" en los aspectos financiero y profesional, todavía tenemos que enfrentarnos a la vida en el mundo real: ese mundo de codicia, mentiras, deshonestidad, problemas legales y crimen.

A pesar de las adversidades y los golpes al corazón, nuestra travesía ha sido muy parecida a lo descrito en *Juan Salvador Gaviota*. Ha sido un proceso que ha puesto a prueba nuestro espíritu y dedicación, y nos hizo cuestionarnos si abandonaríamos la misión cuando el camino se tornara demasiado inhóspito.

La buena noticia es que a lo largo del camino hemos conocido a gente increíble con la que jamás nos habríamos encontrado si Kim no hubiera dejado la agencia de publicidad y yo no hubiera renunciado a mi negocio de manufactura.

En el resumen de la Segunda Parte de *Juan Salvador Gaviota*, Wikipedia describe muy bien al tipo de gente que hemos encontrado en el camino y que ha llegado a ser amiga nuestra:

> Juan trasciende a una sociedad en donde todas las gaviotas aman volar. Lo ha logrado tan sólo después de practicar sin compañía durante muchísimo tiempo. El proceso de aprendizaje vincula al maestro consumado y al alumno diligente, y alcanza niveles casi sagrados. A pesar de sus enormes diferencias, el maestro y el alumno comparten algo fundamental que los une:
>
> "Tienes que entender que una gaviota es una idea ilimitada de libertad, una imagen de la Gran Gaviota." La Gran Gaviota comprende que tienes que ser fiel a ti mismo: "Tienes la libertad de ser tú mismo, tu verdadero yo, aquí y ahora. Y no hay nada que se interponga en tu camino."

A lo largo de 1985 hubo varias ocasiones en que Kim y yo no tuvimos un lugar para vivir ni dinero para comer. Sobrevivimos en un viejo Toyota café y en el sótano de un amigo. Como ya mencioné, nuestra fe estaba siendo puesta a prueba.

En el otoño de ese mismo año, la corriente de la vida nos llevó hasta Australia, en donde encontramos gente a la que le encantó lo que enseñábamos. En aquel tiempo usábamos juegos para enseñar actividades empresariales con responsabilidad social, e inversión. Para diciembre ya habíamos conseguido algunas ganancias gracias a un seminario que llevamos a cabo en Sídney; por eso Kim y yo adoramos Australia y siempre estaremos agradecidos con su gente.

Ambos nos habíamos liberado y permitimos que la corriente de la vida nos llevara hasta allá, en donde la gente nos permitió desarrollarnos como maestros.

Cambio de amigos

De repente, un día de 1986, recibí una llamada de la Fundación Windstar de John Denver. John llevaría a cabo un evento en Aspen, Colorado, y quería saber si me gustaría ser uno de los oradores invitados, junto con otros empresarios entre los que se encontraban Ben Cohen y Jerry Greenfield, fundadores de la empresa fabricante de helados Ben & Jerry's. Naturalmente, dije "Sí."

La sensación al estar en la enorme carpa de John en Aspen fue muy parecida a la que tuve en el domo de Bucky en Montreal. El sentimiento de magia, asombro y posibilidad fue igual. Por alguna razón, ni siquiera mencioné mi negocio de artículos de rock. Me pareció inadecuado. Aunque considero que no estaba preparado en absoluto, me enfoqué en el tema de la educación y el aprendizaje. Hablé de lo mucho que sufrí en la escuela porque yo sabía bien lo que quería aprender pero fui obligado a estudiar materias que no me interesaban. Hablé sobre el dolor que me provocó reprobar dos veces Inglés en la preparatoria sólo porque no podía escribir bien. Hablé en nombre de los niños que eran como yo, que querían aprender pero no se sentían a gusto en la escuela. Mencioné que el proceso tradicional de aprendizaje quebranta el espíritu de muchos niños y, al final de mi ponencia, les pedí a todos que cerraran los ojos, se tomaran de las manos y escucharan la canción más reciente de Whitney Houston, *The Greatest Love of All*, porque el primer verso ilustraba muy bien mi mensaje y la atmósfera:

"Creo que los niños son nuestro futuro..."

Cuando abandoné el escenario en silencio, mucha gente estaba llorando. Las personas del público, ese grupo de "gaviotas", se abrazaban. Algunos lloraban tanto como yo lo hice aquel día de 1981 cuando estuve por primera vez entre los asistentes de la conferencia de Bucky Fuller. Pero eran lágrimas de amor, no de tristeza. Eran lágrimas de responsabilidad, no de culpa; lágrimas de gratitud... por el regalo que es la vida. Y también eran lágrimas de valor porque sabíamos que cambiar el mundo exigía el tipo de coraje que proviene del corazón. Muchas de aquellas "gaviotas" ya sabían que la palabra *coraje* proviene de la palabra francesa *coeur*, que significa corazón. Windstar fue una reunión de gaviotas que, en su mayoría, ya sabían cómo volar y estaban conscientes de que lo que hacía falta era coraje.

Cuando bajé del escenario Kim me estaba esperando. Nos abrazamos en silencio. Sabíamos que habíamos encontrado nuestro empleo espiritual y el propósito de nuestras vidas. Sabíamos que habíamos llegado a lo que sería y todavía sigue siendo, el trabajo de nuestra vida.

Resulta irónico, pero "maestro" nunca estuvo en mi lista de respuestas a "¿Qué quieres ser cuando seas grande?" Cuando era niño creía que la profesión de abogado era "superior" a la de maestro. Y en realidad no odiaba la escuela, es sólo que detestaba que me forzaran a aprender cosas que no quería. Me molestaba no aprender lo que me interesaba: cómo ganar dinero y alcanzar la libertad financiera como mi padre rico. Yo no quería estar esclavizado a un cheque de nómina, a la falsa seguridad de un empleo ni a una pensión de maestro, como fue el caso de mi padre pobre.

EL AUGE DE LOS NEGOCIOS

En cuanto Kim y yo tuvimos claridad respecto a nuestro empleo espiritual, nuestra pequeña empresa educativa se expandió a Nueva Zelanda, Canadá, Singapur y Malasia. Luego el negocio floreció en Estados Unidos.

Diez años después, en 1994, cuando le vendimos ese negocio a nuestro socio, Kim y yo ya habíamos alcanzado la libertad financiera. Ella tenía 37 años, y yo 47. Alcanzamos la libertad sin empleos, sin el apoyo del gobierno y sin un plan para el retiro repleto de acciones, bonos y fondos mutualistas.

Cuando la gente empezó a preguntarnos cómo lo logramos sin apoyarnos en los planes tradicionales de inversión para la jubilación, Kim y yo supimos que había llegado *nuestra* nueva segunda oportunidad.

Siguiendo uno de los principios generalizados de Buckminster Fuller –un principio que es cierto en todos los casos sin excepción–, dimos inicio a nuestro nuevo negocio. Actualmente, ese negocio es conocido por el nombre de The Rich Dad Company.

El principio generalizado que seguimos fue:

Entre a más gente sirva, más eficiente seré.

Con la intención de servirle a más gente, Kim y yo empezamos a desarrollar nuestro juego CASHFLOW®, y yo me dediqué a escribir *Padre Rico, Padre Pobre.*

El 8 de abril de 1997, el día que cumplí cincuenta años, The Rich Dad Company se convirtió oficialmente en un negocio. Nuestra misión era:

"Elevar el bienestar financiero de la humanidad."

Una segunda oportunidad para The Rich Dad Company

Como lo mencioné en el Capítulo Uno de este libro, el mundo del dinero está cambiando y, por desgracia, hay millones de personas que no lo han tomado en cuenta. Kim y yo continuamos trabajando en The Rich Dad Company porque, a pesar de que ambos alcanzamos la libertad financiera, la empresa tiene la misión de ofrecerle a más gente una segunda oportunidad para obtener dinero y tener una vida diferente. Actualmente, gracias al desarrollo de los juegos electrónicos y las aplicaciones (apps), The Rich Dad Company se encuentra preparada para otra segunda oportunidad con la que le servirá a más gente a través de las herramientas y la tecnología de la Era de la Información. Lo mejor de las segundas oportunidades es que puedes tener cuantas quieras o necesites... ¡No hay límite! Todos tenemos el poder de elegir si queremos buscar una segunda oportunidad en lugar de quedarnos gimoteando por lo que pudo ser. Y entre más aprendamos y más conciencia cobremos del cambiante mundo en que vivimos, más probabilidades tendremos de triunfar en nuestra segunda oportunidad.

El último libro del doctor Fuller se llamó *Grunch of Giants* (*El flagrante atraco de los gigantes*). La palabra GRUNCH es un acrónimo en inglés que quiere decir: **Gr**oss **Un**iversal **C**ash **H**eist (Flagrante atraco universal).

El libro *Grunch* fue publicado tras la muerte de Bucky en 1983, y fue el único de sus libros que se enfocó en las mismas cosas que le inquietaban a mi padre rico; específicamente, *en el hecho de que el sistema monetario hubiera sido diseñado para robar nuestra riqueza.*

En 1983, la lectura de *Grunch de Giants* me llevó al límite. Entonces supe que no podía seguir siendo fabricante. Aunque realmente no sabía qué, sabía que tenía que hacer algo. Ya estaba enterado de demasiadas cosas y no podía seguir quedándome callado. Fuller nos había enseñado a ver el futuro y, gracias a eso, desde aquel momento pude ver la crisis que se avecina, la crisis financiera que comenzó con nuestro sistema educativo.

En los siguientes capítulos explicaré lo que aprendí y por qué estamos actualmente en esta crisis financiera.

Este *flagrante atraco* no es nada nuevo, lleva mucho tiempo gestándose. Quienes buscan una segunda oportunidad deben entender bien lo que Fuller quiso decir con *Grunch of Giants*, y también lo que vio que sucedería en el futuro. Esta información es fundamental para que puedas crear ese brillante porvenir que deseas para ti y tu familia.

Capítulo tres

¿Qué puedo hacer?

Yo sólo invento algo y luego espero
a que venga el hombre que necesite
lo que inventé.
–R. Buckminster Fuller

A mí me tomó algún tiempo comprender que la habilidad de Bucky Fuller para predecir el futuro no tenía nada que ver con elegir mercados bursátiles, aprovechar mercados, apostar a caballos o adivinar quién ganaría la Serie Mundial. Su visión del futuro en realidad tenía que ver con la visión misma de dios.

A Bucky le incomodaba utilizar la palabra *dios* porque, para mucha gente, implica un fuerte peso de "dogma religioso", emoción y controversia. Fuller no creía que dios fuera un individuo blanco, un judío, un árabe o un asiático, y por eso, en lugar de usar la palabra *dios*, prefería el término nativo norteamericano de: el *Gran*

Espíritu. el Gran Espíritu es esa energía invisible que vincula todas las cosas en el "Universo", no solamente al cielo y la tierra.

Quiero que sepas que en ninguna de las ocasiones que use el término *dios* en este libro, estaré haciendo referencias a temas religiosos. Yo respeto mucho el derecho que tienen todos de elegir creer en dios o no, o de practicar cualquier religión. Dicho llanamente, creo en la libertad religiosa y en la libertad para elegir creer en dios o no.

Sucede lo mismo con mi opinión sobre política. No soy ni republicano ni demócrata, y no tengo ningún perro metido en esta pelea. De hecho, mi perro me agrada mucho más que la mayoría de los políticos.

La evolución humana

Fuller no era un futurista en lo que se refería a los sucesos económicos. Él era un futurista en los deseos del Gran Espíritu para la evolución de la humanidad. Bucky creía que los humanos éramos experimentos de dios a largo plazo, y que habíamos sido dejados en la "nave tierra" para ver si podíamos evolucionar o no, y si sí, para saber qué haríamos después: si convertiríamos al planeta en un paraíso o en un infierno.

Fuller creía que el Gran Espíritu deseaba que todos los humanos fueran ricos. De hecho, solía decir "Hay seis mil millones de multimillonarios en la Tierra." (Claro, eso era en la década de los ochenta. Ahora tendría que decir "siete mil millones de multimillonarios.") En los ochenta, sin embargo, había menos de cincuenta multimillonarios documentados, una cifra demasiado alejada de los "seis mil millones" que Bucky esperaba. Para 2008 ya había 1150; y hoy en día, se cree que la cifra es de 1645.

Fuller afirmó que la humanidad había alcanzado un punto evolutivo crítico y que si los humanos no crecían y dejaban atrás el egoísmo y la codicia para practicar la generosidad y la abundancia, llegarían –como el experimento en la Tierra que eran–, a su fin. El doctor a menudo se refería a los ricos y a los poderosos que acumulaban la "abundancia de dios" sólo para sí mismos, como "coágulos". Él creía que si los humanos no "evolucionábamos", no solamente acabaríamos con nosotros mismos, también terminaríamos asesinando la ecología de todo el planeta.

Fuller quería identificar los principios generalizados porque creía que eran las fuerzas invisibles que regían el Universo. En otras palabras, los principios generalizados eran los principios de operación del Gran Espíritu y, a su vez, el Gran Espíritu deseaba que todos los humanos y la vida en el planeta, prosperaran. Fuller calculaba que había entre doscientos y trescientos principios de este tipo. Cuando murió, ya había descubierto cincuenta. Yo conozco cinco, que son los que uso.

En sus escritos y conferencias, Fuller siempre criticó a algunos individuos codiciosos que ostentaban poder y usaban a los humanos y los recursos del planeta para beneficio exclusivo de sí mismos. El doctor creía que si los humanos no dejábamos la codicia y comenzábamos a practicar la generosidad –a trabajar para un planeta que, a su vez, trabajara para todos y para todo–, terminaríamos siendo "desalojados" de nuestra "nave Tierra". El experimento del Gran Espíritu sufriría entonces un retraso de varios millones de años. Fuller también decía que dios era muy paciente y estaba dispuesto a esperar que los humanos evolucionaran. Por desgracia, ni tú ni yo podemos darnos el lujo de esperar otro millón de años a que nuestros congéneres "entiendan el mensaje".

SERVIR A MÁS GENTE

Como ya lo mencioné en el capítulo anterior, uno de los principios generalizados que identificó Fuller, es:

"Entre a más gente sirva, más eficiente seré."

Como parte de mi trabajo para aprovechar mi segunda oportunidad, siempre que tengo que tomar decisiones profesionales, me esfuerzo en obedecer este principio. Es decir, en lugar de sólo trabajar para tener más, comienzo por obligarme a pensar de qué manera puedo enriquecer a *otros* al mismo tiempo que a mí mismo.

Este Principio generalizado fue fundamental cuando Kim y yo tomamos la decisión de venderle a nuestro socio el negocio de seminarios porque, aunque era un negocio exitoso, tenía un número limitado de gente a la que podíamos servirle. Todo esto sucedió en 1994. Debo admitir que nos fue difícil vender el negocio porque nos gustaba mucho y porque ya habíamos logrado hacerlo crecer y dar frutos. Sin embargo, nuestra intuición nos dijo que era tiempo de seguir adelante y de buscar la manera de servir a más gente.

Aunque para 1994 ya habíamos alcanzado la libertad financiera, no fue gracias a las enseñanzas de Bucky Fuller sino a las de Padre Rico. La libertad financiera nos brindó tiempo para desarrollar nuestro siguiente negocio. En 1996, la primera versión comercial de nuestro juego CASHFLOW® se jugó por primera vez en Las Vegas y, una semana después, en Singapur. El siguiente paso consistió en desarrollar un plan de mercadotecnia para venderlo.

El juego de CASHFLOW tenía dos problemas que dificultaban su venta. Para empezar, era demasiado complejo. Uno de los expertos que contratamos nos recomendó "atontarlo" un poco para poder venderlo, pero nosotros nos negamos porque CASHFLOW había sido diseñado para ser un juego educativo, no de entretenimiento.

El segundo problema era que su producción era bastante costosa. El mismo asesor de juegos nos dijo que debíamos venderlo a 29.95 dólares. Sin embargo, para venderlo a ese precio, nuestro costo de manufactura tenía que ser menor a 7 dólares la pieza. Nuestra mayor dificultad era que la primera ronda de producción nos costó 50 dólares por pieza, los cuales incluían la manufactura en China, más el aterrizaje y almacenaje en Estados Unidos. Así pues, en contra de los consejos del experto en juegos, marcamos el precio de venta al menudeo de CASHFLOW en 195 dólares, lo cual lo convirtió en uno de los juegos de mesa más caros del mercado.

Afortunadamente, la adversidad conduce a la innovación. Es por eso que, para poder vender un juego por 195 dólares, Kim y yo tuvimos que ser muy creativos. Primero recurrimos a nuestros antiguos clientes de los seminarios y les ofrecimos un seminario de un día para mostrarles el juego; la sesión tendría un costo de 500 dólares. La primera vez lo hicimos para que se familiarizaran con el juego, y la segunda, para que entraran en él. La idea funcionó; los participantes se emocionaron y la mayoría dijo que ese día había aprendido más sobre el dinero que en toda su vida. Cuando anunciamos que los "juegos" usados estaban a la venta por 150 dólares, éstos se vendieron inmediatamente. De hecho algunas personas pelearon por comprarlos a pesar de que también teníamos sets nuevos por 195 dólares.

El modelo de negocio funcionó, y entonces nació el concepto del "Club de CASHFLOW". En 2004, *The New York Times* publicó un artículo intitulado "The Rising Value of Play Money". El artículo hablaba de los distintos Clubes de CASHFLOW; la gente del periódico nos dijo que había identificado más de 3500 clubes en todo el mundo. Muchos de ellos siguen existiendo, y enseñando y sirviendo a más gente de lo que Kim y yo habríamos podido.

P: *Si lo que quieres es servir a la gente, ¿por qué no ofreces el juego gratuitamente?*

R: En algún momento consideramos solicitar préstamos del gobierno para fabricar los juegos, pero eso habría implicado obedecer la filosofía de mi padre pobre en lugar de honrar el pensamiento empresarial de mi padre rico.

Además, darle cosas gratis a la gente es lo que a veces la orilla a ser pobre. La gratuidad promueve la "mentalidad del subsidio", y ésta destruye la iniciativa y la responsabilidad personal.

A pesar del alto costo inicial del juego, millones de personas pueden jugarlo gratuitamente en Internet. Asimismo, gracias a los clubes de CASHFLOW, un solo juego ha servido en ocasiones para educar a cientos de personas, también de manera gratuita. Muchos de los líderes de los Clubes de CASHFLOW de todo el mundo, apoyan la misión de Padre Rico: *Elevar el bienestar financiero de la humanidad*, y por eso enseñan el juego a más personas. Para estas personas no sólo se trata de una lección espiritual; en el fondo saben que, entre más enseñen, más entenderán también.

La mayoría de los líderes de Clubes de CASHFLOW con quienes he hablado, me han dicho que siempre reciben mucho más de lo que dan. Es porque siguen el principio religioso: "Da y te será devuelto."

Por desgracia, hay clubes que sólo presentan el juego para vender otros productos u oportunidades de negocios. Si llegas a encontrar uno de éstos, quiero que sepas que, aunque yo apoyo la libre empresa, no respaldo a la gente que utiliza mis juegos como herramientas de mercadeo.

Otros puntos de vista

En algún momento llegué a pasar seis meses en el pintoresco y artístico pueblo de Bisbee, en Arizona. Fue en una cárcel que había sido remodelada para funcionar como vivienda. Durante algún tiempo, John Wayne fue el dueño de aquella vieja propiedad convertida en departamento. A él le encantaba Bisbee y la zona sur de Arizona, en donde tenía un rancho muy grande.

Durante el día trabajaba en mi pequeño rancho. Me pasaba la mañana y la tarde transformando aquel viejo depósito de diligencias (punto de descanso entre Bisbee y el infame pueblo de Tombstone, en donde tuvo lugar la balacera del Corral OK), en una casa de una sola recámara; y por la noche me sentaba en la cárcel a escribir un libro. Fue un proceso muy doloroso. Hubo muchos comienzos, baches, ataques y sustos, pero finalmente, una noche, ya tarde, cansado de tanto trabajar en mi propiedad y de batallar con el concepto del libro, comencé a escribir las primeras líneas. Las palabras iniciales fueron: "Yo tuve un padre rico y un padre pobre."

Y así fue como nació el libro *Padre Rico, Padre Pobre*. La mayoría de la gente no sabe que el primer libro de la serie Padre Rico, se escribió como un "folleto" para vender el juego CASHFLOW.

El 8 de abril de 1997, en mi cumpleaños número cincuenta, se lanzó *Padre Rico, Padre Pobre*, y también nació The Rich Dad Company.

Padre Rico, Padre Pobre navegó en el mar de los libros autopublicados hasta principios del año 2000. El libro se vendió de forma viral, recomendado de boca a boca, hasta que un día, llegó a la lista de los *bestsellers* de *The New York Times*. Era el único libro autopublicado que aparecía en la prestigiosa lista.

Poco después de eso, me llamó una productora del programa de televisión de Oprah Winfrey. Sin embargo, antes de incluirme en la agenda para *Oprah*, quiso hablar con el hijo de Padre Rico. En cuanto verificó la historia de mis dos padres, se confirmó mi aparición como invitado en el programa.

La invitación llegó cuando me encontraba en Australia. Fue una decisión difícil: permanecer ahí o volar a Chicago para la entrevista. Una vez más, obedecí el principio de "Entre a más gente sirva, más eficiente seré"; y por eso acorté mi viaje y volé directamente de Australia a Chicago. Todavía recuerdo cuando entré caminando al escenario de Oprah. Estuve sentado junto a ella durante una hora en la que hablamos de la necesidad de educación financiera.

Mi vida cambió por completo en esa hora. Dejé de ser un desconocido para convertirme en una voz a favor de la educación financiera escuchada a nivel mundial. Convertirme en un éxito de la noche a la mañana sólo me había tomado 55 años de innumerables logros y fracasos, y muchas segundas oportunidades.

No te conté esta historia para presumir ni para darme palmaditas en la espalda a mí mismo, sino porque quería darte un ejemplo de lo importante que es seguir el Principio generalizado de Bucky Fuller y las enseñanzas de mi padre rico sobre el dinero.

Los ricos son generosos

En una ocasión, un reportero me preguntó si el programa *Oprah* me había vuelto millonario. Le contesté que yo ya era rico cuando subí al escenario. Era rico financieramente porque había pasado mi vida adquiriendo un conocimiento que no se imparte en las escuelas. En ese momento lo único que hice fue compartirlo y ser generoso con lo que ya sabía.

Mi comentario sobre la generosidad perturbó al reportero. Desde su perspectiva, para ser pudiente, la gente tenía que ser codiciosa. Cuando traté de explicarle el principio de "La unidad es plural y, por lo menos, incluye a dos" –es decir, que una persona podía ser rica siendo codiciosa *pero también* siendo generosa–, su mirada se tornó vidriosa. La mente del reportero era rígida e inflexible; el hombre creía que la única forma de volverse rico era siendo codicioso. En su opinión, no era posible ser rico por medio de la generosidad, y sólo existe un tipo de persona adinerada: la persona adinerada avara.

P: *¿Qué sucedió después de que te volviste famoso? ¿Todo fue miel sobre hojuelas a partir de entonces?*

R: No, en absoluto. La fama y el dinero hicieron mi vida más difícil. Muchos amigos tuvieron celos, mis socios se tornaron codiciosos y empezaron a robarme; y mucha gente se acercó para ver en qué podía "ayudarme". Francamente era muy difícil determinar si los que se acercaron en verdad deseaban ayudar a la misión o sólo "ayudarse a sí mismos" con lo que nosotros ya habíamos creado.

La buena noticia es que con el paso de los años también llegó mucha gente honesta. Te reitero: la unidad es plural, y por eso tuvimos que aprender a aceptar lo bueno y lo malo.

Las últimas palabras de Bucky

Como ya mencioné, Fuller murió el 1 de julio de 1983. Anne, su esposa, murió 36 horas después. Ambos tenían 87 años, e incluso al morir, Bucky fue sobrenatural.

El doctor se encontraba hablando en un evento que sería el último. De pronto se detuvo de golpe y se quedó sentado en silencio por un rato. Yo no estuve presente, pero tuve la oportunidad de escuchar en una cinta de audio sus últimas palabras, las cuales trataré de parafrasear.

Bucky dijo que iba a abreviar su conferencia porque su esposa estaba sumamente enferma. Mencionó que unos días antes había tenido una premonición: que él y su esposa iban a morir juntos. Como comprendió que la muerte se acercaba para ambos, dijo: "Sucede algo misterioso." Y luego les pidió a todos que continuaran trabajando. Terminó la conferencia con su frase tradicional: "Gracias, querida gente."

Tiempo después me enteré de que él y su esposa habían hecho un pacto: ninguno vería morir al otro. Y lo cumplieron. Bucky se apresuró para ir a verla y se sentó a su lado. Ella estaba en coma. Y como si lo hubieran planeado, se recostó, colocó su cabeza junto a la de ella y murió en silencio. Ella lo siguió 36 horas después, respetando el pacto. Bucky era un futurista que incluso llegó a predecir la forma en que él y su esposa morirían. Supongo que escuchó al Gran Espíritu cuando los llamó para volver a casa.

Yo iba manejando por una carretera de Honolulu cuando escuché la noticia de los fallecimientos en la radio. Me sentí tan abrumado que tuve que detenerme para llorar. Ahora que lo pienso, me parece muy claro que en ese día tan emotivo que me quedé parado a un lado de la carretera, una parte de mi vida terminó, y otra comenzó. Recibí una nueva segunda oportunidad. Ya no sería un empresario de manufactura, ahora sería un empresario de la educación.

El flagrante atraco de los gigantes

Unos meses después se publicó póstumamente el último libro de Bucky: *Grunch of Giants*. Como ya lo mencioné, GRUNCH quiere decir **Gr**oss **Un**iversal **C**ash **H**eist (Flagrante atraco universal), y se refiere a la forma en que los ricos y los poderosos nos despojan de nuestra riqueza a través del dinero, el gobierno y el sistema bancario.

Cuando leí aquel pequeño pero emocionante libro, las piezas del rompecabezas comenzaron a colocarse en su lugar. Mi mente volvió atrás en el tiempo, a la época en que tenía nueve años y estaba en cuarto grado. Al día que le pregunté a mi maestra: "¿Cuándo vamos a aprender sobre el dinero?" y "¿Por qué algunas personas son ricas pero la mayoría es pobre?"

Al leer *Grunch*, las respuestas se fueron filtrando lentamente en mi cabeza. Fuller criticaba con fuerza al sistema educativo, pero no sólo por lo que enseñaba, sino por *la forma* en que trataba a los niños. Esto era lo que él decía respecto a los pequeños y su inteligencia:

> Todos los niños nacen siendo genios, pero esta inteligencia se va perdiendo rápidamente gracias a humanos inconscientes y/o a factores físicamente desfavorables del entorno.

Y…

> He visto que todos los niños muestran una curiosidad abarcadora. Están interesados en todo, y eso avergüenza a sus especializados padres. Desde el principio, los niños muestran que sus genes están organizados para ayudarles a aprender, comprender, coordinar y utilizar… en todas las direcciones posibles.

Fuller les recomendaba a los estudiantes asumir el control de su proceso educativo. Básicamente, que hicieran lo mismo que Steve Jobs en Reed College, en Portland, Oregon. Steve Jobs abandonó la escuela para poder volver a inscribirse y estudiar exclusivamente las materias que le interesaran. Y luego jamás volvió a la escuela.

P: ¿Bucky Fuller dijo que todos éramos genios?
R: Sí.

P: *Pero yo no me siento muy inteligente. No creo ser un genio. ¿Por qué será?*
R: Porque, como Bucky dice, las escuelas y los padres despojan a los niños de su *genialidad.* Fuller usó una metáfora en la que comparaba a la escuela con una mina de diamantes. Los maestros cavan en la mina en busca de "diamantes" –los niños genios–; y los "rezagados", o toda la suciedad y los escombros que son arrojados al arcén, son los alumnos que, según los maestros, no tienen potencial de genios. Por eso muchos estudiantes abandonan la escuela sintiendo que no son inteligentes ni especiales, o incluso enojados con la institución y el sistema educativo.

P: *Entonces, ¿cómo puede encontrar su genialidad una persona?*
R: Hay muchas maneras. Una de ellas es cambiando de entorno.

P: ¿Qué tiene que ver el *entorno con mi genialidad?*
R: Permíteme darte algunos ejemplos. Muchos estudiantes se sienten estúpidos en el entorno del salón de clases, pero su genialidad se despierta en los campos de futbol. La genialidad de Tiger Woods cobra vida cuando está en el campo de golf. La de los integrantes de The Beatles se despertaba con guitarras y batería en el estudio de grabación. Steve Jobs abandonó la escuela pero su genialidad comenzó a florecer en su cochera, en donde él y Steve Wozniak desarrollaron la primera computadora Apple.

P: *¿Entonces por qué no me siento inteligente? ¿Por qué no puedo encontrar mi genialidad?*

R: Porque la mayoría de la gente va de la escuela al trabajo, y estos entornos no siempre son los adecuados para que su inteligencia florezca. Muchos se pasan la vida sintiéndose insatisfechos, infravalorados y carentes de desafíos, sólo porque no han encontrado el entorno en donde pueden hacer florecer su inteligencia y genialidad.

Piensa que la genialidad es algo que vive en tu interior, que es el "genio" que habita en ti. Las palabras "genialidad", "genio", "mago" e "inspiración" están relacionadas. ¿Conoces a alguien que sea un mago en la cocina?, ¿que pueda tomar ingredientes ordinarios y preparar ensaladas gourmet?

P: *Sí.*

R: ¿Conoces a alguien que tenga "manos de jardinero"? ¿Alguien que pueda tomar tierra, agua y semillas y hacer florecer un jardín mágico?

P: *Claro.*

R: ¿Alguna vez has visto las Paraolimpiadas, algún evento deportivo para niños con capacidades diferentes? ¿Te has sentido inspirado o conmovido cuando los ves competir con todo su corazón?, ¿impertérritos a pesar de sus desafíos?

P: *Sí.*

R: Todos esos son ejemplos del "genio en tu interior", de ese mago que somos y que puede inspirar a otros. Cada vez que el espíritu de alguien más toca el nuestro, nos sentimos inspirados.

P: ¿Entonces por qué la mayoría de la gente no encuentra su genialidad?

R: Porque ser genio no es fácil. Por ejemplo, alguien podría ser el siguiente Tiger Woods, pero si no dedica su vida a desarrollar su genio y su talento, la magia no surgirá nunca.

MÁS PREGUNTAS QUE RESPUESTAS

Cuando leí el libro *Grunch*, me surgieron más preguntas; y por primera vez en mi vida quise volver a estudiar. Me dieron ganas de volver al cuarto grado y encontrar las respuestas a la cascada de preguntas que siempre le hice a mi maestra sobre el dinero. Tenía sed de conocimiento y quería respuestas a mis preguntas: "¿Por qué en la escuela no se imparte la materia del dinero?" y "¿Qué es lo que hace que la gente rica lo sea?"

Cuando terminé de leer *Grunch* y continué con otros libros de Fuller sobre la educación, comprendí que las preguntas que formulé en cuarto grado habían sido resultado de mi curiosidad natural. Mis materias de estudio eran el dinero y la razón por la que los ricos son ricos. Y si me pides mi opinión, te diré que no me parece accidental que los programas académicos hayan sido "saneados" por medio de la eliminación de la materia del dinero.

En 1983 revivió el estudiante en mí, e hice exactamente lo que Fuller describía: volví a los estudios que me interesaban.

Con el paso de los años mis propios estudios confirmaron los hallazgos de Fuller: que el sistema monetario había sido diseñado para despojarnos de nuestra riqueza, y para volver más ricos a quienes ya tenían suficiente; pero no para beneficiarnos ni a ti ni a mí. La esclavitud de los otros y el robo de la riqueza de nuestros congéneres ha estado sucediendo desde que los primeros humanos poblaron la Tierra. Fuller creía que la intensa codicia y el deseo de esclavizar a otros humanos era una prueba evolutiva para ver si podíamos usar nuestro corazón y nuestra mente para crear un paraíso terrestre, o si decidiríamos convertir a nuestro planeta en un infierno y un páramo.

En su libro *Grunch of Giants*, Fuller describió la forma en que los ricos y los poderosos usan el dinero, los bancos, el sistema educativo, el gobierno, a los políticos y a los líderes militares para implementar sus planes. Dicho llanamente, el dinero está diseñado para mantener esclavizada a la gente a él y a quienes controlan el sistema monetario.

Resulta irónico pero, aunque Bucky Fuller y mi padre rico tenían opiniones opuestas respecto a este tema, creo que ambos estarían de acuerdo en el concepto de que el dinero esclaviza a la gente. Por otra parte, debo destacar que el hecho de que hayan estado polarizados en el tema, respalda y valida el principio generalizado de que la unidad es plural, ya que ambos discrepaban en el contenido pero coincidían en el principio.

El poder del conocimiento

Poco después de aparecer en *Oprah*, una compañía de fondos mutualistas me ofreció cuatro millones de dólares para promocionarla; y aunque el dinero me agrada tanto como al vecino, sabía que aceptar la oferta significaría venderme al GRUNCH. Una de las mejores cosas de la educación financiera es que le da a la gente el poder de elegir, y de nunca tener que vender su alma por dinero.

¿Qué puedes hacer tú?

Ambos sabíamos que llegaría esta pregunta...

P: ¿Entonces qué puedo hacer yo?

R: En realidad hay muchas posibilidades porque el mundo está repleto de problemas. Creo que sería mejor preguntar: ¿Cuál problema quieres resolver? Dios te dio dones únicos para resolver un problema específico, ¿cuál crees que éste sea? Puedes hacerlo por ti mismo o puedes unirte a un grupo u organización para resolver lo que te está causando preocupación.

Cuando mires al mundo desde la perspectiva de los problemas que puedes resolver, verás que hay mucho por hacer pero, sobre todo, mucho en lo que *tú* puedes ayudar.

Y aún queda una pregunta todavía más importante: ¿Estás dispuesto a trabajar para resolver el problema? ¿O sólo lo estarías si alguien te pagara por hacerlo.

En el siguiente capítulo aprenderás lo mismo que yo descubrí cuando quise responder a la pregunta de cómo nos despojan de nuestra riqueza a través del sistema monetario, y por qué no se imparte educación financiera en nuestras escuelas.

Cuando Kim y yo creamos el juego de mesa CASHFLOW y yo escribí *Padre Rico, Padre Pobre*, nuestra riqueza, ingresos y reconocimiento crecieron de manera exponencial. Lo menciono porque sé que hay quienes se preguntan en qué momento voy a hablar de lo que pueden hacer para obtener su segunda oportunidad en la vida, y seguramente *tú* eres uno de ellos.

Quienes estén pensando en tener una segunda oportunidad para su dinero y su vida, deberán preguntarse:

¿Cómo puedo servir a más gente?

En lugar de:

¿Cómo puedo hacer más dinero?

Si te haces la primera pregunta en lugar de enfocarte en la manera de hacer más dinero, estarás obedeciendo uno de los Principios generalizados de dios.

Capítulo cuatro

¿Qué es un gran atraco?

La Era Oscura continúa rigiendo a la humanidad,
pero apenas ahora se están evidenciando la profundidad
y la persistencia de su dominio. La prisión de la Era Oscura
no tiene barrotes, ni cadenas ni cerraduras. Lo único que
nos aprisiona es la falta de orientación y
el aumento de la desinformación.
–R. Buckminster Fuller

Cuando leí esta cita del libro *Cosmography*, otro libro de Fuller que se publicó póstumamente después de *Grunch*, la noción de que vivíamos en una Era Oscura sacudió mi cerebro. Quise saber más. Mi pregunta era: ¿cómo es que el GRUNCH nos mantiene en esta Era Oscura?

Cuando terminé de leer *Grunch of Giants* sentí como si acabara de ensamblar las primeras cien piezas de un rompecabezas de mil.

Las cien piezas del libro de Fuller, se combinaron con otras cien que mi padre rico me había ayudado a ensamblar algunos años atrás; y así fue como el rompecabezas empezó a tomar forma y parecer lógico. Entonces comencé a entender cómo nos estaban despojando de nuestra riqueza con un gran ataco.

Para 1983 me pareció que ya tenía aproximadamente doscientas piezas del rompecabezas. Noté que se había empezado a formar una imagen y quise saber más. Por primera vez en mi vida era un estudiante de verdad y tenía deseos de seguir aprendiendo. Pero sabía que no aprendería lo que necesitaba si sólo me quedaba inmóvil, por eso decidí hacer lo que Fuller hizo en 1927: di un salto de fe a lo desconocido.

P: ¿Por qué a lo desconocido?

R: Porque en realidad no sabía lo que me deparaba el futuro. Lo único que pensaba era: "Si Bucky Fuller encontró su genialidad cuando dio un salto a lo desconocido en 1927, tal vez yo también debería (y podría) hacerlo." Como nunca fui un alumno destacado en la escuela, pensé que quizá podría serlo en un entorno desconocido.

P: ¿Qué te motivaba? ¿Por qué renunciar a una buena vida para ir tras algo *desconocido?*

R: Por la injusticia, para comenzar. Yo crecí en los sesenta, una década muy turbulenta. Presencié protestas en contra de la guerra de Vietnam y varios disturbios en casa.

En 1965 dejé el aletargado Hilo, mi pueblo natal en Hawái, para asistir a la Academia de la Marina Mercante en Nueva York. Mi compañero de cuarto era un joven negro, a quien en la actualidad tendría que describir como afroamericano para ser políticamente correcto. Tom Jackson fue mi primer amigo afroamericano porque en Hilo no hay gente de este origen étnico. Todas las noches se hablaba de disturbios raciales en los noticieros, pero Jackson me ayudó a llenar las lagunas informativas porque él tenía la otra versión de la historia.

Todos sabemos que la discriminación racial existe. De hecho, en Hawái la había. Por un lado estaban los blancos, a quienes se les denomina Haoles, y por otro, los asiáticos y los hawaianos. Sin embargo, los niveles de discriminación no se acercaban ni un poco a los que mi amigo Tom había vivido.

P: ¿Entonces lo que te motiva es la discriminación racial?

R: Sí y no. Siempre habrá discriminación, pero lo que me motiva es la injusticia.

Después de que me gradué de la Academia de la Marina Mercante en Kings Point en 1969, entré a la escuela de vuelo en Florida, no muy lejos de Alabama. Un compañero blanco de la escuela me invitó a su casa en Birmingham, la ciudad epicentro de los disturbios raciales de los sesenta.

P: ¿Y qué sucedió ahí?

R: Descubrí que la discriminación racial es en realidad discriminación financiera. Los negros luchaban por la oportunidad de tener una vida mejor. Cuando hablé con otras personas en Alabama, tanto de raza blanca como de raza negra, se hizo evidente que todos peleaban por lo mismo: una vida mejor.

Quizá recuerdes las protestas y los disturbios que hubo por la integración racial en las escuelas. Los blancos y los negros querían una educación más completa para tener una vida mejor.

P: ¿Entonces en qué consiste *la injusticia?*

R: En la falta de educación financiera en nuestras escuelas. La gente estudia para vivir mejor, pero a muy pocos les enseñan sobre el dinero.

P: ¿Existe ese mismo problema en la actualidad? La gente sigue yendo a la escuela pero casi no aprende acerca del dinero. ¿Es ésa la injusticia?

R: Sí. Hoy en día, gente de todas razas y niveles socioeconómicos –ricos, clase media y pobres–, luchan por ganar dinero. Esto provoca que la gente entre en pánico porque no sabe si sus hijos recibirán la mejor educación posible para más adelante conseguir un empleo bien pagado. Resulta irónico, pero esos niños aprenderán muy poco o nada respecto al dinero.

P: *Pero... creo que no identifico la injusticia.*

R: La injusticia yace en la ignorancia financiera. Actualmente, casi toda la gente está siendo despojada de su riqueza a través del sistema financiero y de su dinero. Y prácticamente nadie se da cuenta. La riqueza se va a través del trabajo, los ahorros y las inversiones en el mercado de valores.

Si las cosas no cambian, me temo que los disturbios de los sesenta regresarán, y esta vez no serán raciales.

Cuando tenía dieciocho años, Tom, mi compañero de cuarto en Kings Point, me llevó a su casa en Washington, DC. Fue un viaje que me perturbó hasta lo más profundo. Pero la visita a la casa de mi amigo blanco en Birmingham, Alabama, justo después de los disturbios, también me conmovió mucho.

En la actualidad veo el mismo tipo de pánico y pobreza que hacen que la sociedad sangre de varias partes. Sé por qué las drogas y el crimen son las profesiones más solicitadas en los cinturones de pobreza. El crimen da más recompensas que un trabajo, y las drogas palian el dolor y el sufrimiento de la gente. Además, las drogas y el crimen pueden, por lo menos, ayudarle a las personas a llevar comida a su mesa y a conseguir un techo para guarecerse.

Este dolor se ha propagado a todos los niveles de nuestra sociedad. El dinero y la ignorancia no discriminan. La injusticia está en la falta de educación financiera, por eso cuando leí *Grunch of Giants* quise saber más. Fuller dijo: "Nunca puedes aprender menos... sólo puedes aprender más."

Ésta es la razón por la que Kim y yo dimos nuestro salto de fe en 1984, porque en verdad no sabíamos qué hacer. Lo único de lo que estábamos seguros era que teníamos que movernos.

El poder del cheque de nómina

Padre Rico dijo: "El cheque de nómina es una de las herramientas más poderosas que ha creado el hombre. La persona que lo firma tiene la capacidad de esclavizar el cuerpo, la mente y el alma de otra persona."

También dijo: "Cuando se abolió la esclavitud, los ricos inventaron los cheques de nómina."

Por esta razón, el primer capítulo de *Padre Rico, Padre Pobre* se intitula "Los ricos no trabajan para obtener dinero".

P: ¿Y cómo podemos acabar con esta injusticia?
R: Todo comienza con las palabras.

Las palabras son herramientas

Fuller solía decir: "Las palabras son herramientas." Bucky creía que como las palabras afectan nuestra mente, eran las herramientas más poderosas inventadas por el hombre; y por eso elegía las suyas con cuidado. El doctor pensaba que muchos tenían que luchar en la vida sólo porque usaban palabras que los despojaban de su fuerza, que los debilitaban y los confundían; palabras que los hacían temerosos o los hacían enojar.

Cuando Padre Rico dijo que no permitiría que su hijo Mike y yo dijéramos cosas como: "No puedo pagarlo", en realidad estaba reflejando la creencia que Bucky tenía de que las palabras te pueden quitar fuerza y debilitarte. Padre Rico nos indicó que lo que debíamos preguntarnos era: "¿Qué puedo hacer para adquirirlo?", y que luego debíamos desafiar a nuestras mentes para expandir nuestros recursos económicos. Las palabras que elegimos y usamos pueden abrir nuestra mente o cerrarla, hacernos sentir poderosos y creativos, o convertirnos en víctimas impotentes de la vida; por eso son tan importantes. Si leíste *Padre Rico, Padre Pobre*, seguramente recuerdas que mi padre pobre solía decir: "Mi casa es un *activo*", sobre lo que mi padre rico comentaba: "Tal vez tu padre es un hombre con mucha preparación académica, pero no sabe que su casa no es un activo sino un *pasivo*."

Millones de personas son pobres o tienen problemas económicos sólo porque utilizan palabras "pobres" o incorrectas. Millones de personas están en aprietos financieros porque creen que sus "pasivos" son "activos".

Las definiciones de Padre Rico son muy sencillas:

Los activos llevan dinero a tus bolsillos.
Los pasivos sacan dinero de tus bolsillos.

Después de explicarnos sus conceptos, Padre Rico dibujaba un diagrama muy simple de un estado financiero para ilustrarlos. Usaba diagramas porque "una imagen vale más que mil palabras."

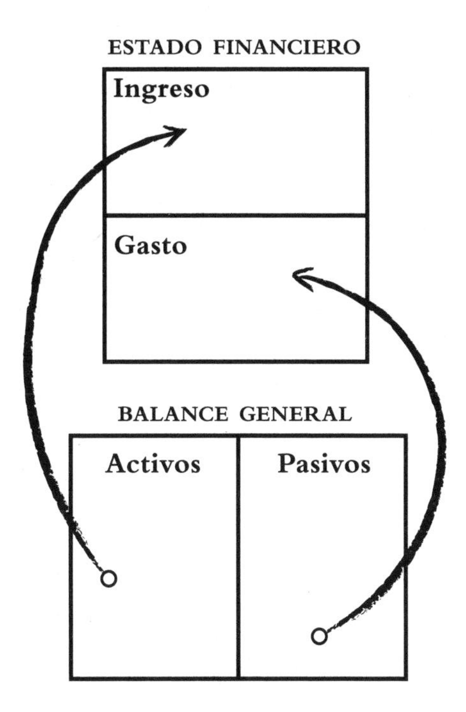

Como puedes ver en el diagrama, el término que define si algo es un pasivo o un activo, es *flujo de dinero* o *flujo de efectivo*. Éste es, quizá, el término más importante de la educación financiera.

LAS PALABRAS PUEDEN VOLVERTE RICO

Cuando tenía nueve años sabía que iba a ser un hombre rico sólo porque Padre Rico me había enseñado el significado de los términos financieros. Sabía que sería rico porque entendía la diferencia entre activos y pasivos. A los nueve años ya sabía que mi labor consistiría en adquirir activos y minimizar los pasivos.

No es física cuántica. Yo tenía nueve años y ya entendía los conceptos. La diferencia entre la mayoría de los estadounidenses (de *cualquier edad*) y yo, es que alguien (en este caso, mi padre rico), se tomó el tiempo necesario para enseñarme los términos que forman parte del lenguaje del dinero, para hacerme sentir suficientemente informado y fuerte para controlar mi dinero y, por ende, mi vida. Tal vez aquí comienza tu segunda oportunidad.

Padre Rico dio inicio a nuestra educación financiera enseñándonos la definición de los términos a través del juego *Monopolio.* A los nueve años yo ya sabía que una casa verde representaba un activo porque producía, no sé, 10 dólares de flujo de efectivo, es decir, dinero que iba a mi bolsillo. Dos casas verdes llevaban 20 dólares a mi bolsillo. La matemática del juego era sencilla. Además, el hecho de conocer los términos financieros me hacía sentir poderoso y capaz de cambiar mi vida. Cuando crecí y adquirí más experiencia, mi riqueza creció a la par de mi vocabulario financiero.

Como ya lo mencioné anteriormente: *El conocimiento es poder.*

El conocimiento empieza con los términos, con las palabras; y lo mejor de todo es que: las palabras son gratuitas.

Recordarás que Fuller decía que las palabras son herramientas; las más poderosas creadas por el hombre. Las palabras son como combustible para nuestro cerebro, por lo que, si usas palabras "pobres", es como si le pusieras gasolina de baja calidad a tu auto: el desempeño a largo plazo se ve afectado y, por lo tanto, hay un impacto en toda la vida de la persona. Dicho de otra forma: La gente pobre no es gente pobre, sólo usa palabras inadecuadas para darle energía a su cerebro.

Pero cuidado, debes saber que el dinero no es suficiente para terminar con la pobreza. Hay muchas personas que les dan dinero a otras por caridad, pero esto sólo sirve para que sigan careciendo de medios. Si en verdad queremos ver el fin de la pobreza, tenemos que comenzar por mejorar la calidad de las palabras que usa la gente.

La mentalidad del subsidio

Una de las primeras lecciones que aprendí en las clases dominicales, fue:

Dale a un hombre un pescado, y comerá por un día.
Enséñale a pescar, y comerá por toda la vida.

Para enseñarle a la gente a mantenerse a sí misma, hay que empezar por sustituir los términos y palabras del subsidio, por los del empoderamiento.

Mucha de la gente de la clase media lucha también porque usa palabras y términos pobres como "ahorrar dinero" que, de hecho, resulta ridículo porque los bancos y los gobiernos de todas formas están imprimiendo dinero a toda velocidad.

Millones de integrantes de la clase media e inversionistas amateur "invierten a largo plazo". Esto tampoco tiene sentido porque los inversionistas profesionales que usan HFT –negociación de alta frecuencia–, están invirtiendo cada milisegundo. Para ellos, el "largo plazo" equivale a medio segundo.

Confusión financiera

Hay millones de personas con problemas económicos porque utilizan palabras cuyo significado no entienden.

Muy a menudo, los mal llamados "expertos financieros" utilizan los términos o la jerga financiera para sonar inteligentes y confundir a sus clientes. En una ocasión, por ejemplo, asistí a un seminario en el que el "experto financiero" usó palabras como *estocástico, promedios móviles* y "*dark pool*". Pero como dice el dicho: "Si no puedes deslumbrarlos con tu inteligencia, confúndelos con tus estupideces."

Mucha gente pierde dinero al invertir porque alguien la confundió con su estupidez.

A papá le divertía mucho la palabra "corredor". Cuando alguien más la usaba, él se reía y luego explicaba:

> Les dicen "corredores" de bolsa o de bienes raíces, porque tienen que correr más que tú para perseguir la chuleta.

Padre Rico pensaba que era muy arriesgado solicitarle asesoría para invertir a alguien que no podía ganar un centavo a menos de que te vendiera algo. También solía decir:

> La mayoría de la gente recibe asesoría financiera de vendedores, no de gente rica.
>
> Por eso casi todos los inversionistas pierden dinero.

Pero debo aclarar que, a pesar de la frase anterior, Padre Rico no tenía nada en contra de los vendedores:

> El inversionista es quien tiene que distinguir entre la buena asesoría financiera y un discurso de ventas.

Warren Buffett dice:

> Wall Street es el único lugar en donde la gente viaja en un Rolls-Royce para solicitar la asesoría de gente que viaja en metro.

El poder de las palabras

Padre Rico no permitía que ni su hijo ni yo usáramos frases como: "No puedo..." o "No puedo pagarlo." Según él, la gente que usaba este tipo de frases y palabras, era la más pobre. A veces nos decía: "La gente que dice 'No puedo', es la que trabaja para la gente que dice 'Sí puedo'."

En lugar de decir: "No puedo pagarlo", mi padre rico nos indicó que debíamos preguntarnos: "¿Qué debo hacer para *poder* pagarlo?"; y que en lugar de usar la palabra *esperanza*, usáramos "Planeo..." o "Lo haré."

Al igual que el doctor Fuller, mi padre rico era muy cuidadoso con las palabras y los términos que utilizaba. Aunque no era muy religioso, a veces aprovechaba las enseñanzas de la escuela dominical para ilustrar sus conceptos. Cuando nos quería recordar que podíamos elegir y que nuestras elecciones eran poderosas, citaba algo del libro de Juan:

> Y el verbo se hizo carne.

El gran atraco de efectivo

Cuando leí la palabra "atraco" en el título del libro de Bucky Fuller, entré en shock. "Atraco" es una palabra muy fuerte, y yo estaba seguro de que antes de incorporarla al título de su libro, Fuller lo pensó muy bien.

Algo que me preguntaba con frecuencia era si Bucky estaría enojado cuando eligió ese título, o si sólo sabía que su tiempo en la nave Tierra estaba contado, porque era obvio que quiso hacer una fuerte declaración.

En 1983, cuando terminé de leer *Grunch of Giants* (*El flagrante atraco de los gigantes*), lo primero que hice fue buscar la palabra "atraco" en el diccionario.

La definición más sencillas es:

1. Sustantivo: Robo.

Sin embargo, yo seguía pensando que la palabra "atraco" era bastante fuerte, directa y peligrosa porque Bucky la estaba usando en relación con instituciones en las que confiamos, que tratamos como si fueran sagradas, y que forman parte fundamental de nuestra cultura.

Hasta antes de escribir *Grunch of Giants*, al doctor Fuller se le conoció en general como un "Genio amigable". Pero el uso que hizo de la palabra "atraco", lo alejaba bastante de su reputación de hombre benévolo. Acusar a nuestras escuelas, bancos, sistema legal, gobierno, políticos y militares, de estar conflagrados para llevar a cabo "un flagrante atraco universal de efectivo", no coincidía con su imagen de "genio amigable".

Fue en ese momento que decidí investigar por mi cuenta, y lo que logré averiguar me perturbó profundamente.

El atraco en la educación

Las primeras dos preguntas que me hice, fueron: ¿Quién controla la educación? *y* ¿quién determina lo que se enseña en las escuelas?

Me sorprendió mucho lo que descubrí.

En 1903, John D. Rockefeller fundó el Consejo General de Educación. En aquel entonces hubo mucha controversia por la creación de esta organización; algunas personas decían que se hizo para mejorar la educación, otras, que Rockefeller lo hizo para secuestrar al sistema educativo de Estados Unidos. Aunque "atraco" y "secuestro" son palabras distintas, sus significados son bastante cercanos.

Por ese mismo tiempo, Andrew Carnegie, otro de los barones ladrones, promovió su Fundación para el Avance de la Enseñanza. Al parecer, tanto Rockefeller como Carnegie estaban trabajando para influir en la agenda educativa estadounidenses y decidir lo que se les enseñaría a los estudiantes en la escuela.

La pregunta es, ¿con qué propósito?

Aquí podemos volver a aplicar el Principio generalizado "La unidad es plural y, por lo menos, incluye a dos." Algunas personas dirían que Rockefeller y Carnegie estaban trabajando por el bien de nuestros niños, y otras, afirmarían exactamente lo contrario.

En mi búsqueda encontré reportes escritos entre hace unos sesenta y cien años. Se trata de reportes incendiarios escritos por gente con credibilidad, pero difíciles de creer. En ellos se acusaba a Rockefeller y Carnegie de orquestar un plan, pero más me vale no repetir las palabras exactas que leí.

Si ahora miramos atrás y pensamos en esos reportes –ya con varias décadas de reflexión acumuladas–, me parece que las preocupaciones que en ellos se expresaban, podrían tener cierta validez. Los reportes más provocativos acusaban a Rockefeller y Carnegie de querer quebrantar el espíritu estadounidense por medio del sistema educativo.

La gente que vive en Estados Unidos dejó atrás su país natal para liberarse de la opresión y buscar la oportunidad de tener una mejor vida. Lo hicieron para tratar de alcanzar el sueño americano. Esto provocó que el ADN de los estadounidenses se volviera demasiado fuerte, independiente y ambicioso como para servir a los ricos y poderosos. Quienes criticaban a Carnegie y Rockefeller, creían que para que la gente rica y poderosa –como lo eran los acusados mismos–, pudiera obtener un mayor control sobre el pueblo y la riqueza estadounidense, primero tenía que debilitar a los ciudadanos y hacerlos depender del apoyo económico del gobierno.

P: ¿Y *por eso no se imparte educación financiera en nuestras escuelas?*

R: Es muy posible. Si hoy ves la gráfica que utilicé en el Capítulo Uno, notarás que las preocupaciones que tenía esta gente con credibilidad hace varias décadas, podrían ser válidas.

La dependencia del gobierno

Es muy difícil discutir con las estadísticas. Todo parece indicar que los estadounidenses dependen cada vez más del gobierno, y que al sueño americano lo está reemplazando la Mentalidad del subsidio.

Como ya lo vimos anteriormente:

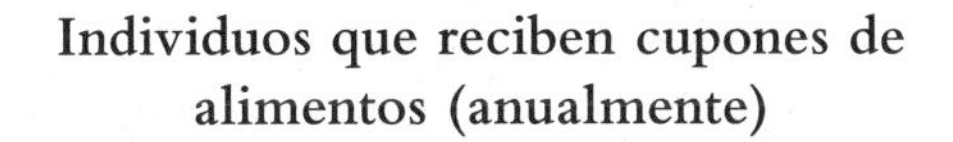

Individuos que reciben cupones de alimentos (anualmente)

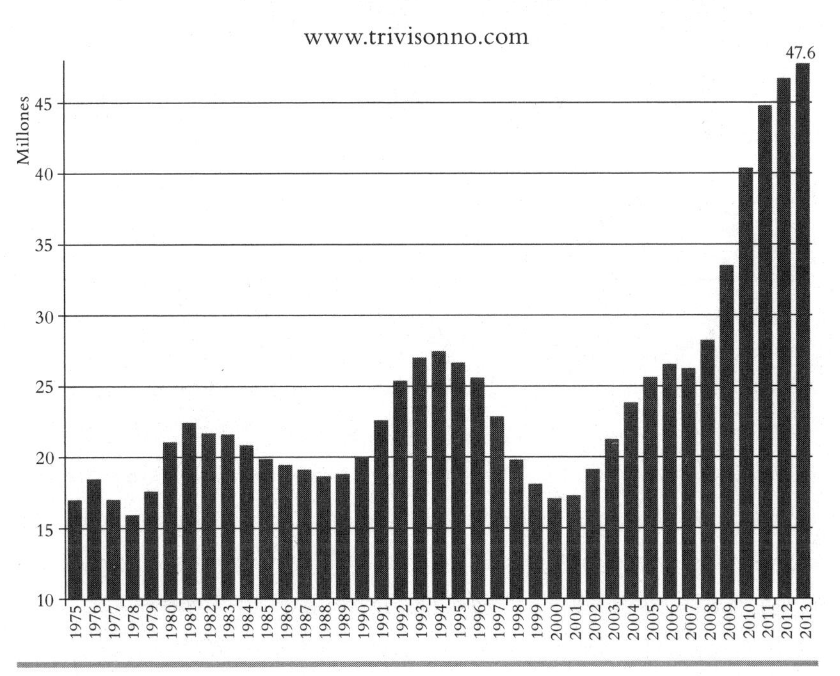

LA DECADENCIA DE LA CLASE MEDIA

Ahora vuelve a observar la gráfica que se presenta a continuación, de la decadencia de la clase media en Estados Unidos, y luego, la del fondo de Seguridad Social.

Actualmente cada vez menos hogares obtienen ingresos correspondientes al nivel de la clase media

No solamente se estancaron los ingresos de la clase media, también la cantidad de hogares que los reciben ha sufrido un decremento desde la década de los setenta. En 2010, la cantidad de hogares estadounidenses que ganaban entre 50 y 150 por ciento del ingreso medio, era 42.2 por ciento, punto al que llegó después de haber estado en 50.3 por ciento que tenía en 1970.

Porcentaje de hogares con ingresos anuales dentro del 50 por ciento de la media

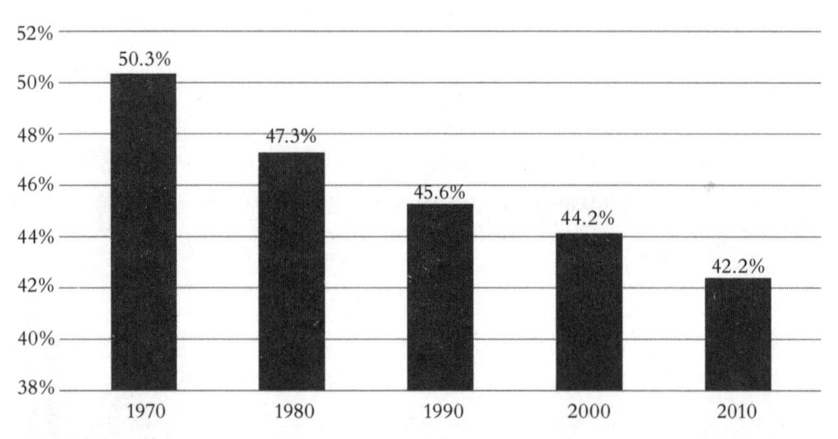

Fuente: Alan Krueger, "The Rise and Consequences or Inequality". Discurso en Center for American Progress, Washington, D.C., enero 12, 2012.
Center for American Progress

LA DEPENDENCIA DE SEGURIDAD SOCIAL

Actualmente hay un aproximado de entre setenta y ochenta millones de *baby boomers* en Estados Unidos listos para jubilarse.

Aproximadamente 65 millones de estadounidenses –38 millones de hogares–, carecen de los recursos necesarios para el retiro, lo que significa que muy pronto, más de 60 millones de personas podrían empezar a depender del gobierno de los Estados Unidos.

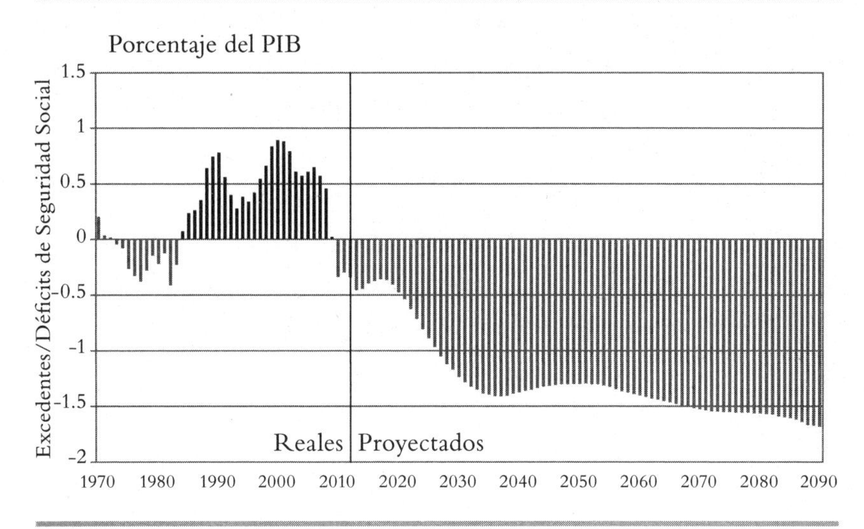

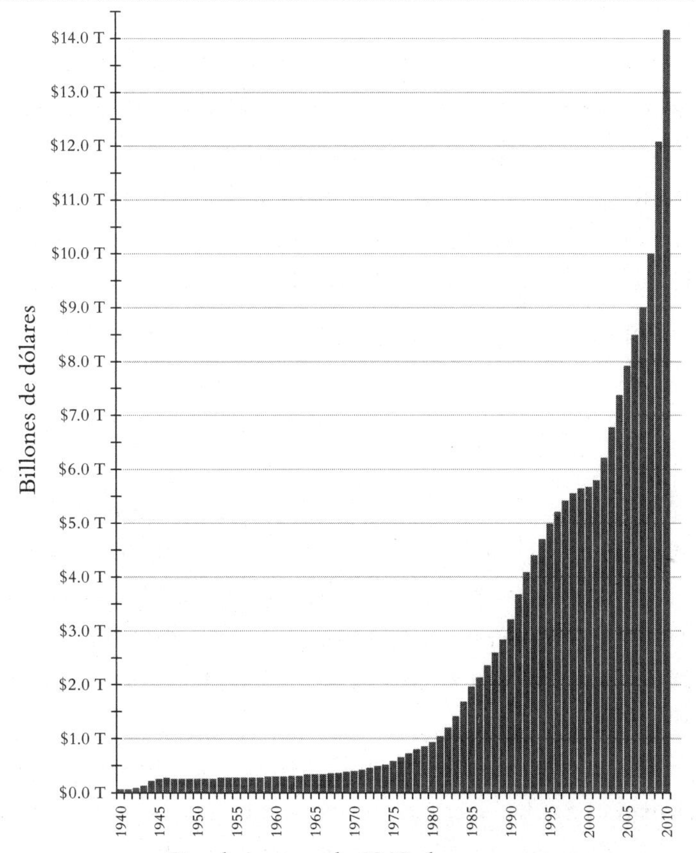

Deuda interna de 1940 al presente

Fuente: *National Debt Clock* Estados Unidos, www.brillig.com/debt_clock/

P: ¿Estás diciendo que entre sesenta y cien años *atrás, quienes acusaron a los ricos (el GRUNCH) de aprovechar el sistema educativo para debilitar el espíritu estadounidense, fueron marginados y tratados como herejes o dementes?*

R: Sí. Se suponía que la educación era algo puro y sagrado, y que sus objetivos eran inmaculados. Por eso la acusación en contra de los barones ladrones como Carnegie y Rockefeller por su intención de debilitar el espíritu de los estadounidenses a través de la educación, fue considerada una herejía.

El Consejo General de Educación de Rockefeller proclamó que sacaría a los jóvenes de la Era Agraria y los prepararía para la Era Industrial. Y eso fue justo lo que hizo.

Sin embargo, si observas lo que sucede actualmente en Estados Unidos, no te costará trabajo darte cuenta de que los ciudadanos dependen cada vez más del gobierno para vivir. Hoy en día, Estados Unidos es más una oligarquía que una democracia. Es un país en donde hay sólo un puñado de gente extremadamente rica y poderosa, y la brecha entre los millonarios y todos los demás, crece sin cesar. De cierta forma, Estados Unidos se está transformando en una especie de Rusia moderna –una tierra de oligarcas–, y está dejando de ser el país democrático que nuestros fundadores imaginaron.

Independientemente de que creas o no que Rockefeller y Carnegie trabajaban con objetivos ocultos, lo que yo averigüé durante mi investigación validó la preocupación de Fuller respecto al gran atraco, a que los ultra ricos, los poderosos y los oligarcas asumieran el control de instituciones tan importantes como nuestras escuelas, y a las razones por las que nuestro sistema escolar no imparte educación financiera.

En 1935, el presidente Franklin D. Roosevelt presentó el sistema de Seguridad Social, justo en el momento más álgido de la Gran Depresión. Hoy en día, Seguridad Social, Medicare, los cupones para alimentos y más recientemente Obamacare, forman parte del

ADN de la cultura estadounidense. Todo indica que cada vez hay más gente que no podría sobrevivir sin estos programas del gobierno.

¿Pero por qué querrían los ultra ricos y poderosos influir en el sistema educativo y dejar fuera la educación financiera? Lo dejo a tu imaginación.

Maestro del año

En 1983 criticar la educación era casi un sacrilegio. De cierta forma, la educación tenía el mismo nivel de respeto que la religión. Sin embargo, cuando hice mi investigación descubrí que había varios maestros que estaban abandonando su carrera, y religiosos que se alejaban de su iglesia.

Uno de esos maestros era John Taylor Gatto, una persona muy especial. Taylor Gatto fue nombrado Maestro del año de la Ciudad de Nueva York en 1989, 1990 y 1991; y Maestro del año del Estado de Nueva York en 1991. También en 1991, publicó una carta abierta en *The Wall Street Journal.* En ella anunciaba que planeaba dejar la enseñanza y que ya no quería seguir "lastimando niños para ganarse la vida".

Taylor Gatto es autor de cinco libros, entre los que se incluyen *Dumbing Us Down* y *The Underground History of American Education.*

El propósito de la educación

En Estados Unidos hay tres clases sociales:

Los ricos
La clase media
Los pobres

Como ya lo mencioné anteriormente, hubo un tiempo en que era ilegal enseñarles a los esclavos a escribir porque, sin educación, el esclavo siempre seguiría siendo pobre.

Mi investigación me convenció de que el propósito de la educación moderna es educar a la gente pobre de tal forma que se pueda generar una clase media más amplia que incluya trabajadores, ejecutivos, profesionales y soldados o, para ser más específicos, empleados, consumidores y contribuyentes.

El propósito de la educación moderna nunca fue ayudarle a la clase media a ser rica. En mi opinión, ésta es la razón por la que en nuestras escuelas no se imparte educación financiera.

La siguiente gráfica nos cuenta una historia interesante.

Figura 2U Cambio acumulativo en el ingreso real anual de capital en el hogar, por grupo, 1979-2007

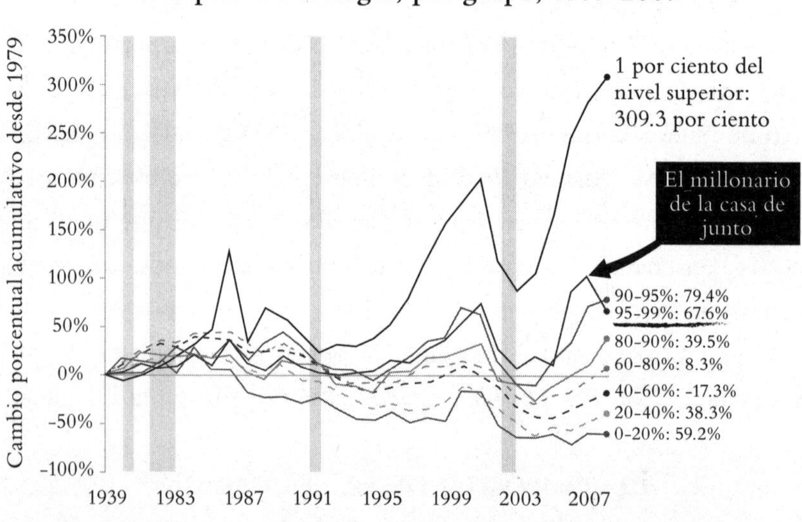

Esta gráfica explica por qué el millonario de la casa de junto, descrito en el libro que ya mencioné como una persona de la clase media que se convierte en millonario gracias a la inflación del precio de su casa y su cuenta para el retiro, tal vez deje de ser millonario en el futuro cercano.

Una de las maneras en que el GRUNCH nos despoja de nuestra riqueza, es a través de las escuelas y de la carencia de educación financiera.

Por qué los ahorradores son perdedores

El ahorro se considera tan sagrado como la educación. Ir al banco a depositar dinero en una cuenta de ahorros es algo parecido a ir a la iglesia y dejar diezmo para los dioses financieros del GRUNCH.

Pero sin educación financiera, ¿cómo puede la persona promedio enterarse de que los bancos le están robando a través de sus ahorros? Es imposible.

La riqueza del ahorrador es robada gracias a un mecanismo conocido como sistema de reserva fraccionaria, un concepto que tiene miles de años. Para mí es un misterio por qué no lo enseñan en las escuelas. Es la forma en que los bancos ganan dinero, pero no es nada agradable.

Hace miles de años, cuando un mercader quería atravesar un país, en lugar de transportar oro o plata, depositaba sus valores con un "banquero" que se los cuidaba. A cambio, el banquero le emitía un "vale" de papel para recobrar ese oro o plata. El mercader podía ir después a su banco y "cobrar" el pago en el valor original, o simplemente usar el "vale" para comprar otra cosa.

Los banqueros no tardaron en darse cuenta de que a la gente le agradaba el papel –el "vale"–, porque era más conveniente que transportar oro o plata, y era más fácil usarlo para las transacciones cotidianas.

Poco después, los banqueros ya estaban "imprimiendo vales" y prestándolos a la gente que quería dinero. El proceso funcionaba bien, siempre y cuando los propietarios del oro y la plata no los quisieran de vuelta. Pero si los propietarios llegaban a darse cuenta que el banquero les prestaba una cantidad de "vales" mayor a la del oro y plata que los respaldaban, se producía un "pánico bancario". Este fenómeno se produce cuando los verdaderos dueños de los valores dejan de confiar en el banquero y entregan sus "vales" para recibir su oro o plata a cambio. Naturalmente, si el banquero tiene más "vales" que metales, el banco colapsa y los ahorradores se convierten en perdedores.

Ésta es la razón por la que fue creado el sistema de reserva fraccionaria. Dicho llanamente, un banco sólo puede prestar una "fracción" específica del dinero que guarda en su bóveda; hay límites claros sobre las cantidades que pueden prestar.

Para explicarlo de forma sencilla, utilicemos una reserva fraccionaria de 10, lo cual significa que, si depositas 10 dólares en tu cuenta de ahorros, el banco le puede prestar 100 (10 veces tus 10 dólares) a la gente que lo solicite.

El diagrama del sistema de reserva fraccionaria nos ayudará a entender el concepto.

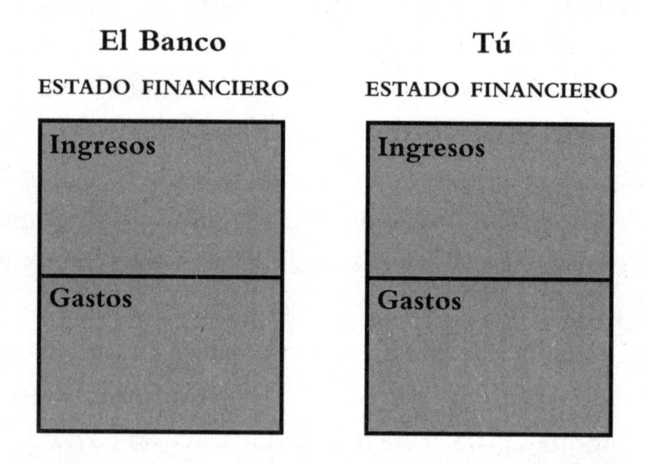

El Banco — BALANCE GENERAL

Activos	Pasivos
100 dólares en préstamos	*10 dólares de tus ahorros*

Tú — BALANCE GENERAL

Activos	Pasivos
10 dólares de ahorros	

Este diagrama ilustra dos cosas:

1. Los 10 dólares que ahorraste son tu activo
2. Los 10 dólares que ahorraste son un pasivo del banco

Aquí volverás a notar que: "La unidad es plural, y por lo menos incluye a dos." En este caso, para que haya un activo, también tiene que haber un pasivo.

P: *¿Por qué los 10 dólares son un activo para mí pero un pasivo para el banco?*

R: Por definición, los activos llevan dinero a tus bolsillos y los pasivos lo sacan. En este ejemplo verás que cada vez que ahorras diez dólares, el banco tiene que pagarte intereses y, por lo tanto, ese efectivo fluye del bolsillo del banco al tuyo. El proceso se explica en el siguiente diagrama.

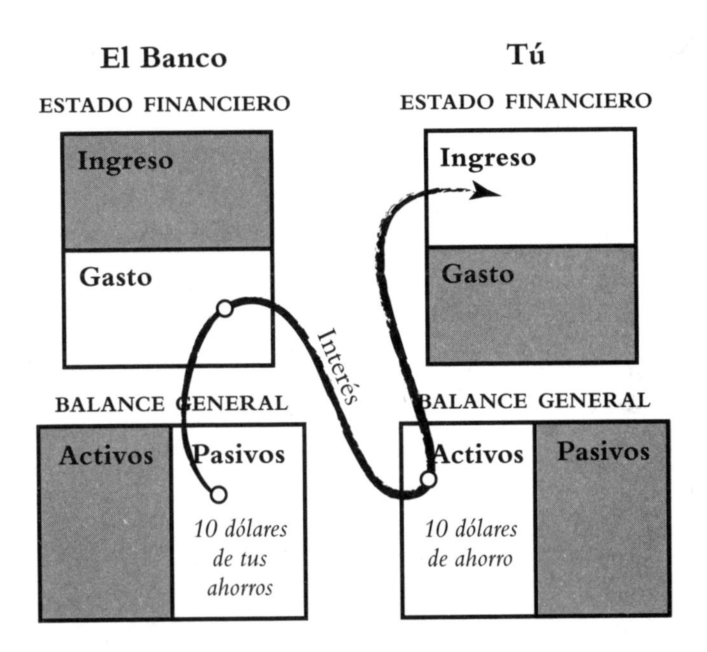

Los activos del banco

Si la reserva fraccionaria es de 10, el banco te puede prestar 10 dólares, diez veces. Esos 100 dólares en préstamos, se convierten en un activo del banco.

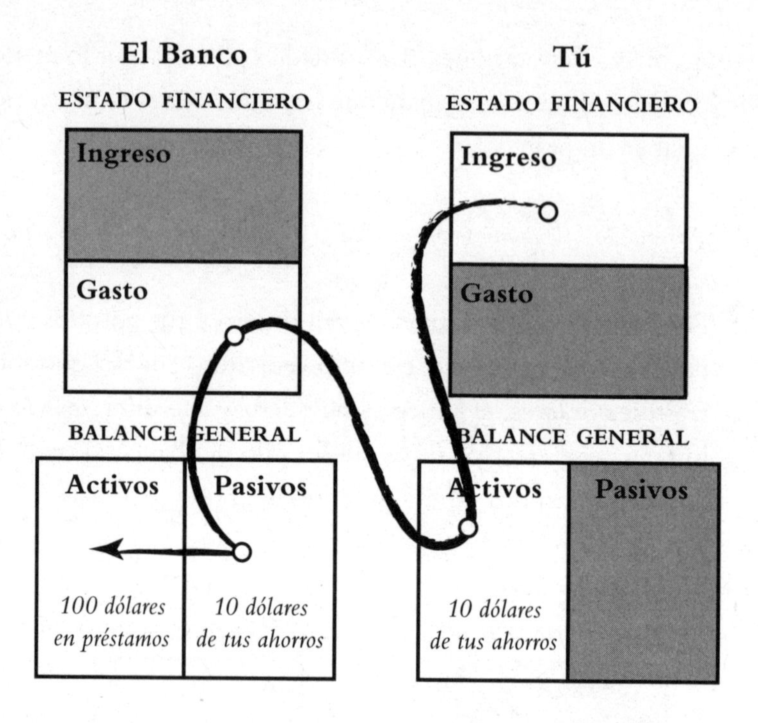

P: ¿Entonces los activos del banco son los préstamos que otorga?
R: Sí.

CÓMO HACE DINERO EL BANCO

Seamos generosos y digamos que el banco te paga 5 por ciento de interés sobre tus ahorros.

Cuando los bancos prestan dinero, por lo general cobran entre 10 y 50 por ciento por permitir que los usuarios (tanto los prestamistas con buenos antecedentes como los de alto riesgo), "usen" tu dinero.

Esto significa que el banco te paga:

Tus 10 dólares a un interés del 5 por ciento = 50 centavos por un año.

Ahora digamos que el banco cobra 10 por ciento de interés sobre los 100 que presta (tus 10 dólares por 10 veces):

100 dólares x 10 por ciento = 10 dólares

P: ¿Entonces el banco me paga 50 centavos pero ellos reciben 10 dólares por mis 10 dólares?

R: Exacto. Este ejemplo está demasiado simplificado, pero explica la forma en que funciona el sistema de reserva fraccionaria.

P: *¿Y este sistema cómo me despoja de mi riqueza?*

R: El sistema de reserva fraccionaria devalúa tus ahorros. Tus 10 dólares pueden comprar menos porque ahora implican 100 dólares en la economía. Esto es lo que se conoce como inflación.

P: ¿La inflación es mala?

R: La inflación es buena para los deudores pero mala para los ahorradores, y por eso éstos terminan siendo perdedores. La inflación es lo que provoca que la vida sea más difícil para millones de personas hoy en día.

P: ¿Por qué es más difícil la vida?

R: Porque se vuelve más cara.

P: ¿Entonces así es como me roban a través del sistema bancario?

R: Éste es un ejemplo sencillo, pero hay muchos más. Si llegas a entender el siguiente nivel del sistema de reserva fraccionaria, comprenderás por qué los ahorradores son quienes más pierden.

P: ¿El siguiente nivel? ¿Te refieres a lo que sucede si el prestatario de los 100 dólares los vuelve a depositar en el banco?

R: Precisamente. Porque entonces el banco presta 1000 dólares.

P: ¿Y qué les pasa a mis 10 dólares ahorrados?

R: Cada vez valen menos.

P: ¿Cada vez menos?
R: Así es. Todo el sistema monetario moderno tiene como base la inflación. A los bancos y los gobiernos les conviene la inflación.

P: ¿Por qué?
R: Por muchas razones. Una de ellas es que los deudores pueden pagar sus deudas con dólares más baratos. Otra razón es porque, si los consumidores creen que los precios subirán, gastarán su dinero más pronto.

P: ¿Por qué sucede eso?
R: Piénsalo. Si una persona cree que el carro que quiere comprar costará 10 por ciento más el próximo año, lo comprará éste. Pero si cree que costará 10 por ciento menos, se esperará hasta que esto suceda.

P: ¿La inflación provoca que la gente comience a apostar?
R: Sí. Mucha gente comprará una casa este año con la esperanza de especular con ella el próximo. Pasa lo mismo con las acciones y los metales preciosos. En lugar de tener una economía estable, creciente y productiva, hemos creado una de especuladores y apostadores.

La gente que "revende casas" o "cambia acciones" le añade poco valor a la economía. Aunque los "especuladores" generan cierta cantidad de dinero, en el fondo hacen que la vida sea más difícil y costosa para otras personas.

Una persona que compra una casa por 100,000 dólares y la revende por 120,000 sin hacerle gran cosa ni remodelarla, le agrega poco valor a la economía; sólo hace que la vida se vuelva más costosa. Sucede lo mismo con la gente que compra acciones por 10 dólares y las vende a 15 dos días después. Realmente no aportan nada.

P: ¿Estás diciendo que es algo negativo?

R: No. Lo que quiero decir es que esto es lo que sucede cuando la economía crece gracias a la inflación en lugar de a la producción. Los ahorradores se convierten en perdedores y la vida se hace más dura porque todo sube de precio. La inflación motiva a mucha gente a convertirse en consumidores en lugar de inversionistas. La gente come, bebe y compra porque tal vez mañana los precios suban.

Cuando la gente se pregunta por qué la brecha entre los ricos y todos los demás crece tanto, podríamos contestarle que los culpables son los bancos, el sistema de reserva fraccionaria y, por supuesto, la falta de educación financiera en nuestras escuelas; las mismas escuelas que motivan a los estudiantes a ahorrar dinero.

EL ATRACO A TRAVÉS DE LOS IMPUESTOS

Mucha gente cree que pagar impuestos es un acto patriótico, pero si estudiaran la historia estadounidense, entenderían que la Revolución comenzó en 1773 como una protesta contra los impuestos conocida como el Motín del Té de Boston. Durante años, en Estados Unidos casi no se pagaron impuestos o, si se pagaban, eran muy bajos.

P: ¿Por qué hay gente que cree que pagar impuestos es un acto patriótico?

R: En 1943, durante la Segunda Guerra Mundial, el gobierno de Estados Unidos aprobó la actual Ley de Pago de Impuestos Corrientes porque necesitaba dinero para pagar los gastos de la guerra y seguir recibiendo ingresos para continuar en la batalla. Hasta esa fecha, el gobierno siempre había tenido que esperar a que los contribuyentes pagaran sus impuestos, así que, para resolver este problema, aprobó la ley mencionada.

P: ¿Qué implicaba *la Ley de Pago de Impuestos Corrientes?*

R: Esta ley le permitió al gobierno recibir los impuestos antes de que el trabajador recibiera su salario. Bucky Fuller decía que les permitió a los ricos echarle la mano al dinero de los trabajadores de manera directa. En la actualidad, esta ley es una especie de atraco constante y desmedido, que cada vez tiene un mayor alcance porque el gobierno se vuelve más necesitado y los ricos más codiciosos día con día.

Recuerda que la mentalidad del subsidio no comenzó entre los pobres sino en la cima; que surgió gracias al GRUNCH y al plan para despojarnos de nuestra riqueza por medio de los bancos, el gobierno y los impuestos.

La Ley de Pago de Impuestos Corrientes de 1943 dio origen al complejo militar-industrial del que después, en 1961, nos advertiría Dwight D. Eisenhower, antiguo general y presidente por abandonar el cargo. En 1943, cuando los dólares de los impuestos empezaron a fluir mensualmente por cubetadas para el gobierno, el complejo militar-industrial declaró la guerra de manera indefinida. La Guerra Fría dio inicio y billones de dólares recaudados se utilizaron para fabricar armas de destrucción masiva. Evidentemente, el GRUNCH y sus amigos obtuvieron grandes beneficios económicos de la guerra y del temor de la gente a la misma. Con frecuencia he pensado que lo único que tiene que hacer el GRUNCH es aprovechar la maquinaria mediática para atizar una amenaza potencial de Irak, Corea del Norte, Rusia, los talibanes, Al Qaeda o ISIS (el Estado Islámico), para que los contribuyentes estadounidenses sientan que pagar impuestos es un acto patriótico.

P: ¿Estás diciendo que las amenazas no son reales?

R: No. Creo que, efectivamente, tenemos enemigos; lo que quiero decir es que siempre estaremos en guerra porque es rentable. La guerra ha servido durante siglos como un medio para que algunas naciones despojen a otras de su riqueza. La guerra es un atraco flagrante a muchos niveles, y en el caso de la gente, implica un costo en sangre, sudor e impuestos para ambos bandos, ya sean reales o aparentes.

¿QUIÉNES PAGAN IMPUESTOS?

A continuación encontrarás el cuadrante del FLUJO DE DINERO o FLUJO DE EFECTIVO de mi padre rico, el cual también le da nombre al segundo libro de la serie Padre Rico: *El cuadrante del flujo de dinero de Padre Rico.*

E quiere decir empleado.
A quiere decir autoempleado, negocio pequeño o especialistas, como doctores, abogados y asesores.
D quiere decir dueño de negocio grande, es decir, empresas que cuentan con 500 empleados o más.
I quiere decir inversionista profesional. (Aunque mucha gente invierte, no todos son profesionales. El inversionista profesional es una categoría fiscal especial.)

LOS IMPUESTOS Y EL CUADRANTE

Los impuestos nos cuentan una historia interesante.

E y A: Quienes asisten a la escuela y obtienen un empleo, pagan los impuestos más altos.

D e I: Quienes operan de acuerdo con las reglas del GRUNCH, pagan menos impuestos.

Te reitero que ésta es la razón por la que la lección uno de *Padre Rico, Padre Pobre* es: Los ricos no trabajan para obtener dinero. La gente que trabaja por dinero y cheques de nómina, pierde su riqueza a través de los impuestos.

Cuando el presidente Obama prometió aumentar la carga fiscal de los ricos, subió los impuestos para, principalmente, *quienes ganan salarios altos* en los cuadrantes E y A.

EL ATRACO A TRAVÉS DE LOS RESCATES

¿Cuántas veces hemos escuchado esta cita de Ben Bernanke, presidente de la Reserva Federal?

> *Existe el mito de que lo único que estamos haciendo es imprimir dinero. Pero no es así.*

En 1994, G. Edward Griffin publicó su famoso libro *The Creature from Jekyll Island.* Se trata de una historia extensa, pero fácil de leer, del Banco de la Reserva Federal, que incluye los pormenores de las instituciones y la industria bancaria en general. Si te gustan las novelas de crímenes, este libro te va a fascinar.

El título, *The Creature from Jekyll Island*, se deriva de la historia de cómo surgió el concepto del Banco de la Reserva Federal de Estados Unidos, en una reunión secreta llevada a cabo en Jekyll Island, Georgia. Se tuvo que hacer en secreto por la oposición que había a un Banco Central. Muchos de los fundadores de nuestro país se oponían a la idea de tener algo semejante al Banco de Inglaterra, que controlara el suministro monetario. Los fundadores temían que si se establecía un banco central, éste llegaría a tener más poder que el gobierno.

El banquero británico Amschel Rothschild, afirmó:

Permítanme emitir y controlar el dinero de un país,
y no me importará quién escriba las reglas.

A mí me parece que el tema central de *The Creature from Jekyll Island* es: *El juego se llama "rescate".*

En otras palabras, los *rescates* son sólo otro método GRUNCH para despojarnos de nuestra riqueza. Y no lo dudes: los rescates no son accidentales, el GRUNCH los diseñó para formar parte del sistema.

En 2008, cuando comenzó el rescate de los bancos estadounidenses más importantes, mucha gente pensó que se trataba de un sistema nuevo, de un procedimiento de emergencia para salvar a la economía. Pero no podría haber nada más alejado de la verdad. Los rescates les permiten a los bancos prestar dinero a "los amigos y familiares que pertenecen al GRUNCH". Si los "amigos y familiares" llegan a perder dinero, no tienen que enfrentar las consecuencias, para eso están los contribuyentes.

Los rescates protegen al GRUNCH. Los bancos más grandes no son confiables y, además, no tienen que pagar por los errores que comentan. Si tú o yo nos equivocamos y tenemos descalabros financieros, sufrimos las consecuencias, incluso al punto de tener que declararnos en quiebra, ir a la cárcel o perder absolutamente todo.

El rescate Bush

En la década de los ochenta se llevaron a cabo los rescates S&L (siglas de Savings and Loan, Ahorro y Préstamo). Uno de los más interesantes fue el de Silverado Savings and Loan. Neil Bush, otro hijo de George H.W. y Barbara Bush, era miembro del consejo directivo de esta institución con base en Denver. Como su padre era vicepresidente de Estados Unidos en aquel tiempo, el papel que Neil jugó en el fracaso de Silverado atrajo la atención de los medios.

La Oficina de Supervisión de Entidades de ahorro investigó el fracaso de Silverado y determinó que Bush había cometido numerosas "infracciones en sus labores fiduciarias, que involucraban múltiples conflictos de intereses". Esto, en palabras más simples, significaba que el banco había roto los compromisos que tenía con sus clientes (los ahorradores), y les había otorgado préstamos a amigos de Bush para negocios en los que él tenía intereses.

Aunque a Bush no se le levantaron cargos, La Corporación Federal de Seguro de Depósitos (FDIC, por sus siglas en inglés), ejecutó una acción civil en su contra y en la de otros directores de Silverado. Las partes llegaron a un acuerdo fuera de la corte y Bush tuvo que pagar 50 000 dólares como parte del mismo.

Lo que estoy tratando de decir es que, de acuerdo con los reportes de *The Denver Post*, el colapso de Silverado les costó a los contribuyentes mil millones de dólares.

Una vez más, ganó el GRUNCH, los ultra ricos y poderosos. Y los contribuyentes salieron perdiendo.

El rescate de los Twinkies

En 2012, Hostess Brands, fabricante del Pan Wonder y los Twinkies –los icónicos pastelitos esponjosos rellenos de crema dulce–, tuvo que salirse del negocio de la panadería.

El fondo para el retiro de los choferes de los camiones de Hostess también estaba en aprietos porque no podía pagarles sus pensiones a los choferes.

En 2013, el presidente Obama aprobó el "rescate" de los planes pensionarios de los choferes. Yo sé que mucha gente consideró que éste era una rescate benévolo porque los trabajadores necesitaban protección, pero recuerda que la moneda siempre tiene tres caras. La pregunta es, ¿a quién rescató Obama *en realidad*? ¿A los conductores o a la familia Ottenberg, propietarios de un negocio de panadería con 140 años de antigüedad? Cuando la empresa colapsó, la familia Ottenberg se enfrentó al hecho de que sus miembros eran los únicos que contribuirían al plan de pensiones, cosa que los destruiría sin duda.

P: *¿Estás diciendo que el presidente Obama "rescató" a la familia Ottenberg, y no a los choferes?*

R: No. Sólo estoy diciendo lo que habría comentado Bucky: "La unidad es plural y, por lo menos, incluye a dos", y Padre Rico: "La moneda tiene tres caras: cara, cruz y canto. Las personas inteligentes siempre se quedan en el canto para poder mirar ambas caras."

Como el GRUNCH controla las cuatro "M" –*milicia, monedas, mentes y medios*–, la mayoría de los medios de comunicación sólo reportan una cara de la moneda que, en este caso, fue el rescate de los planes para los choferes. Rara vez verás reportes noticiosos que te den dos o más caras. Recuerda que la mentalidad del subsidio comienza en la cima, no en la base; por eso el GRUNCH quiere que el público crea que estos rescates son benéficos para la gente común, para el típico Juan Pérez, no para los ultra ricos.

P: *Uno podría reemplazar el rescate de la familia Bush con el de la familia Ottenberg, ¿no es cierto?*

R: Creo que puedes reemplazar a Bush y Ottenberg, pero también a Rockefeller y Carnegie, los Clinton, Obama y Romney, con el GRUNCH. Como ya dije en varias ocasiones, me parece que ésta es la razón por la que en las escuelas no se imparte educación financiera.

La gente que no tiene educación financiera no hace preguntas incómodas. Sólo escucha lo que quiere creer, y la mayoría piensa que el gobierno está aquí para protegernos. El gobierno, sin embargo, existe para proteger a los ricos. Por eso el Banco de la Reserva Federal rescató a los bancos pero no a los propietarios de casas durante el colapso de la burbuja inmobiliaria.

Por eso Ben Bernanke, presidente de la Reserva Federal (o la Fed), empezó a imprimir billones de dólares, tal como lo muestra esta gráfica del Capítulo Uno.

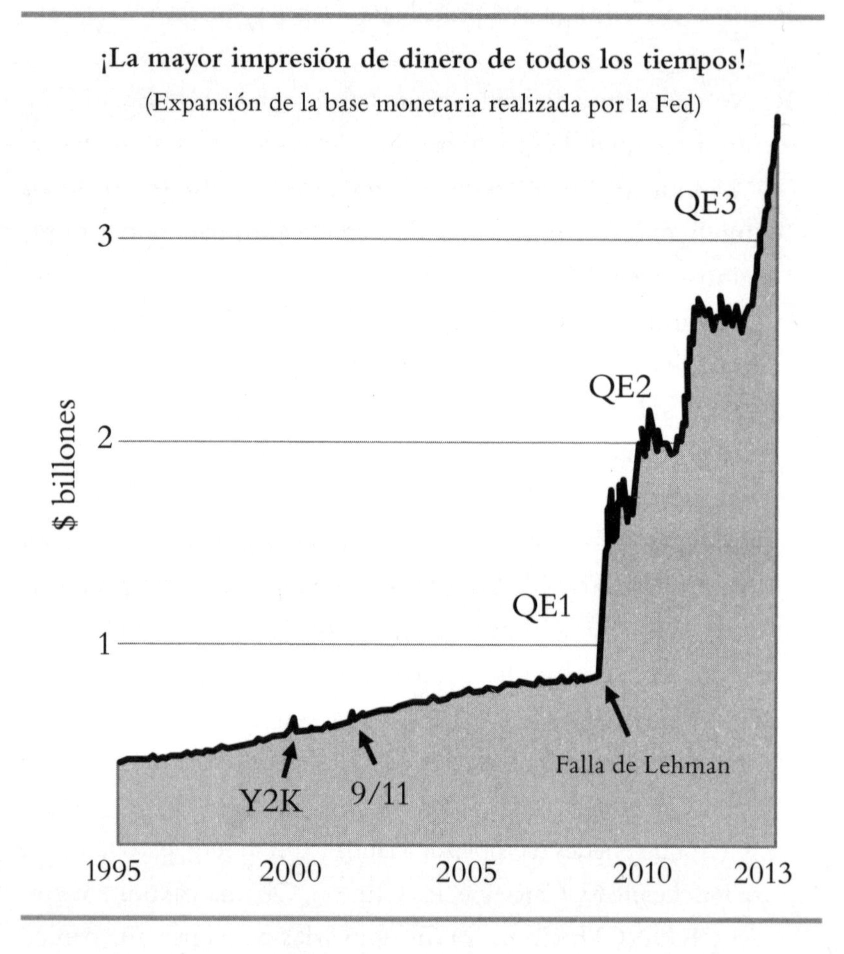

P: ¿Bernanke mintió?

R: En realidad no. Sólo no dijo toda la verdad. Recuerda que la verdad siempre tiene por lo menos dos versiones. Lo que dijo sobre que el dinero en circulación no estaba cambiando, por ejemplo, era verdad porque el dinero que imprimió lo usó para rescatar a los bancos y nunca entró en circulación.

Ahora, en 2014, los grandes bancos se regodean en efectivo pero no le están prestando dinero a pequeños negocios ni a "Juan Pérez". Te repito que Bernanke rescató a los grandes bancos, pero no a los propietarios de casas, a quienes los bancos les robaron el empleo, los inmuebles y el futuro. Ésta es una razón más por la que creo que Fuller decidió usar la palabra "atraco" en el título de su último libro.

P: ¿Cuál es la diferencia entre los rescates bancarios y el de *los Twinkies?*

R: El rescate de los Twinkies establece un nuevo precedente porque expande el alcance de estos procesos. Si tú creías que los rescates bancarios eran enormes, sólo espera hasta que comiencen los de los "fondos para el retiro".

Existen dos tipos básicos de fondos para el retiro.

1. **DB–Plan de prestaciones definidas** (Defined Benefit)

   En este plan, al jubilado se le garantiza un cheque de por vida.

2. **DC–Plan de contribuciones definidas** (Defined Contribution)

   En este plan, el jubilado sólo recibe lo que él o ella y la empresa "aportaron" mientras el trabajador estuvo empleado. En Estados Unidos, a estos fondos se les llama 401(k), IRA y Roth IRA. La diferencia entre un plan DB y uno DC es que éste último se puede llegar a quedar sin dinero si los jubilados viven más tiempo de lo que dura el dinero que "aportaron", o si un colapso de la bolsa de valores afecta su plan durante el desplome.

El "rescate de los Twinkies" fue un rescate de un plan DB, de prestaciones definidas. En teoría, estos planes son administrados por profesionales, a diferencia de los planes DC, que los administran los mismos trabajadores.

El rescate de la empresa de los Twinkies puede considerarse un ejemplo más de la forma en que Wall Street protege a los suyos. Estos "administradores profesionales de finanzas" –algunos de los cuales tienen impresionantes títulos de prestigiosas escuelas–, debieron haber trabajado para proteger a los empleados, pero la verdad es que trabajaban para Wall Street.

Nadie sabe a ciencia cierta cuántos de estos fondos DB "manejados por profesionales" están en problemas; pero cada vez que el presidente Obama rescata a uno más, refuerza el precedente para seguir salvando a los que vengan. Si la economía se debilitara, o si la bolsa de valores sufriera un colapso, el siguiente rescate podría implicar un costo multibillonario.

P: ¿Los trabajadores que tienen un plan DC serán rescatados?
R: Es posible pero lo dudo. De las personas que tienen planes DC, casi ninguna trabaja para Wall Street o viene de familia ultra millonaria.

P: ¿No se supone que a los planes para el retiro los protege el gobierno?
R: En realidad no. La Corporación de Garantía de las Prestaciones para Pensionados (PBGC, por sus siglas en inglés), es una compañía de seguros. Si los fondos de pensiones colapsan, la PBGC entrará en acción; el problema es que esta compañía no puede cubrir sus obligaciones.

En 2014, el déficit de la PBGC era de más de 35.6 mil millones de dólares e iba en aumento. A este paso, es probable que en poco tiempo, el gobierno *también* tenga que rescatar a la PBGC.

La Ley de Cuidados de Salud Asequibles, mejor conocida como Obamacare, tiene las mismas estipulaciones para rescates: las compañías aseguradoras que forman parte de este programa están protegidas por las estipulaciones del "rescate gubernamental".

Recuerda que un *rescate* implica que gente rica y poderosa obtenga dinero. Pero si esta misma gente es la que lo *pierde*, entonces quienes la rescatan son los contribuyentes.

EL ATRACO VÍA NIXON

El presidente Richard Nixon contribuyó grandemente a la crisis financiera actual.

1971: El presidente Nixon sacó al dólar estadounidense del sistema del patrón oro, y esto afecto a los pobres, los ancianos y a todas las personas con ingresos fijos. Esta acción también provocó un auge masivo en la economía global. Incluso el millonario de la casa de junto que provenía de la clase media, se enriqueció a través de los incrementos salariales, el aumento en el valor de los inmuebles y los desorbitados portafolios para el retiro.

1972: Nixon viajó a China y abrió las puertas para el comercio entre ambos países. Esto benefició a los dueños de fábricas que pudieron mudar su producción a China, pero fue negativo para los trabajadores estadounidenses que tuvieron que competir con la baratísima mano de obra china.

1974: El presidente Nixon renunció el 8 de agosto en medio de una gran vergüenza por su participación en el escándalo Watergate.

Sólo unos días después, el 2 de septiembre, el presidente Gerald Ford –que acababa de reemplazar a Nixon– aprobó la Ley de seguridad de ingresos de jubilación para el empleado, mejor conocida como Ley ERISA, por sus siglas en inglés. La ley ERISA se transformó hasta convertirse en los populares planes 401(k) que muchos empleados tienen en la actualidad.

Por favor vuelve a revisar los títulos de muchas de las leyes del gobierno, como la Ley de Cuidados de Salud Asequibles. Como verás, a veces las leyes son exactamente lo opuesto a lo que su título indica. Ahora, por ejemplo, estamos enterándonos específicamente que la Ley de Cuidados de Salud Asequibles en realidad hizo que los seguros de gastos médicos fueran más costosos para muchos trabajadores. Asimismo, los ingresos de los empleados durante el retiro, se volvieron más inciertos e inseguros con la ley ERISA.

Como ya lo mencioné en la comparación entre los planes de pensiones DB y DC, el plan DB garantiza, en teoría, un cheque de por vida. Los fondos para el retiro de los planes DC sólo duran mientras haya suficiente dinero en la cuenta del empleado. Actualmente, millones de trabajadores dependen de lo que pase en la bolsa de valores para que sus sueños y esperanzas de un retiro seguro mientras vivan, se cumplan. A eso se le llama apostar, no invertir.

La gráfica del Capítulo Uno plantea algunas preguntas interesantes. Lo que yo me pregunto es, ¿qué sucederá en el futuro cercano? ¿La bolsa de valores seguirá subiendo? ¿Se expandirá hacia los lados? ¿O irá en picada?

Promedio Industrial Dow Jones (DJIA)

Fuente: índices Dow Jones LLC de S&P

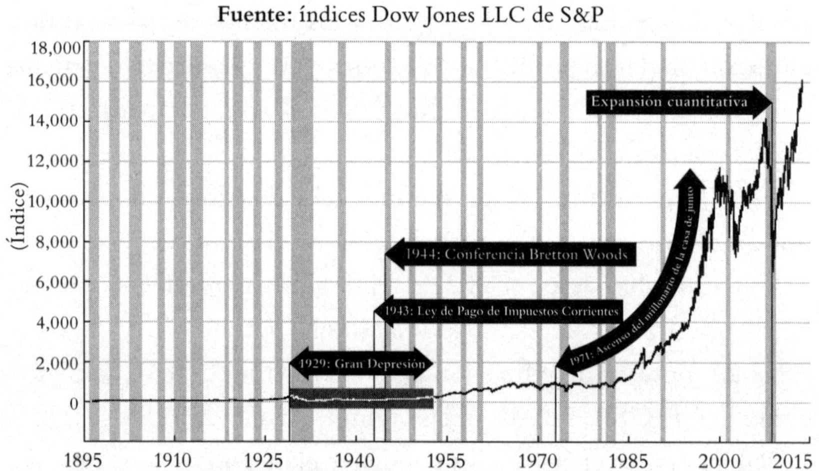

Las áreas sombreadas indican las recesiones en Estados Unidos

FRED 2013 research.stlouisfed.org

Si la bolsa de valores colapsa, ¿qué les pasara a los millones de *baby boomers* que tienen planes de pensiones DC? ¿El gobierno los rescatará como lo hace con los ricos y poderosos, los miembros del GRUNCH?

P: *Si la bolsa de valores colapsa, ¿podría haber otra Gran Depresión?*

R: Eso dejaré que lo averigües tú. Desde mi perspectiva, millones de personas ya están viviendo una gran depresión porque dependen del apoyo del gobierno, forman parte de la clase pobre trabajadora, o resienten el estrés de una clase media que cada vez es más pequeña... y todos esperan que una buena educación logre salvarlos a ellos y a sus hijos.

LA ERA OSCURA

Como ya lo mencioné, a veces me he preguntado cuándo comenzó la Era Oscura. ¿Cómo han podido encerrarnos en una prisión sin barrotes, cadenas ni cerraduras? Lo hicieron a través de la falta de educación financiera. Durante mi investigación descubrí que nos lo advirtieron durante muchos años. En 1802, por ejemplo, Thomas Jefferson dijo:

> Creo que las instituciones bancarias son más peligrosas para nuestras libertades que los ejércitos invencibles.
>
> Si los norteamericanos llegan a permitir que los bancos privados controlen la emisión de la divisa, primero a través de la inflación y luego de la deflación, las instituciones y las corporaciones que crezcan al resguardo de los bancos despojarán a la gente de todo lo que posee hasta que los niños despierten y se encuentren sin casa en el continente que sus padres conquistaron.

La Era Oscura sigue presente. En 2014, los bancos centrales de todo el mundo siguen luchando contra la deflación por medio de la impresión de billones de dólares. Pero es mucho más difícil luchar contra la deflación que contra la inflación. Los bancos centrales están imprimiendo billetes para evitar que la bolsa de valores y la economía colapsen. Por esto la crisis en que estamos sumergidos ahora, es la más peligrosa de la historia mundial.

Auge y colapso

Los millonarios de la casa de junto que solían pertenecer a la clase media disfrutaron del auge provocado por la inflación. ¿Pero qué pasa si el mercado sufre una deflación? ¿Si los precios de sus casas, acciones y salarios dejan de subir? ¿Qué pueden hacer?

¿Cómo salir de la Era Oscura?

La pregunta es: ¿Quién sigue? ¿Qué tal si este atraco de efectivo comienza en nuestro sistema educativo?

P: ¿Qué pasa si el problema radica en la educación?
R: Entonces por fin hay buenas noticias porque la educación, efectivamente, puede resolver este problema para algunas personas.

P: ¿Sólo algunas? ¿No toda la gente?
R: No, no se resolverían los problemas de todos.

P: ¿Por qué?
R: Porque no toda la gente está dispuesta a aprender. La mayoría tiene la esperanza de que todo permanezca inmóvil; que mañana sea igual que ayer, y de que ellos puedan sobrevivir un día más, una semana… un año.

P: ¿Mañana será igual que ayer?
R: Dejaré que respondas eso tú mismo.

En conclusión

Si utilizamos el proceso de pronosticación de Fuller que nos permite mirar al pasado para ver el futuro, todo parece indicar que:

Guerra de clases

1971: Los pobres y la clase media fueron despojados de su riqueza debido a que el dólar quedó fuera del patrón dólar.

2007: La clase media fue despojada de su riqueza debido a que millones de personas perdieron su empleo, casa y ahorros para la jubilación.

P: ¿Quién sigue? ¿Serán los ricos? O, como Jefferson nos advirtió: "¿Despertarán nuestros niños sin hogar en el continente que sus padres conquistaron?"

R: Las respuestas a estas preguntas las encontraremos en el siguiente capítulo.

Capítulo cinco

La siguiente crisis económica

Mis ideas han pasado por un proceso de emersión por emergencia.
Son aceptadas sólo cuando se les necesita con desesperación.
–R. Buckminster Fuller

En 2002, tras aplicar lo que el doctor Fuller me había enseñado sobre la predicción del futuro, publiqué *La profecía de Padre Rico.* Ese libro fue una combinación de las advertencias de mi padre rico y de las enseñanzas que recibí de Bucky en *Grunch of Giants.*

En esencia, ambos decían que los ricos estaban jugando con el dinero, y que el día del monstruoso ajuste de cuentas llegaría pronto. Ambos creían que el juego en el que los ricos nos despojaban de nuestra riqueza se estaba saliendo de control, y que ni siquiera ellos podrían hacer algo al respecto.

En 2002, en *La profecía de Padre Rico,* dije que Padre Rico creía que en algún momento cercano al año 2016 se produciría una gigantesca crisis económica. En el libro también mencioné su predicción de que habría un colapso de menor intensidad antes del de 2016.

Observa la gráfica del Índice Dow Jones, y así podrás decidir por ti mismo si la crisis que se predijo en *La profecía de Padre Rico* es posible.

Promedio Industrial Dow Jones (DJIA)

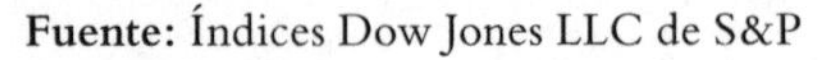

Fuente: Índices Dow Jones LLC de S&P

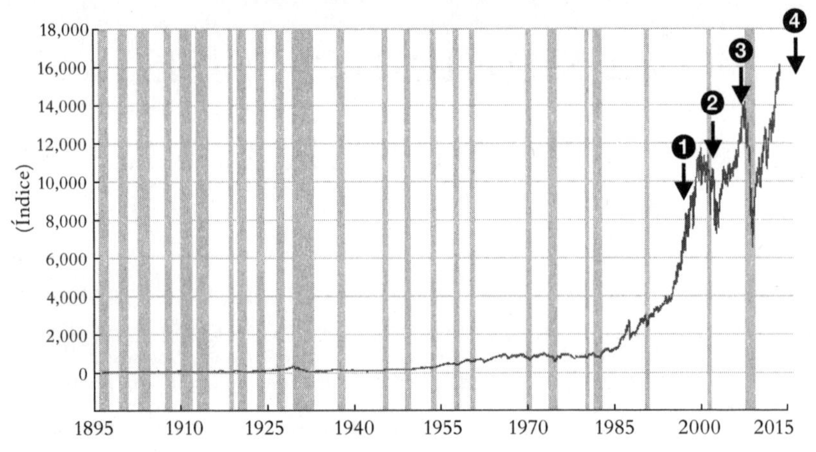

Las áreas sombreadas indican las recesiones en Estados Unidos

FRED 2013 research.stlouisfed.org

Éstas son las fechas clave:

1. Comencé a escribir *La profecía de Padre Rico* en 1998.
2. *La profecía de Padre Rico* se publicó en 2002.
3. *La profecía* predice una crisis secundaria, previa a la de 2016... la cual sucedió en 2007.
4. *La profecía de Padre Rico* predice la gigante crisis económica que ocurrirá cerca de 2016.

P: ¿Crees que haya una crisis económica en 2016?

R: Yo te pediría que mires la gráfica y lo dilucides por ti mismo.

A Fuller se le considera uno de los futuristas más importantes del mundo sólo porque miró al pasado para predecir el futuro. Pero tú puedes hacer lo mismo si analizas la información. Cuando trates de predecir el futuro, échale un vistazo a lo que la revista *The Economist*, denomina "Uno de los colapsos más fuertes de la historia", la caída de la bolsa de 1929.

Si ese colapso condujo a la Gran Depresión, y ésta duró 25 años, ¿cuánto crees que duraría la Nueva Depresión si las predicciones del libro *La profecía de Padre Rico* se cumplieran? ¿Qué te dice tu bola de cristal?

P: *Digamos que estás en lo cierto. ¿Qué implicaciones tiene todo esto para mí?*

R: Si la profecía es cierta, significa que el atraco de efectivo está empezando a formar parte del flagrante atraco universal. Si Fuller y Padre Rico están en lo cierto, quienes perderán su dinero a continuación serán los ricos que tienen su riqueza en la bolsa de valores. Te repito: mira al pasado y podrás ver el futuro.

1971: Los pobres pierden su riqueza porque el presidente Nixon saca al dólar del patrón oro. Pierden porque el dinero por el que trabajaron tanto, de pronto comenzó a valer cada vez menos. Cuando ganaron más dinero, tuvieron que pagar más impuestos; y conforme el dinero que ganan va perdiendo su valor, los precios suben sin cesar. Entre más trabajan los pobres, más rezagados se quedan. Actualmente, en 2014, la gente pobre de todo el mundo está exigiendo un "salario digno", pero por desgracia, aun si el salario mínimo aumentara, los pobres seguirían en la misma situación porque están obligados a trabajar por dinero que ya ni siquiera es dinero.

2007: La gente de la clase media perdió su "activo más importante": su casa. Durante años, la clase media vivió bien gracias a sus tarjetas de crédito; y cuando el valor de su casa subía, solicitaban un préstamo sobre el valor líquido de la vivienda para pagar lo que habían cargado a la tarjeta. Ahora, en 2014, los precios de los bienes inmuebles permanecen bajos, pero el peso de las hipotecas, tarjetas de créditos y los préstamos estudiantiles, les cuelga del cuello como el legendario albatros. En este caso, el atraco se llevó a cabo a través del desplome en el valor de los inmuebles de la gente.

2016: Si las predicciones de *La profecía de Padre Rico* se llegan a cumplir, muchos de los ricos que tienen su dinero en el mercado bursátil, desaparecerán. Los despojarán de su riqueza a través de la próxima "caída monumental de la bolsa de valores".

En 2007 hubo una caída masiva de la bolsa de valores tal como se predijo en *La profecía de Padre Rico.* Ésa fue la crisis secundaria, la previa a la monumental. Aunque secundaria, esa emergencia económica global aniquiló a millones de personas. Y hoy en día, el mundo sigue viviendo la problemática económica: los pobres cada vez son más pobres, la clase media está desapareciendo, y millones de jóvenes con preparación sólida, son incapaces de conseguir un buen empleo.

Hubo algunas personas, sin embargo, para quienes la crisis económica de 2007 fue lo mejor que pudo pasar porque, gracias a ella, se volvieron más ricos y fuertes, y adoptaron una visión más optimista del futuro.

La pregunta es: La inminente emergencia económica que se avecina, ¿será lo mejor o lo peor que te pueda pasar?

Según Bucky Fuller, la palabra *emergencia* también tiene mucha fuerza que, por desgracia, a veces se emplea mal o se malinterpreta. Según Fuller, "la base de la palabra *emergencia* es *emerger*". Por eso, de acuerdo con el doctor, aquí hay otro Principio generalizado: "De la emergencia siempre surgen cosas, gente y sociedades nuevas."

La buena noticia para la gente que busca una segunda oportunidad en la vida, es que muchas personas *sí* emergen con más fuerza, solidez y riqueza de las crisis económicas.

Como en todo, sin embargo, la "moneda" tiene más de una cara. La mala noticia es que no toda la gente sale bien librada de las emergencias financieras, que muchos desaparecen. Pero tú, ¿cómo piensas emerger de la inminente crisis financiera?

Emergencia creciente

Fuller creía que la humanidad se enfrentaba a algo más que a una emergencia común y corriente. Desde su perspectiva, los humanos estaban al borde de una crisis masiva. Fuller creía que la humanidad estaba a punto de vivir una emergencia *evolutiva*. Lo más importante es que pensaba que todavía teníamos la opción de "emerger" como una nueva forma de humanidad... o perecer.

A Bucky le preocupaba que nuestros líderes no atendieran estas emergencias. En lugar de enfrentarlas, seguían barriendo la basura y escondiéndola debajo de la alfombra. Pateaban la lata hasta el otro lado del camino, aplazaban abordar el problema rezagado para que la siguiente generación lo enfrentara. Si ignoramos las emergencias de hoy, estaremos preparando el escenario para catástrofes como enormes desastres y colapsos.

Fuller creía que los humanos se han enfocado durante demasiado tiempo en el dinero, el poder y las armas. Según él, había llegado el momento de cambiar. El doctor pensaba que era tiempo de que todos hiciéramos un cambio consciente y nos enfocáramos más en lo que él denominaba en inglés *livingry* (los artefactos e ideas que mejoran y promueven la vida), que en *killingry* (los artefactos que matan, las armas). Si no hacíamos ese cambio, nos extinguiríamos como los dinosaurios.

¿Cooperación o competencia?

Uno de los pasos de este proceso evolutivo nos obligaría a los humanos a aprender a cooperar en lugar de competir.

Los humanos somos competitivos por naturaleza. Desde los tiempos prehistóricos, los humanos aprendieron a sobrevivir por medio de la lucha, y a estar en guerra con otros humanos. En la actualidad seguimos invirtiendo billones de dólares en la guerra y sus armas, mientras millones de personas se van a dormir con hambre.

Las soluciones de Fuller me intrigaron desde el principio. Estando sentado entre el público, siempre me pregunté cuántas de nuestras emergencias globales se podrían resolver si tan sólo cooperáramos en lugar de competir entre nosotros. Sonaba sencillo pero yo sabía, por experiencia personal, que hacer a los humanos *competir* era mucho más sencillo que hacerlos *cooperar.*

Recuerdo que cuando era niño, escuché a Padre Rico decir: "Yo no necesito competir. Mis empleados vienen todos los días a trabajar y a pelear entre ellos. Mi trabajo más difícil es hacerlos cooperar." Da la impresión de que todas las personas quieren tener su propio "territorio", sus "reglas", su "forma de hacer las cosas" y, en especial, su "propia opinión". Si cooperáramos más y compitiéramos menos internamente, todos ganarían más dinero.

Al escuchar a Fuller comprendí por qué las emergencias globales serían lo único que haría que los seres humanos cooperaran. Hasta que no hubo una verdadera crisis, la naturaleza humana continuó obligándonos a competir o, aún peor, a no hacer nada.

La preocupación de Fuller era que, aunque decidiéramos cooperar, las emergencias por venir sobrepasaran nuestra capacidad.

La competencia por las calificaciones

Mientras Fuller hablaba, comprendí que las escuelas les enseñaban a los estudiantes a *competir* en lugar de *cooperar.* Cuando yo estudiaba, con frecuencia deseaba cooperar, pero... los maestros lo consideraban *hacer trampa.*

Podría decirse que los salones no son muy distintos a las cuevas de los neandertales. En las cuevas modernas se les enseña a los pequeñitos a competir contra sus compañeros de clase para obtener buenas calificaciones. Pero que saque sólo "10" no necesariamente significa que el estudiante sea más inteligente que los otros, sino sólo que ganó y venció a sus compañeros. Eso no es muy distinto a ser el acosador que golpea a los niños más débiles en el patio de la escuela. Con razón a muchos niños no les gusta la escuela. Si el estudiante que siempre saca "10" coopera y les ayuda a sus compañeros, a ellos los expulsan de la escuela por hacer trampa.

Los padres también promueven este primitivo comportamiento escolar porque quieren que sus hijos –integrantes del grupo de los neandertales–, les expriman los sesos a sus compañeros de clase. Aunque muy pocos lo admitirían, los padres quieren asegurarse de que sus hijos obtengan buenas calificaciones, consigan un buen trabajo y reciban un salario de varias cifras. De cierta forma, las calificaciones tienen mucho que ver con el dinero.

Después de que un niño se gradúa como el primero de la clase y se convierte en el estudiante que siempre saca "10", ingresa a la siguiente cueva: el mundo corporativo. En cuanto lo contratan, comienza la labor del joven ejecutivo, que es "ascender por la escalera corporativa" o, mejor dicho, "vencer a tus colegas". Los jóvenes no se atreven a cooperar porque en la cima sólo hay una silla y todos quieren asegurarse de que su nombre sea el que esté en ella. Si los negocios llegan a cooperar demasiado entre sí, se les acusa de monopolio. Y si es menos formal pero de todas maneras hay un comportamiento anti competitivo, se le puede llamar conspiración; pero ambos son ilegales.

En el mundo de la política, la cooperación podría llegar a considerarse traición. Los republicanos no se atreven a cooperar con los demócratas. En muchos casos, si el político "va al otro lado del pasillo", la gente de su mismo partido le corta un brazo. Por eso es que en el gobierno hay demasiado estancamiento, y no avanzamos como país. Nadie hace nada y las emergencias crecen hasta transformarse en desastres.

Fuller decía que el siguiente paso de la humanidad en el desafío evolutivo sería aprender a cooperar y a resolver problemas globales. Por desgracia, los humanos sólo sabemos competir. Todavía tenemos que *aprender* de verdad a cooperar porque, si lo hiciéramos, estaríamos dando un gigante paso evolutivo.

P: *Pero, ¿los estudiantes realmente podrían aprender en un salón de clases en el que se coopera en vez de que se compita?*
R: Claro que sí.

P: ¿Me puedes dar un ejemplo?
R: Sí. Te daré dos ejemplos personales.

1. La cooperación es fundamental en los deportes de equipo. Como dicen, "La unión hace la fuerza." Por desgracia, muchos estudiantes salen de la escuela sin entender este concepto.

   En los deportes grupales se apoya a todos los integrantes para que den lo mejor de sí porque, de otra manera, el equipo no gana.

   En los salones, ningún estudiante quiere que sus compañeros den lo mejor de sí. Todos quieren ser el mejor.
2. En La Escuela de Candidatos a Oficiales del Cuerpo de la Marina (OCS), a los jóvenes candidatos no se les evalúa de acuerdo con el número de veces que gana su equipo, sino según la manera en que los integrantes cooperan entre sí. De hecho, en algunas evaluaciones ni siquiera se menciona si alguien ganó o perdió.

   Dicho de otra forma, en el Cuerpo de Marina, ganar no es tan importante como cooperar. Los jóvenes oficiales saben que si cooperan, ganan. Por eso también se consideran la mejor rama del servicio militar. A pesar de ello, *ningún oficial del Cuerpo de Marina cree ser mejor que otro.* Independientemente del rango, los oficiales aprenden a respetar y a valorar a sus colegas. Por eso dicen: "Un oficial del Cuerpo de Marina, nunca dejará de serlo." El vínculo entre ellos es espiritual, no financiero.

Así pues, respondiendo a tu pregunta de si es posible aprender en un ambiente de cooperación, te diré que sí. En los salones de clases, esto no siempre es factible desafortunadamente. El mundo académico es un lugar en donde uno llega a "morir o matar". Ahí, sólo "sobrevive el mejor". Es un mundo de "ganadores y perdedores", de "Yo soy inteligente y tú no." En el mundo académico se valora más el "Yo gano" que el "Ganamos"; y "cooperar" significa "hacer trampa".

P: ¿Estás diciendo que yo debería empezar a cooperar?

R: No exactamente. Como ya mencioné, el Principio generalizado nos dice: "La unidad es plural y, por lo menos, incluye a dos." El Cuerpo de Marina entrena a los oficiales para que sean fuertes como individuos pero también como integrantes de un equipo. En lo que se refiere a las finanzas, sin embargo, muchos son débiles en lo individual, y por eso nadie los quiere en su equipo financiero.

En el mundo de las finanzas, la gente más rica del mundo opera en equipo, pero el resto lo hace de manera individual; por eso casi todos pierden en el juego del dinero.

Para incrementar tus probabilidades de tener una segunda oportunidad, tienes que hacerte fuerte de manera individual, y aprender a trabajar en equipo.

El gran problema

El problema es que nuestra incapacidad para cooperar está haciendo que nuestras dificultades se conviertan en gigantes emergencias globales. A Fuller le preocupaba que estos crecientes problemas no se atendieran con oportunidad, y llegaran a abrumarnos de manera irremediable.

A continuación mencionaré algunas de las emergencias que Bucky creía que se estaban convirtiendo en enormes desastres.

Emergencias ambientales

Desde los cincuenta y los sesenta, Fuller nos advirtió sobre los efectos del calentamiento global.

Hoy en día, en lugar de cooperar para resolver nuestros problemas ambientales, muchos líderes *niegan* su existencia. Independientemente de que creas en las teorías del calentamiento global o no, el desperdicio de la tierra está contaminando los océanos, y los peces con que se alimentan miles de millones de personas, están empezando a escasear.

Sin importar las creencias de cada quien respecto a este tema, el hecho es que nuestro clima se está volviendo cada vez más violento. Recientemente ha habido huracanes aterradores como Katrina y Sandy; tornados gigantescos que atraviesan el medio oeste arrasando con todo a su paso; y tormentas de hielo que han dejado sin funcionamiento a ciudades del sur de Estados Unidos como Nueva Orleans y Atlanta. En varios lugares del mundo hay severas sequías, y en otros, inundaciones masivas.

Esta emergencia está creciendo sin duda.

Emergencias nucleares

En las décadas de los cincuenta y los sesenta, Fuller habló en contra de la energía atómica. Dijo que lo más cerca que dios había querido que los humanos estuvieran de la energía atómica, era 93 millones de millas, es decir, la distancia que hay entre la Tierra y el Sol.

Las empresas de energía nuclear aseguran que ésta es "energía limpia", pero nunca mencionan que el desperdicio nuclear es letal. En la actualidad, el desperdicio nuclear se almacena en cavernas ocultas en la profundidad de la Tierra. El problema es que a estos desperdicios les toma cientos de años volverse inocuos, y continúan causando daño todo ese tiempo. Además, el almacenamiento seguro de los desechos les cuesta a los contribuyentes miles de millones de dólares.

El tsunami que golpeó a Japón en 2012 propagó desperdicios tóxicos por todo el mundo a través de las corrientes oceánicas. Tan sólo los efectos de esa emergencia nuclear, nos afectarán durante miles de años.

Emergencias militares

En las décadas de los setenta y los ochenta, justo en el auge de la Guerra Fría, Fuller dijo: "O la guerra es obsoleta, o nosotros lo somos." Lo que quiso decir fue que la inteligencia humana había desarrollado armas de destrucción masiva tan severas que, si llegara a haber una guerra nuclear, sólo sobrevivirían las cucarachas. Nadie perdería ni ganara. Si hay una guerra más, todos saldremos perdiendo.

Por desgracia, la matanza entre los seres humanos continúa. Actualmente, los terroristas tienen el poder de vencer a los cuerpos militares más poderosos del mundo. Utilizan teléfonos celulares para reclutar y motivar a los nuevos soldados; utilizan nuestras aerolíneas como armas y tienen acceso a información para construir armas químicas, nucleares y biológicas del "tamaño de una maleta". Estados Unidos invierte billones de dólares en sus cuerpos militares, pero una barata "bomba sucia" detonada en Nueva York, Londres, Tokio o Pekín, puede mermar la economía de todo el planeta.

En 1972 vi cómo uno de mis compañeros de escuadrón era derribado por un SA-7 de manufactura china. Estoy hablando de un cohete capaz de detectar calor, y que cualquier hombre puede disparar apoyándoselo en el hombro: se llama Strela. El soldado del Viet Cong que disparó el cohete no necesitó demasiado entrenamiento; lo único que hizo fue apuntar y disparar el gatillo. El cohete hizo el resto: derribar un helicóptero CH-53 Jolly Green Giant de varios millones de dólares y matar a 62 oficiales de la Infantería de Marina. En 2014, un avión de pasajeros malayo fue derribado con la misma arma.

Hoy en día, Estados Unidos invierte billones de dólares en entrenamiento militar y armas nuevas; y al mismo tiempo, un terrorista sin entrenamiento pero con un cohete de 10 000 dólares con sensor de calor, le puede disparar a un avión y, con eso, darle un golpe capaz de hacer colapsar la economía mundial.

Por desgracia, luchar contra el terrorismo no es como librar un conflicto convencional como la Segunda Guerra Mundial. Esto es algo que aprendimos a la mala en Vietnam. Los terroristas no usan uniformes y no tienen que obedecer las reglas de enfrentamiento de las guerras tradicionales. Ellos no tienen fábricas, bahías, aeropuertos ni pueblos que puedan ser destruidos. Siempre ganan porque tienen muy poco que perder. Los terroristas ganan porque pueden pelear en cualquier lugar, en cualquier momento y sin interrupciones. Muchos creen que entre más nos enfocamos en matar a terroristas, más de ellos producimos.

En lugar de evolucionar y entender el mensaje –"La guerra es obsoleta"–, seguimos peleando. Por eso la emergencia del terrorismo continúa creciendo.

EMERGENCIA DE LAS PANDEMIAS

Hace siglos hubo una plaga que fue propagada por las pulgas y las ratas. En la actualidad, los aviones de pasajeros propagan el ébola.

EMERGENCIA ECONÓMICA

Hoy en día, las guerras se libran con dinero, y esto está provocando una emergencia económica masiva. Es una tragedia pero, en vez de librarse contra los terroristas, con frecuencia estas guerras tienen como blanco a gente inocente, tanto joven como anciana.

Miles de millones de personas viven en una emergencia económica permanente. Esta situación motivó al doctor Fuller a escribir *Grunch of Giants*, un libro sobre la forma y las razones por las que los ricos y los poderosos despojan a la gente inocente de su dinero intencionalmente.

LA JERARQUÍA DE LAS NECESIDADES DE MASLOW

En 1943, Abraham Maslow, un psicólogo estadounidense nacido en 1908, presentó un ensayo intitulado "La teoría de la motivación humana", en la publicación *Psychological Review.*

Aunque Maslow no presentó sus conceptos enmarcados por un triángulo, la Jerarquía de las necesidades suele presentarse de esta forma en la actualidad.

A continuación se muestra el diagrama de la Jerarquía de las necesidades. En él se explica la forma en que las emergencias económicas afectan nuestra vida.

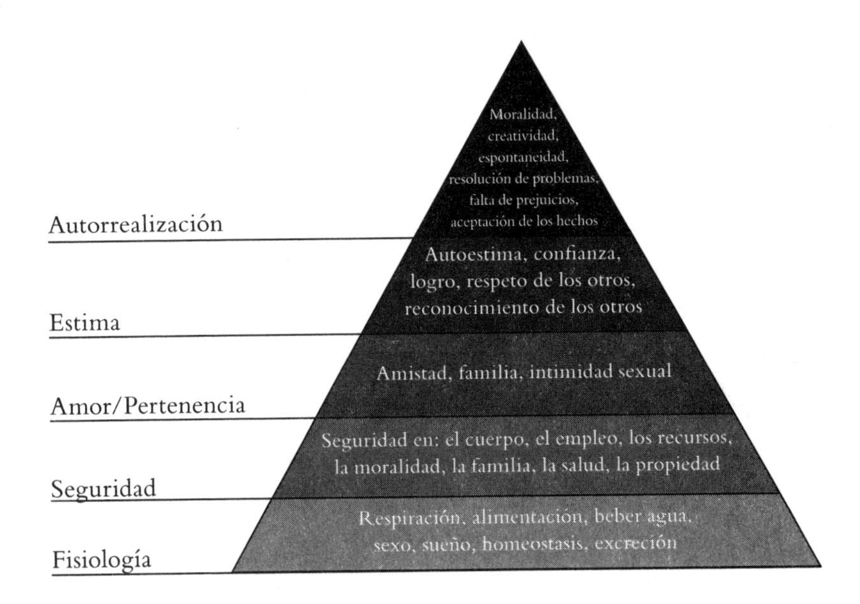

Maslow estudió a la que él llamaba "gente ejemplar", como Albert Einstein, Jane Addams, Eleanor Roosevelt y Frederick Douglass. Según Wikipedia, Fuller explicó así su razonamiento para elegir a sus sujetos de estudio: "El estudio de especímenes mermados, torpes, inmaduros y poco saludables, sólo puede producir una psicología y una filosofía deteriorada." Es importante notar que los dos niveles básicos del triángulo, *fisiología* (o supervivencia) y *seguridad*, afectan a los tres niveles superiores: Amor/estima, pertenencia y autorrealización.

Un colapso de la vida real

En 1973 volví de Vietnam a mi casa en Hawái. Al llegar descubrí que mi padre pobre estaba desempleado. Había renunciado a su puesto como Superintendente de Educación para postularse como candidato a vicegobernador por parte de los republicanos, y se enfrentó al gobernador que, por cierto, además de ser demócrata, era su jefe. Después de que mi padre perdió la elección, el gobernador lo puso en una lista negra que le impedía volver a tener un empleo en el gobierno.

Para sobrevivir tuvo que retirar los ahorros de toda su vida, cobrar los ahorros para el retiro y comprar una heladería que formaba parte de una franquicia a nivel nacional. El negocio quebró en menos de un año y mi padre se quedó sin un centavo y sin empleo, a pesar de su doctorado.

Para mí fue muy doloroso ver el colapso del Triángulo de Maslow de mi padre. Cuando los dos primeros niveles de necesidades –*fisiología* (que significa supervivencia) y *seguridad*– empezaron a desmoronarse, el resto de las jerarquías se desplomaron también.

Mi mamá falleció poco después de que él perdió la elección. Mi padre se volvió a casar dos años más tarde pero se divorció pronto y, cuando entró a sus cincuenta, aunque todos sus hijos tratamos de reconfortarlo, de pronto se encontró solo con su dolor, y sin mucho amor ni el indispensable sentimiento de pertenencia.

Como siempre fue un hombre orgulloso y confiado, perder la elección, a su esposa, su título, su poder y el empleo, provocaron que su autoestima se viniera abajo. Mi padre ya no pudo ponerse de pie, desempolvarse y volver a vivir.

En lugar de realizarse en la vida, se quedó en casa sentado viendo televisión y bebiendo. Se transformó en un hombre enojado y amargado que les guardaba resentimiento a sus amigos que eran más exitosos que él.

Si observas la cima del triángulo de Maslow, encontrarás la palabra *moralidad*.

Algo que agradezco es que mi padre nunca perdió su moralidad. Recibió varias ofertas cuestionables de gente que quería aprovechar la reputación y el éxito que alguna vez tuvo, pero él se negó y eligió tener problemas económicos en vez de poner su integridad a la venta.

Mucha gente vende sus principios. Cuando los niveles elementales de *supervivencia* y *seguridad* se debilitan, muchas personas recurren al crimen, a vender drogas o sexo, a robar, mentir y defraudar. Cuando la gente está desesperada, las demandas triviales aumentan, y los abogados que siempre están al acecho de los heridos, se vuelven ricos.

En 1973 pude ver el futuro. No el de la generación de mi padre, sino el de la mía y el de nuestros hijos.

En lugar de volverse productiva y autosuficiente, la gente cree, cada vez más, que tiene derecho al apoyo del gobierno. Su plan financiero consiste en ganarse la lotería o esperar tener un accidente para poder demandar a alguien y vivir de lo que saque del acuerdo al que llegue.

En cuanto la *supervivencia* y la *seguridad* se debilitan, la primera en salir lastimada es la sociedad legal civilizada, ética y moral.

Yo creo que somos una economía en emergencia, y que debemos preguntarnos: ¿Quién emergerá de esta catástrofe y quién no? ¿Quién fortalecerá su autoestima, se realizará y tendrá una segunda oportunidad para su dinero y su vida?

P: ¿Qué quería decir Maslow cuando h*ablaba de autorrealización?*

R: Una persona que se puede realizar por sí misma, es imparable. Por eso Maslow estudió a grandes como Albert Einstein, Jane Addams, Eleanor Roosevelt y Frederick Douglas, en lugar de a gente neurótica o con deficiencias mentales.

Una persona que se realiza por sí misma continuará avanzando sin importar cuáles sean los obstáculos en su camino.

P: ¿Entonces una persona que se *realiza no necesita motivación?*

R: Exactamente. En la actualidad, la gente requiere de motivación en todo lo que se refiere a dinero, carrera o finanzas. Las personas quieren incentivos, y por eso preguntan: "¿Cuánto me pagarás si trabajo para ti?", "¿A cuánto asciende mi bono?",

"¿Cuándo recibiré mi aumento?" y "¿Cuáles son mis prestaciones?"

Muchas personas también necesitan halagos: "Si halagas mi autoestima, voy a trabajar con más ahínco." Muchas dicen: "Si no me haces sentir bien, renunciaré o haré que tu vida en el trabajo sea espantosa. Voy a ser chismoso y a propagar rumores. Y si realmente me llegas a hacer enojar, te demandaré y te llevaré a juicio por abuso o acoso sexual." Otros buscan "castigo". Algunos sólo regresan a laborar cuando ya recibieron una reprimenda o asesoría especial. Otros necesitan "evaluaciones de desempeño" para poder trabajar bien.

P: ¿Esto no comienza en casa?

R: Me parece que sí. He escuchado a muchos padres decir: "A mis hijos les doy 100 dólares por cada '10' de calificación que obtienen en la boleta de calificaciones'." Otros dicen: "Yo les pago a mis hijos para que lean libros" o, "Le pago a mi hijo para que haga labores en el hogar." En mi opinión, esto es el equivalente a entrenar a un niño para que trabaje a cambio de dinero. Por eso mi padre rico se negaba a pagarnos a mí y a su hijo. Él decía: "Pagarle a un niño para que trabaje, es como entrenarlo para que sea empleado."

Padre Rico nos entrenaba a su hijo y a mí para que fuéramos *empresarios*, chicos capaces de realizarnos por nuestro propio esfuerzo, que creceríamos y construiríamos activos que produjeran ingresos y trabajos. Padre Rico no estaba dispuesto a que fuéramos adultos que sólo trabajan para obtener dinero, seguridad laboral y prestaciones. De hecho nos dijo: "Si eso es lo que quieren hacer cuando crezcan, entonces vayan a la escuela, gradúense y trabajen para otras personas como yo."

Fama, éxito y dinero vs grandeza

Dicho de manera simple, la fama, el éxito y el dinero se pueden lograr por medio de motivación, inspiración y compensación. La mayoría de la gente cree que ser famoso, exitoso y rico, es suficiente, sin embargo, todos estos logros no se equiparan con la grandeza.

Según Maslow, la grandeza sólo se puede alcanzar a través de la realización personal. Cuando tú te realizas, te vuelves imparable, incluso si no tienes dinero, un buen empleo, una educación asombrosa, antecedentes profesionales, buena salud o un techo para cubrirte.

Cuando pienses en tu segunda oportunidad, debes preguntarte: "¿Cómo podría realizarme?" Si te realizas tendrás una mayor oportunidad de surgir con más fuerza de las emergencias que se avecinan.

La cima de la pirámide

Siempre recuerda que en la cima de la pirámide de Maslow se encuentra la palabra *moralidad* porque, en su búsqueda de fama, éxito y dinero, mucha gente la pone en riesgo. Por eso muchas personas ambiciosas y exitosas no llegan a alcanzar la grandeza. El deseo de ser famosos, exitosos y adinerados es tan fuerte, que muchos están dispuestos a hacer lo que sea necesario, e incluso llegan a sacrificar sus valores y su integridad. Todos conocemos a gente así. Tal vez los has visto en televisión, has leído sobre ellos en el periódico o, quizá, en tu lugar de trabajo. Y, tal vez, incluso asisten a la misma iglesia que tú.

En el mundo real hay mucha gente maravillosa que nunca alcanza ni fama, ni éxito, ni dinero. Hay miles de millones de héroes desconocidos; gente como mi propio padre, que se negó a vender su honestidad a pesar de lo terrible que llegó a ser su vida.

Espero que en esta segunda oportunidad elijas ser una persona así. Aspira a la grandeza incluso si eso no te sirve para alcanzar fama, éxito o dinero. El mundo necesita más gente valiosa, gente que tenga una mentalidad de "ganamos", en lugar de "gané". Gente que se apegue a un código moral sólido.

CUESTIONARIO DE LA GRANDEZA

Hazte las siguientes preguntas:

Pregunta: ¿A quién conoces que sea famoso... *pero no sea una gran persona?*

Respuesta:

____

Pregunta: ¿A quién conoces que tenga éxito... pero no sea una gran persona?

Respuesta:

____

Pregunta: ¿A quién conoces que sea rico... pero no sea una gran persona?

Respuesta:

____

Pregunta: ¿A quién conoces que sea una gran persona... aunque no sea ni famosa, ni exitosa ni rica?

Respuesta:

____

Pregunta: ¿Le has dicho a esa gran persona lo maravillosa que es y lo que la hace tan valiosa?

Respuesta:

____

¿No sería genial si pudieras estar en contacto con gente así de maravillosa y decirle por qué crees que es tan valiosa? Si te es posible, asegúrate de decirles a esas personas las razones específicas por las que crees que son geniales. Es agradable decir: "Eres genial", pero esta frase necesita siempre de más claridad y fuerza.

Si reconoces de manera personal a otras personas por su grandeza, la grandeza de ambos se intensifica. Si una gran persona reconociera a diez más, y esas diez, a otras diez, el poder de la grandeza de la realización de Maslow se propagaría por todo el mundo

Si lo que se propagara por todas partes fuera la grandeza en lugar de la desesperación, todos tendríamos el poder de resolver las emergencias inminentes y no necesitaríamos esperar a que nuestros líderes lo hicieran.

Por supuesto, a la gente con mentalidad de "Yo gano", no le va a agradar esto, pero creo que ha llegado el momento de que se hagan a un lado y permitan que quien gane, sea el *mundo*.

La siguiente emergencia económica

Durante la próxima emergencia económica es posible que millones de personas que ahora son pudientes, sufran el colapso de su Jerarquía de necesidades.

En los capítulos anteriores escribí sobre la emergencia económica que enfrentan Estados Unidos y los demás países del mundo. En esta sección ofreceré datos específicos sobre la crisis que se avecina y te diré quiénes creo que serán los afectados y por qué.

Los pobres

En 1971, los pobres perdieron la Guerra contra la Pobreza cuando el presidente Nixon sacó al dólar estadounidense del patrón oro. Y es que, cuando los bancos y los gobiernos imprimen dinero, los impuestos, la inflación y la pobreza se incrementan. Por desgracia, muchas de estas personas no podrán emerger de la crisis.

La clase media

En 2007, la clase media fue derrotada en la Guerra en su contra porque millones de personas perdieron sus empleos, sus hogares y sus ahorros para el retiro.

El 22 de abril de 2014, la portada de *The New York Times*, decía: "La clase media estadounidense ya no es la más acomodada del mundo."

El artículo afirmaba que la clase media de Canadá gana actualmente más que la de Estados Unidos, y que los pobres de buena parte de Europa ganan más que los de nuestro país.

Pocos estadounidenses de clase media han emergido de la crisis económica más reciente. La tasa de desempleo sigue siendo muy alta entre los jóvenes con educación, así como entre los trabajadores de mayor edad con preparación y experiencia. Se estima que dos tercios de los desempleados que han encontrado empleo, ganan menos de lo que ganaban antes del colapso hipotecario *sub-prime* del 2007.

¿Quién sigue?

La profecía de Padre Rico se publicó en 2002. El libro era una combinación de las lecciones que recibí de Padre Rico respecto al gobierno, el dinero y la industria bancaria, y las enseñanzas de Bucky Fuller sobre el GRUNCH, los principios generalizados, y la forma en que se puede predecir el futuro.

En *La profecía de Padre Rico* hablé de la predicción de mi padre rico: la caída más importante de la bolsa de valores en la historia del mundo tendría lugar alrededor del año 2016. Como podrás imaginar, la maquinaria mediática de Wall Street me atacó con saña e hizo todo lo que pudo para descreditarnos al libro y a mí. Las revistas *Smart Money* y *Money*, y *The Wall Street Journal*, tampoco fueron amables con la profecía a pesar de que el colapso vaticinado estaba a más de diez años de distancia.

P: ¿Por qué crees que los medios hayan atacado al libro?

R: La profecía de Padre Rico era acerca de las fallas de los planes 401(k) para el retiro a los que millones de trabajadores contribuyen mes con mes. Estas fallas son una de las razones por las que mi padre rico predijo que la caída de la bolsa de valores más grande de la historia sucedería aproximadamente en 2016. En mi opinión, la reportera de *Smart Money* sintió que tenía que desacreditar a mi libro (y a mí) porque los medios de salida necesitaban proteger a los anunciantes que, por cierto, son parte del GRUNCH.

P: *Entiendo que hayan debido proteger a sus anunciantes, ¿pero por qué mentir? ¿Por qué vender tu integridad por dinero?*

R: *The Wall Street Journal* y la revista *Money* argumentaron contra la profecía sin mentir. Era una respuesta que esperaba y respeté. Recuerda que la moneda siempre tiene por lo menos dos caras. *The Wall Street Journal* y *Money* sólo presentaron su visión. Y claro, yo no espero que todo mundo esté de acuerdo con Padre Rico, con mi libro o conmigo.

P: ¿Y quién estará en lo correcto?

R: Me temo que Padre Rico y Bucky Fuller ya están en lo correcto. Llevo diez años diciendo: "La labor de un profeta es estar equivocado."

P: ¿Por qué?

R: Los profetas emiten alertas pero no quieren estar en lo cierto. Quieren que la gente actúe, se prepare y haga cambios antes de que las profecías se cumplan.

P: ¿Y eso ha pasado?

R: Me temo que no. El GRUNCH y los líderes de nuestro gobierno sólo han agrandado la emergencia económica y han hecho que el futuro de esta profecía se vuelva más destructivo.

P: ¿Qué tan precisa es la profecía de Padre Rico?

R: «Te mostraré una gráfica que ya viste, y decidirás por ti mismo.

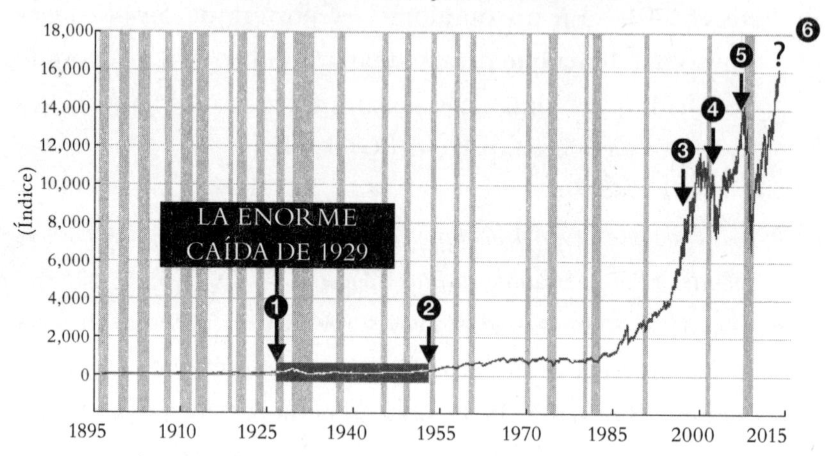

Punto 1: Nota la flecha que señala el enorme colapso de la bolsa de valores de 1929. Mucha gente –incluso la revista *Economist*–, ha afirmado públicamente que la caída de 1929 fue una de las más fuertes de la historia.

Punto 2: La Gran Depresión en realidad duró 25 años.

Punto 3: Nota la flecha que señala 1997, el año que *Padre Rico, Padre Pobre* fue publicado y la frase "Tu casa no es un activo" salió a la luz pública.

Punto 4: Nota la flecha que señala 2002, la fecha en que se publicó *La profecía de Padre Rico.*

Punto 5: Nota la flecha que señala 2007, el punto más alto del Promedio Industrial Dow Jones. En *La profecía de Padre Rico* afirmé claramente que antes de la monstruosa caída de 2016, habría otra caída secundaria.

La caída de 2007 cumplió esa predicción. Este colapso afectó a millones de propietarios de inmuebles que, de muy mala forma, descubrieron que su casa no era un activo: advertencia que se presentó por vez primera en *Padre Rico, Padre Pobre.* El libro se había publicado diez años antes, en 1997.

La caída de 2007 golpeó fuertemente a la clase media y eliminó a muchos de los millonarios de la casa de junto provenientes de este sector.

Punto 6: Nota la flecha que señala 2016, fecha sugerida para que se cumpla la predicción que aparece en el libro *La profecía de Padre Rico*: la madre de todas las crisis.

P: ¿La profecía se cumplirá?

R: ¿Quién puede saberlo? Espero que no.

Capítulo seis

¿Cuánto es un cuatrillón?

No puedes quitarte del paso
de las cosas que no ves venir.
–R. Buckminster Fuller

Muchos sabemos que hay dificultades enormes en el futuro. El problema es que no podemos *verlas*. Si pudiéramos, lo más seguro es que nos quitaríamos del camino.

La Era Invisible

En 1974 cambió el futuro financiero de millones de trabajadores.

Ese año, el Congreso de Estados Unidos aprobó la ley ERISA –Ley de seguridad de ingresos de jubilación para el empleado–, mejor conocida hoy en día como la orden que condujo a la creación de los planes 401(k). Actualmente, la mayoría de los países occidentales tienen algún tipo de plan de Contribución Definida para los trabajadores. En Australia, por ejemplo, el plan se llama Superanualidad, en Canadá se le conoce como Plan Registrado de Ahorros para el Retiro (RRSP, por sus siglas en inglés), y en Japón, Plan de Pensiones de Contribuciones Definidas.

Ese mismo año señaló el fin de los planes para el retiro de la Era Industrial. Los trabajadores de la Era Industrial solían tener planes pensionarios DB (Prestaciones Definidas), que les garantizaban un cheque de por vida.

El plan DC o plan de Contribución Definida, es precisamente eso: un sistema en que el trabajador *contribuye*; y los únicos fondos que recibe este plan son los que hacen a través de las contribuciones. Si el plan se queda sin dinero tras la jubilación, el trabajador se verá en aprietos económicos fuertes.

El plan de pensiones DB es un plan de la Era Industrial; en tanto que el plan de pensiones DC, pertenece a la Era de la Información.

Y en la Era de la Información es muy sencillo observar a los mercados. Además de los reportes por televisión y radio, podemos averiguar el estado de los mercados y las acciones 24 horas al día, siete días a la semana, a través de Internet o con alguna aplicación en el celular. Si la bolsa sube, la gente se siente bien, pero si baja, comienzan los problemas.

Gigantes que no puedes ver

Debido a la falta de educación financiera, muy pocos trabajadores saben que hay mercados financieros mucho, mucho más grandes que nuestra bolsa. Estos mercados gigantes son invisibles para quienes no tienen preparación financiera, pero si alguno de ellos se enferma, tose o estornuda, la esperanza y los sueños de un retiro cómodo desaparece para miles de millones de personas. Los gigantes que no vemos pueden aniquilar a muchos.

Más adelante en este mismo capítulo, explicaré a detalle uno de estos gigantes invisibles conocido como "mercado de derivados". Este mercado estuvo a punto de destruir la economía mundial en

2007, pero antes de enfocarnos en él, es importante que entiendas por qué Fuller dijo:

> No puedes quitarte del paso
> de las cosas que no ves venir.

Una de las enseñanzas más importantes que recibí de Fuller fue aprender a ver lo que la mayoría pasa por alto.

Cómo ver lo invisible

Recuerdo una historia que Fuller contó acerca de la primera vez que vio un automóvil, cuando todavía era un niño. El doctor recordó lo aterrada que estaba la gente y los caballos. Muchas personas creyeron que el automóvil era solamente un artefacto novedoso para los ricos, una moda que pasaría en poco tiempo. Pero como todos sabemos, reemplazó en poco tiempo al caballo como el primer medio de transporte para las masas… y el mundo cambió por completo. El automóvil hizo que la vida fuera más sencilla y fue un elemento fundamental para que muchas personas se volvieran inmensamente ricas. En la actualidad, el caballo es la novedad de los ricos.

Bucky nos contó la historia para ilustrar una idea: que los humanos pudieron *ver* el automóvil. El automóvil fue la nueva tecnología en la transición entre el transporte de la Era Agrícola –el caballo–, y el de la Era Industrial –el carro sin caballo.

Lo que quiso decir fue que en el pasado podíamos ver *los hechos que cambiarían nuestras vidas*. En la Era de la Información es imposible hacer eso. De cierta forma, la Era de la Información es la Era Invisible.

Incremento en el desempleo

Una de las razones por las que el desempleo aumenta y cada vez es más difícil encontrar empleos bien pagados, es porque en la Era de la Información los humanos están siendo reemplazados de la misma manera que el automóvil reemplazó a los caballos. En el caso de la fotografía, por ejemplo, hubo un tiempo en que teníamos que procesar la película para obtener las impresiones o fotografías. Yo todavía recuerdo cuando llevaba mis rollos de película a la farmacia local. Ahí los metía en una bolsita de papel y los entregaba, y una semana después, volvía para recoger las fotos.

La fotografía digital no sólo eliminó decenas de miles de empleos, también acabó con Eastman Kodak Company. Hace no mucho tiempo, esta empresa formaba parte de la lista Fortune 500. Fue un gigante que terminó en bancarrota porque no pudo hacer la transición de la Era Industrial a la Era de la Información.

Eastman Kodak se volvió obsoleta debido a la nueva tecnología conocida como fotografía digital. Irónicamente, Eastman Kodak fue la empresa que desarrolló la fotografía digital en 1975. La empresa invirtió miles de millones de dólares en el desarrollo de este concepto pero, por desagracia, su viejo modelo de negocios –que incluía una pesada carga de empleados–, no fue compatible con la nueva tecnología. La empresa se declaró en bancarrota en 2012.

Lo que Fuller trató de decir hace varias décadas, es que la pérdida de empleos continuará a la par del avance de la Era de la Información. El problema es que la gente no puede ver la tecnología que la está reemplazando ni la que está por venir. Millones de personas que ahora tienen trabajo, se quedarán desempleadas mañana. Lo invisible las arrollará.

Ahora que vas a planear y preparar todo para tu segunda oportunidad en la vida, tienes que ser capaz de *ver* lo que está por venir... incluso si no puedes hacerlo con los ojos.

Ciegos guiando ciegos

Otro problema importante es que nuestros líderes tampoco pueden ver los cambios en el camino. Están tan ciegos como nosotros. Esta *invisibilidad del cambio* es la razón por la que en Washington hay una parálisis que ha dado paso a situaciones sumamente adversas que también se presentan en las otras capitales del mundo. Nuestros líderes no pueden ver los cambios, sólo pueden verse entre sí. Por eso se atacan entre ellos en lugar de ir contra el problema directamente.

Nuestros líderes nos prometen cosas como:

"Crear más empleos."
"Volver a capacitar a los trabajadores."
"Invertir dinero en proyectos de infraestructura que generarán más trabajos."
"Aumentar el nivel de los exámenes de aptitud para que nuestros niños puedan competir en la economía global."
"Mantener a los chicos más tiempo en la escuela."
"Enseñar más matemáticas y ciencia en las escuelas."
"Incrementar el salario mínimo."
"Dejar de rescatar a los bancos."
"Cobrar impuestos a los ricos."

... y otros planes políticos, promesas e ideas con las que esperan probarnos, a ti y a mí, que saben lo que hacen –que son "el hombre (o la mujer), con un plan"–, y que nos sacarán de este desastre. En el fondo, sin embargo, sólo son ciegos guiando ciegos.

El desafío de la Era de la Información consiste en "ver" los cambios que *no podemos.*

APRENDE A VER LO INVISIBLE

Tu segunda oportunidad en la vida podría radicar en tu capacidad para aprender a ver lo invisible.

P: ¿Por qué tengo que aprender a ver lo invisible?
R: Porque el futuro les pertenecerá a quienes puedan hacerlo, a las mentes que sean capaces de detectar lo que los ojos no pueden.

CEREBRO VS. MENTE

Fuller hablaba a menudo sobre la diferencia entre el cerebro y la mente humanos. Él creía que no eran lo mismo.

Dicho llanamente, el cerebro se utiliza para ver *objetos tangibles*, y la mente para ver lo *invisible*. Fuller decía que el cerebro ve los objetos, y la mente ve las *relaciones invisibles entre ellos*. En sus pláticas usaba el ejemplo de las relaciones entre los planetas. El cerebro ve a los planetas, pero la mente percibe la presencia de la gravedad, esa fuerza invisible que los mantiene orbitando entre sí.

En el golf, por ejemplo, antes de dar el golpe, los golfistas usan el cerebro para ver la pelota, el hoyo y las ondulaciones del campo. Los mejores golfistas usan su mente y son capaces de ver una línea invisible conforme la pelota se desliza sobre el campo hasta el hoyo. Los golfistas que pueden ver esa línea invisible son los que ganan torneos y se llevan la mayor cantidad de dinero.

En términos excesivamente simples, la inteligencia humana se localiza en la mente, no en el cerebro. Tal vez por eso F. Scott Fitzgerald dijo:

> La prueba de una inteligencia de primera clase es la habilidad de tener dos ideas opuestas en la mente al mismo tiempo, y seguir funcionando.

Por desgracia, la mayoría de la gente fue educada para usar el cerebro, no la mente.

SÓLO HAY UNA RESPUESTA CORRECTA

En las escuelas se les enseña a los alumnos que sólo existe una respuesta correcta, y cuando la gente cree que sólo hay una respuesta correcta, surgen las discusiones, los desacuerdos, los divorcios, las peleas, los asesinatos, las batallas en los juzgados y las guerras. En las escuelas nos enseñan "respuestas" que el cerebro puede memorizar, pero no nos hablan de las relaciones que el cerebro es capaz de explorar.

Padre Rico dijo:

Cuando discutes con un idiota, entonces ya hay dos idiotas.

Siempre que un idiota cree que sólo hay una respuesta correcta, surgen dos idiotas.

Cada vez que los padres y las escuelas les enseñan a los niños que sólo hay una respuesta correcta, la cima de la Jerarquía de las necesidades de Maslow se desmorona, y la realización personal se retrasa porque requiere:

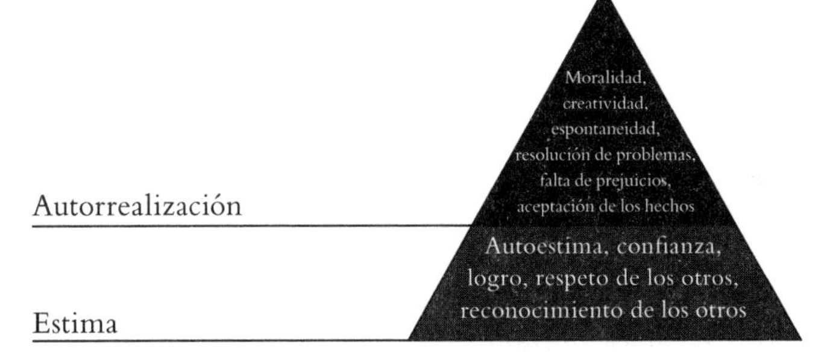

Una segunda oportunidad

Tener una segunda oportunidad en la vida exige que la persona que la busca tenga valor para ver lo que los demás no pueden. La segunda oportunidad exige que la persona sea creativa y espontánea, que pueda dar varias respuestas para resolver problemas, que pueda aceptar los hechos y que no tenga prejuicios.

La segunda oportunidad requiere de autoestima, confianza, logros, respeto por otros y la capacidad de ganar el respeto de los demás. Dicho en una sola palabra, la autoestima exige coraje. La palabra *coraje* proviene de la palabra francesa *coeur*, que significa *corazón*. El coraje o valor, sin embargo, no proviene del cerebro. El mundo está repleto de "cerebros" sumamente bien preparados que carecen del coraje para saltar a lo desconocido y correr riesgos. ¿Por qué? Porque el coraje viene del corazón, no del cerebro.

Tener una segunda oportunidad exige saber la diferencia entre lo que el cerebro y la mente ven. No se trata de estar en lo correcto o tener las respuestas adecuadas, sino de actuar, cometer errores, corregir el curso y levantarse del fracaso una y otra vez hasta triunfar.

Por desgracia, en nuestras escuelas no se considera que este tipo de comportamiento sea inteligente. De hecho, se cree que representa exactamente lo contrario.

El misterio de lo invisible

Fuller creía que el 99 por ciento del Universo era invisible. Si eso es cierto, entonces los humanos hemos basado buena parte de nuestra experiencia en menos del uno por ciento de lo que existe... solamente en lo que podemos ver.

Los humanos siempre hemos estado conscientes de lo invisible, de hecho, durante miles de años hemos percibido la existencia, el misterio y el poder de lo que no podemos ver. Por eso idolatramos a dioses, lugares sagrados, formas animales, símbolos, y a seres humanos como Jesús, Abraham, Mahoma y Buda, entre otros. Gracias a estas encarnaciones físicas, los humanos alcanzaron a percibir el misterio y la fuerza de lo invisible.

En el pasado, cuando las enfermedades provocaban epidemias y la muerte se propagaba, los humanos daban inicio a "cacerías de brujas" en busca de la malévola persona que había causado ese mal. Pero la invención del microscopio les dio a los investigadores –como Louis Pasteur, por ejemplo–, la oportunidad de ver "lo invisible", es decir, los gérmenes y las bacterias que estaban matando a la gente, y así se comprendió que ni las brujas ni otras fuerzas del mal tenían que ver en el asunto.

Cacerías de brujas en el presente

En la actualidad, las cacerías de brujas son financieras, y se les conoce como *guerra de clases.* Muchas personas quieren creer que los ricos son quienes tienen la culpa de que ellas sean pobres. Y aunque es cierto que hay algunas "brujas ricas" –me refiero a gente que ha cometido crímenes en contra de otros–, la mayoría de la gente rica ha hecho cosas positivas para llegar a donde se encuentra.

Durante la Revolución Francesa, la época en que se popularizó la guillotina, los pobres le cortaron la cabeza a la realeza; entre muchos otros, a María Antonieta. Los pobres también les han cortado la cabeza a "empresarios", innovadores, creadores de empleos y gente que ha estado dispuesta a correr riesgos –el futuro de la economía francesa–, pero esto es lo que pasa cuando la brecha entre los ricos y todos los demás se vuelve demasiado amplia.

La economía francesa de nuestros tiempos todavía tiene que recuperarse de los días de la guillotina. Francia alguna vez fue una potencia mundial, pero ahora es un estado socialista que sigue vilipendiando el deseo de ser rico.

P: ¿Estados Unidos se está acercando a los disturbios civiles? ¿A la guerra entre clases?

R: Sí. Si los pobres y la clase media siguen culpando a los ricos de sus problemas, la brecha entre estos y todos los demás se hará todavía más extensa durante la Era de la Información.

P: ¿Por qué?

R: Me parece que hay dos razones. La número uno es que los ricos pueden ocultar su riqueza en el ámbito de lo invisible. Tienen los recursos necesarios para mover su riqueza. Cuando lo hacen, se invierte menos en la economía, y la vida se vuelve todavía más difícil para las clases media y pobre. Muchas empresas, como Apple, invierten miles de millones de dólares afuera de Estados Unidos, pero no traen dinero de vuelta al país. Mantienen sus recursos en el extranjero (de manera legal) porque, de otra manera, las leyes fiscales corporativas de nuestro país les quitarían un alto porcentaje de sus ganancias. Si se redujeran los impuestos a las corporaciones, probablemente regresaría más dinero a Estados Unidos, y seríamos un país más próspero.

La razón número dos es que, si estás enojado con los ricos, te cuesta más trabajo identificar qué es lo que los hace ricos.

P: ¿Si estoy enojado con los ricos no podré ver ni hacer lo que ellos?

R: Eso creo. Si estás enojado sólo verás una cara de la moneda: *la tuya*. Si quieres tener una segunda oportunidad, es importante que entiendas lo que hacen los ricos para amasar sus fortunas. Si estás enojado o sientes celos, permanecerás ciego y no podrás entender cómo lo logran. El conocimiento le permite a la gente ver. El enojo y la ignorancia producen ceguera.

LA EVOLUCIÓN DE LA RIQUEZA

Para entender mejor lo que provoca la brecha entre los ricos y todos los demás, debemos analizar la evolución de la riqueza a través de las cuatro etapas de la humanidad: Era de la Cacería, Era de la Agricultura, Era Industrial y la Era de la información.

LA ERA DE LA CACERÍA

En la Era de la Cacería todos los humanos eran iguales. La sociedad sólo tenía una clase, y no había ni ricos, ni clase media, ni pobres. El jefe de la tribu vivía en una caverna, una choza o una carpa como los demás, y no tenía agua corriente, ni caliente ni fría. Tampoco poseía un avión privado. Estoy hablando de un comunismo genuino, en donde todos eran iguales y vivían en una sola comuna, tribu o comunidad. Nadie poseía nada. El jefe vivía, comía y viajaba como el resto de la tribu. No tenía acceso a mejores hospitales, y sus hijos no iban a escuelas privadas. Las cosas eran justas y la gente era igual. Si el alimento o las presas escaseaban, o si el clima cambiaba, la gente sólo se mudaba. La tierra no tenía valor.

LA ERA AGRÍCOLA

La Era Agrícola comenzó cuando los humanos domesticaron a los animales y plantaron cultivos. La tierra se volvió valiosa y entonces se inauguró una sociedad de dos clases: los ricos y los pobres; quienes tenían tierra y quienes no. El término bienes raíces proviene del concepto del arraigo, y la palabra granjero, proviene de la palabra francesa *grange*, que a su vez viene del latín *granum* que quiere decir grano. De pronto la tierra se volvió valiosa y nacieron conceptos como "impuestos" y "hacienda"; y los agricultores o campesinos empezaron a pagarle impuestos al rey por el privilegio de vivir y trabajar en su tierra. A cambio, el rey les prometía protegerlos de otros reyes.

Para mantener a los campesinos bajo su control, el rey les otorgaba grandes porciones de tierra a sus amigos, o sea, a los *barones* y los *lores*, que fungían como una especie de caseros. El casero, o señor feudal, les cobraba impuestos a los campesinos y le enviaba al rey una parte. Con estos impuestos el rey y sus amigos podían darse el lujo de vivir en castillos mientras los campesinos vivían en chozas. Los miembros de la monarquía andaban a caballo y los campesinos caminaban.

En tiempos de guerra, el señor feudal reunía a sus campesinos, les compraba armas, los entrenaba y los enviaba a pelear para proteger las propiedades de los ricos.

La Era Agrícola fue el principio de una sociedad de dos clases: ricos y pobres, realeza y campesinos. Durante esta etapa los miembros de la realeza se volvieron más ricos mientras que los campesinos trabajaron cada vez más, pagaron impuestos y lucharon las guerras del rey con el objetivo de conquistar más tierras y expandir el reino. Por desgracia las cosas no han cambiado mucho.

La Era Industrial

La Era Industrial trajo consigo una sociedad de tres clases: los ricos, la clase media y los pobres.

En esta etapa surgió un nuevo tipo de tierra con valor. Como recordarás, en la Era Agrícola la tierra fértil era la más valiosa. En la Industrial, las fábricas no necesitaban de tierra para cosechar, y por eso Henry Ford eligió zonas rocosas, estériles y menos caras como Detroit para construir sus fábricas de automóviles. Alrededor de las fábricas se extendieron los suburbios de la clase media conforme sus integrantes se fueron convirtiendo en propietarios y señores feudales de sus propios castillos: las casas suburbanas.

Cuando la industrialización relevó a la agricultura, los reyes y señores comenzaron a vender partes del estado real. Se convirtieron en banqueros y le ofrecieron "hipotecas" a la clase media para que ésta pudiera adquirir su propia fracción de bienes raíces reales. En la actualidad, el pago hipotecario representa el mayor gasto de prácticamente toda la clase media.

Los pobres siguen pagándole renta a sus señores feudales o caseros.

La Era Industrial dio origen a la nueva realeza, es decir, a los banqueros e industriales. Algunos ambiciosos banqueros e industriales estadounidenses llegaron a ser conocidos como los "barones ladrones".

En Wikipedia se puede encontrar la siguiente descripción de estos personajes:

> Según la crítica social y la literatura económica, "barón ladrón" se convirtió en un término peyorativo que se aplicaba a los hombres de negocios estadounidenses adinerados y poderosos del siglo XIX que aparecieron en los periódicos a partir de la edición de agosto de 1870 de la revista *The Atlantic Monthly*. Para finales de siglo, el término se aplicaba generalmente a los hombres de negocios que, para amasar sus fortunas, ejercían prácticas consideradas como explotación. Estas prácticas incluían control sobre recursos nacionales, acumulación de altos niveles de influencia en el gobierno, pago de salarios extremadamente bajos, obliteración de la competencia a través de la adquisición de competidores para crear monopolios y eventualmente subir los precios, así como esquemas para vender acciones a precios inflados a inversionistas desinformados, de tal suerte que en algún momento, la compañía para la que se emitieron las acciones fuera destruida, y los inversionistas empobrecieran.

La gente quiere creer que la codicia aumentó de manera exponencial en la Era Industrial y, efectivamente, así fue. La codicia y la ambición se incrementaron debido a que la capacidad de un pobre para volverse extremadamente rico se fortaleció enormemente en esta etapa. Muchos barones ladrones empezaron pobres pero se volvieron más ricos que muchos reyes y reinas de la Era Agrícola.

Algunos de los más famosos (y detestados) barones ladrones son:

- Andrew Carnegie (acero)–Pittsburgh y Nueva York
- James Duke (tabaco, electricidad)–Durham, Carolina del Norte
- Andrew W. Mellon (finanzas, petróleo)–Pittsburgh
- J. P. Morgan (finanzas, consolidación industrial)–Nueva York
- John D. Rockefeller (petróleo)–Cleveland, Nueva York
- Leland Stanford (ferrocarriles)–San Francisco, California
- Cornelius Vanderbilt (transportación hidráulica, ferrocarriles)–Nueva York

Bucky Fuller señaló que varios de estos barones ladrones fundaron algunas de las universidades más prestigiadas de Estados Unidos. Barones ladrones como Stanford, Duke, Vanderbilt, Carnegie y Mellon bautizaron a sus escuelas con sus propios nombres. Fuller se refería a la Universidad de Harvard como la "Escuela de Contabilidad de JP Morgan." John D. Rockefeller fundó la Universidad de Chicago en 1891 y el Consejo General de Educación en 1903.

Rockefeller afirmaba haber fundado el Consejo con el propósito de llevar a los inteligentes chicos y chicas de la Era Agrícola, a la Era Industrial. Algunos de estos brillantes hombres y mujeres posiblemente llegaron a ser los nuevos "señores" de los barones ladrones, pero ahora se les conoce como directores ejecutivos, directores financieros, contadores y abogados.

Muchas personas sospechan que el verdadero objetivo de Rockefeller al fundar el Consejo, era controlar los programas educativos del país. Como ya lo mencioné anteriormente, parecería que la creación del Consejo General de Educación fue el "atraco" de nuestro sistema educativo. La gente sospecha que Rockefeller quería educar a la gente más capaz e inteligente para convertirla en empleados y ejecutivos, pero no en *empresarios* como él lo era. La buena noticia es que ahora muchas escuelas profesionales y universidades ofrecen programas para estudiantes que quieren ser empresarios en lugar de ejecutivos y empleados. La integración a gran escala de la educación financiera en los programas de todas las escuelas, sin embargo, ha evolucionado con lentitud.

La guerra de clases

Actualmente se está librando una guerra de clases en Estados Unidos y en todo el mundo porque mucha gente cree que los ricos de hoy en día son reencarnaciones de los barones ladrones de antaño: que sólo son bandidos y ladrones.

Pero si estás en busca de una segunda oportunidad en la vida, es importante que te pares en el canto de la moneda y veas sus dos caras: cara y cruz. Si sólo vez un lado, es posible que nunca llegues a entender a fondo qué fue lo que hizo que los barones ladrones llegaran a ser tan extremadamente ricos y a tener más dinero que los reyes y las reinas de la etapa anterior. Si sólo observas una cara de la moneda, podrías terminar del lado de los pobres en esta guerra de clases.

Wikipedia respalda la visión de "la otra cara de la moneda" al citar los comentarios del periodista televisivo John Stossel:

> No eran ladrones porque no tuvieron que robarle a nadie, y tampoco eran barones, en realidad nacieron pobres...
>
> Vanderbilt se volvió rico complaciendo gente. Inventó medios para que viajar y transportar objetos fuera más sencillo. Usó barcos más grandes y rápidos, y sirvió alimentos a bordo. Bajó la tarifa del pasaje de Nueva York a Hartford de ocho dólares, a uno. Eso les dio a los consumidores mucho más de lo que cualquier "grupo de consumo" les había proporcionado...

Rockefeller se volvió rico vendiendo petróleo. Primero fueron los competidores, y luego fue el gobierno quien lo llamó monopolista, pero en realidad no lo era. En aquel tiempo tenía aproximadamente cien competidores. Nadie estaba obligado a usar su petróleo. Rockefeller atrajo a la gente para que le comprara, vendiéndole a menor precio. Eso era lo que detestaban sus competidores, que haya encontrado maneras más económicas de extraer el petróleo del suelo y llevarlo hasta las bombas en las gasolineras, con lo que mejoró la vida de millones de personas. De pronto, la gente de la clase trabajadora que solía irse a acostar cuando oscurecía, ahora podía pagar por combustible para linternas y quedarse leyendo toda la noche. La codicia de Rockefeller quizá incluso salvó ballenas porque, al bajar el precio del keroseno y la gasolina, eliminó la necesidad que existía de aceite de ballena. La masacre masiva de estos cetáceos paró de repente.

A pesar de las buenas acciones de estos capitalistas, mucha gente se sigue refiriendo a ellos con el término peyorativo de "barones ladrones", y no acepta que hayan mejorado la vida de muchos. En otras palabras, los barones ladrones no eran codiciosos. Eran gente generosa. Si quieres volverte rico, tal vez necesites encontrar la manera de ser más generosos y de servirle a más gente.

La Era de la Información

En 1957 la Unión Soviética lanzó el Sputnik, el primer satélite que orbitó la Tierra. Muchas personas señalan este suceso como el inicio de la Era de la Información, la Era Invisible. Todos sabíamos que el satélite estaba ahí pero no podíamos verlo. Ahora hay miles de satélites que tampoco podemos ver, y que rigen muchas de las facetas de nuestra vida.

La Era de la Información provocó que la riqueza volviera a evolucionar. De hecho, ahora hay un nuevo tipo de bienes raíces: los bienes raíces *invisibles.* Algunas personas lo llaman "bienes raíces cibernéticos", y son la razón por la que actualmente hay multimillonarios de diecinueve años que jamás acabaron la escuela, y ejecutivos de cincuenta y nueve, con preparación universitaria, que se quedaron sin trabajo y están en busca de empleo.

Los bienes raíces cibernéticos están en nuestros aparatos móviles: los teléfonos inteligentes, los iPads y las computadoras. Cada vez que tú y yo visitamos Google o Amazon, somos como los muñequitos que aterrizan en Plaza del Parque o Paseo Tablado en el juego de *Monopolio®*.

Algunos de los nuevos Barones ladrones, los empresarios de la Era Invisible que nunca terminaron la escuela, son:

1. Steve Jobs, Apple Computers
2. Steve Wozniak, Apple Computers
3. Bill Gates, Microsoft
4. Larry Ellison, Oracle
5. Tom Anderson, My Space
6. David Karp, Tumblr
7. Dustin Moskovitz, Facebook
8. Mark Zuckerberg, Facebook
9. Michael Dell, Dell Computers

¿Tú a quién culpas?

De cierta forma podrías culpar a todos estos individuos de la creciente brecha entre los ricos, y los pobres y la clase media. Podrías culparlos del alto índice de desempleo. Incluso podrías culparlos del creciente número de gente que ahora depende de programas de apoyo del gobierno.

Pero también podemos culparnos a nosotros mismos.

Como ya mencioné anteriormente, cuando los humanos no pueden ver los cambios porque son invisibles, tienden a culpar a otras personas. La gente quema brujas, corta cabezas con guillotinas y se ataca entre sí (sólo piensa en los republicanos y los demócratas), en lugar de resolver los problemas que no puede ver.

Por qué los ricos se están enriqueciendo más

En 1967, cuando mi compañero de clases Andy y yo nos fuimos de aventón a Montreal, Canadá, no sólo fuimos a ver el domo de Bucky Fuller que sirvió como el Pabellón en la Expo 67, en la Feria Mundial del futuro. También queríamos entender bien por qué Fuller solía decir: "Dios quería que todos los humanos fueran ricos." Fuller también habló y escribió respecto a esto en su libro de 1981, *Critical Path*: "Tecnicamente tenemos seis mil millones de multimillonarios en la nave Tierra." Para nuestros cerebros veinteañeros, esta aseveración estaba fuera de la realidad. Definitivamente era algo que no enseñaban en la escuela. Al contrario, ahí nos decían que sólo algunos podían ser "ricos".

Aunque estuvimos en el interior del Pabellón de Estados Unidos en Montreal durante horas, no obtuvimos las respuestas que fuimos a buscar. Lo único que nuestros *cerebros* podían ver era esa estructura masiva, una esfera que parecía colgar en el espacio, un domo monumental con soportes muy poco visibles. Era muy distinto a los edificios que conocíamos. El domo abarcaba grandes volúmenes de espacio, pero parecía tan ligero como una pluma.

Aunque nuestros *cerebros* no obtuvieron las respuestas que buscábamos, nuestras *mentes* pudieron percibir la posibilidad del mundo que Fuller anticipaba. Andy y yo nos fuimos de Montreal con un profundo sentimiento de posibilidad, de fe en el prospecto de un mundo que pudiera funcionar para todos, un mundo que no tuviera que ser el típico gana/pierde o "tú o yo". Un mundo en el que todos ganáramos... tú *y* yo.

Como muchos ya saben, creo que toda la gente puede asumir el control de su futuro económico, pero sólo si está dispuesta a aprender, a actuar, a cometer errores, a aprender de ellos y ser imparable. Yo he probado que un chico no muy avezado en la escuela, de Hilo, Hawái, pudo vencer al destino... Y ahora sé que tú también puedes. Tú puedes tener una segunda oportunidad si crees en ti mismo y estás dispuesto a actuar conforme al conocimiento que obtengas.

El Principio generalizado de los ricos es el principio de la *efemerilización* que, dicho en los términos más sencillos, significa "hacer más con menos".

Los reyes de la Era Agrícola se volvieron ricos haciendo más con menos. En lugar de mudarse de un lugar a otro en busca de alimento, estos hombres empezaron a producir su propia comida. Cuidaron y cultivaron la tierra, y eso les permitió producir mucho más alimento con su tierra, y alimentar a más y más gente.

Los barones ladrones estadounidenses de la Era Industrial siguieron el mismo principio: hicieron más con menos.

Piensa en las palabras de John Stossel (página XXX). Según este periodista, los barones ladrones eran gente generosa. Stossel describe el Principio generalizado de la efemerilización.

P: ¿Entonces algunas personas dicen que los *barones ladrones eran codiciosos y otras dicen que eran generosos?*

R: Sí. Te repito que todas las monedas tienen tres lados. Ser inteligente te permite pararte en el canto de la moneda –el borde de la idea o el problema–, y ver las dos caras.

P: ¿Los nuevos *barones ladrones son empresarios como Steve Jobs, Mark Zuckerberg y David Karp? ¿Ellos siguieron el Principio generalizado de efemerilización?*

R: Sí. Siempre trata de recordar que al caballo lo reemplazó el coche sin caballos. En la Era de la Información los humanos están siendo reemplazados por tecnología que no pueden ver.

Ahora los minoristas de bienes raíces cibernéticos, como Amazon y Alibaba, están acabando con los "bienes raíces" tradicionales. Me refiero a tiendas minoristas como Sears y JCPenney. Millones de personas están perdiendo su empleo en ciudades de todo el mundo.

P: ¿Y por eso es que la brecha entre los ricos, los pobres y la clase media está creciendo?
R: Es una de varias razones.

P: ¿Estás diciendo que algunas personas operan con ideas de la Era Industrial y otras con ideas de la Era de la Información?
R: Sí. Mucha gente con un alto nivel de educación –ejecutivos desempleados–, sigue buscando empleos con un salario alto y prestaciones como los de la Era Industrial. Por desgracia, la mayoría de las escuelas y maestros funcionan con ideas de la Era Industrial sobre negocios y empleo. La mayoría de los maestros quiere un salario mayor a cambio de enseñar a grupos más reducidos. Esta idea va en contra del Principio generalizado de efemerilización. En lugar de eso, deberían buscar maneras de hacer más (servir a más niños, con mejores tipos de enseñanza y mejores resultados), con menos.

P: ¿No hay algunos maestros que utilizan el Internet para enseñar a má*s estudiantes a precios menores?*
R: Sí. Algunos maestros ya están ganando millones haciendo eso, y así debe ser. Estos maestros están obedeciendo el principio de efemerilización porque hacen más con menos.

P: ¿Qué les pasará a los maestros *o a cualquiera que no obedezca el principio de efemerilización?*
R: Dejaré que tú mismo respondas a tu pregunta. En lo personal, creo que la gente que quiere recibir más dinero y producir menos, tiene los días contados. Mucha de la gente con empleos inadecuados o sin empleo, sigue con esa idea de la Era Industrial en su *cerebro*, y esto hace que su mente se ciegue ante las oportunidades que se le presentan.

P: ¿Y nuestros líderes tienen el mismo problema? ¿No pueden ver los cambios?

R: Sí, y por esta razón, la próxima crisis será de cuatrillones de dólares.

Los gigantes invisibles

Estos son algunos de los mercados más grandes del mundo:

1. El mercado de derivados
2. El mercado de divisas
3. El mercado de bonos
4. El mercado de valores
5. El mercado de insumos o *commodities*
6. El mercado de bienes raíces

Los tres mercados más grandes son los primeros que mencioné: de derivados, divisas y bonos, y en ese orden precisamente.

Hay un gran desacuerdo acerca del rango de los otros mercados –valores, insumos y bienes raíces–, en relación a su tamaño. Pero para mí es suficiente saber que todos son gigantes y que, como a veces se traslapan, es difícil medirlos. Mucha gente, por ejemplo, invierte en bienes raíces a través de Fideicomisos de Inversión en Bienes Raíces (FIBRAs o REITs, por sus siglas en inglés), y estos instrumentos son, técnicamente, acciones. Sucede lo mismo con los insumos, las acciones y los bonos, así que puede resultar confuso dónde empiezan las fronteras.

El mercado de derivados

Lo importante es que el mercado más grande del mundo es el de derivados. Es tan grande que los otros se ven como enanos a su lado. El mercado de derivados es un monstruo del que muy poca gente ha oído hablar, entiende… o ve.

P: ¿Qué tan grande es?

R: Hasta antes del colapso de 2007, se estimaba que el mercado de derivados ascendía a 700 billones de dólares.

P: ¿Por qué es importante esto?

R: Porque la caída de 2007 en realidad no fue un colapso de bienes raíces o de la bolsa, sino del mercado de derivados.

P: *Entonces, ¿qué es un derivado?*

R: Antes de responder a tu pregunta, citaré los comentarios de algunos expertos que saben mucho sobre derivados.

Warren Buffet, el inversionista más rico del mundo, dice: "Los derivados son armas de destrucción masiva".

George Soros, uno de los inversionistas más exitosos del mundo, evita usar los contratos financieros conocidos como derivados "porque en realidad no entendemos cómo funcionan".

Felix Rohatyn es el banquero de inversiones que salvó Nueva York de la catástrofe financiera en la década de los setenta, y describe a los derivados como: "Bombas de hidrógeno financieras."

LA OTRA CARA DE LA MONEDA

No resulta sorprendente que a algunas personas les agraden los derivados. El otrora presidente de la Fed, Alan Greenspan, también conocido como "el maestro", sirvió a cuatro presidentes estadounidenses (Reagan, Bush41, Clinton y Bush 43), y sólo tenía buenas opiniones acerca de los derivados financieros:

> Las concentraciones de riesgo ya son más identificables y, cuando esas concentraciones exceden los arriesgados apetitos de los intermediarios, se pueden usar los derivados y otros créditos, así como instrumentos con tasa de interés peligrosa, para transferir los riesgos subyacentes a otras entidades.

> El resultado es que, además de que las instituciones financieras individuales se han vuelto menos vulnerables a las conmociones de los factores de riesgo subyacentes, el sistema financiero también se ha hecho más resistente de manera general.
>
> –Alan Greenspan, en 2004

En 2005, durante las audiencias de confirmación para que Ben Bernanke reemplazara a Greenspan como presidente de la Reserva Federal, se llevó a cabo el siguiente intercambio de preguntas y respuestas:

Senador Paul Sarbanes: Warren Buffett nos ha advertido que los derivados son como bombas de tiempo tanto para las partes que las manejan, como para el sistema económico. *The Financial Times* dice que, hasta la fecha, no ha habido explosiones, pero que los riesgos de este mercado de rápido crecimiento siguen siendo reales. ¿Cómo responde usted a estas preocupaciones?

Ben Bernanke: Yo tengo una posición más optimista respecto a los derivados que la que acaba usted de describir. Creo que, hablando de manera general, son muy valiosos. Proveen métodos con los que los riesgos se pueden compartir, rebanar, recortar y entregar a quienes están más dispuestos a enfrentarlos. Me parece que los derivados le añaden flexibilidad al sistema financiero de varias maneras. Con respecto a la seguridad, en su mayoría, los derivados se intercambian entre instituciones financieras muy sofisticadas e individuos que tienen incentivos considerables para entenderlos y utilizarlos de manera adecuada. La responsabilidad de la Reserva Federal es asegurarse de que las instituciones que regula tengan buenos sistemas y procedimientos para garantizar que sus portafolios de derivados estén bien manejados y no generen riesgo excesivo dentro de ellas mismas.

Cámara rápida a 2007...

Los mercados de acciones y bienes raíces empezaron a colapsar de repente en 2007, y a hacer que millones de familias perdieran sus empleos, hogares e inversiones para el retiro, pero este problema en realidad no fue provocado por los prestatarios *subprime*, por bienes raíces deficientes o, ni siquiera, por deuda *subprime* fraudulenta. Fue provocado por derivados conocidos como Cobertura tipo SWAP contra riesgo crediticio, y Obligaciones de Deuda Colateral (CDS y CDO, por sus siglas en inglés respectivamente).

Warren Buffet intervino y dijo:

> (Los derivados) conllevan peligros que, aunque ahora sólo son latentes, son potencialmente letales.

Cuando la bomba de la deuda *subprime* explotó, los derivados pasaron de "latentes" a "letales".

Los derivados se convirtieron en la peste negra invisible de los mercados financieros y provocaron que gigantes bancarios como Lehman Brothers y Bear Sterns colapsaran, y que millones de personas perdieran sus empleos, sus hogares y su futuro.

P: ¿Pero *qué son los derivados?*

R: En términos extremadamente sencillos, los derivados son pólizas de seguros; sí, como la póliza de tu casa o tu auto.

Cuando los prestatarios *subprime* dejaron de pagar las casas que no podían costear, estas armas de destrucción masiva empezaron a explotar. Las explosiones fueron parecidas a lo que sucedió cuando el Huracán Katrina golpeó Nueva Orleans, o cuando Sandy golpeó Nueva York y Nueva Jersey. La diferencia es que las compañías de seguros están reguladas y tienen los recursos para pagar las reclamaciones.

El mercado de derivados, el más grande del mundo, prácticamente no está regulado, y la aplicación de la ley en su interior es casi nula. Si algo sale mal con los derivados, quienes pagan son los contribuyentes, no los bancos ni la gente que vendió los derivados y se benefició de ellos.

LOS VERDADEROS BARONES LADRONES

Podría decirse que el presidente del Banco de la Reserva Federal, el secretario del Tesoro de Estados Unidos y los directores ejecutivos de nuestros bancos más grandes, son los verdaderos barones ladrones. Ellos usaron el Principio generalizado de la efemerilización para volverse ricos a costa de la economía mundial. No fueron generosos, sino todo lo contrario. Y, en mi opinión, violaron el Principio generalizado para poder desplumar a la gente en lugar de hacer algo para mejorar la vida de los demás.

Actualmente, la brecha entre los ricos y todos los demás sigue ensanchándose. Millones de personas han perdido todo, incluso sus sueños. Resulta trágico que sólo un banquero haya sido procesado legalmente hasta ahora, mientras Greenspan y Bernanke disfrutan de su retiro y de los ingresos que reciben como oradores.

P: ¿Quién es el responsable de la crisis de derivados?

R: En el años 2000, el presidente Bill Clinton firmó el proyecto de ley para la creación de la Ley de Modernización de Futuros de Productos Básicos (CFMA, por sus siglas en inglés), la cual preparó el camino para un mercado de derivados mucho más grande. Entre 2000 y 2007, el mercado de derivados creció de 100 billones, a 700. Luego volvieron a empezar las explosiones.

P: ¿Qué tan grande es el mercado de derivados hoy en día?

R: Según Bert Dohmen, editor de la respetada publicación *Wellington Letter*, para 2014 el mercado de derivados había crecido hasta alcanzar la cifra de 1.2 cuatrillones.

P: ¿Cuánto es un cuatrillón de dólares?

R: Es un *titipuchal* de dinero.

En el siguiente capítulo hablaré de otros mercados y de la manipulación que ejerce el gobierno en los mismos, y exploraré el tema de lo que muy poca gente sabe o ve.

P: ¿Por qué es esto importante para mí?
R: Porque estar informado te permitirá quitarte del camino y esquivar las cosas que la mayoría de la gente no ve venir.

Capítulo siete

Cómo ver lo invisible

Las palabras son herramientas...
las más poderosas herramientas creadas por el hombre.
–R. Buckminster Fuller

En sus libros y sus conferencias, Bucky Fuller a menudo hablaba del poder de las palabras. En un tiempo extremadamente desafortunado de su vida, Bucky descubrió que muchos de los problemas comenzaban con ellas. "Empecé a sospechar mucho de las palabras", dijo. En ese momento decidió quedarse callado hasta estar seguro del significado de cada una de las palabras que articulaba. Su silencio duró más de dos años.

Cuando Fuller hablaba, yo podía escuchar a mi Padre Rico repetir: "Tu casa no es un activo", una y otra vez.

En lugar de tratar de explicar la diferencia entre activos y pasivos, Padre Rico nos dibujaba este sencillo diagrama:

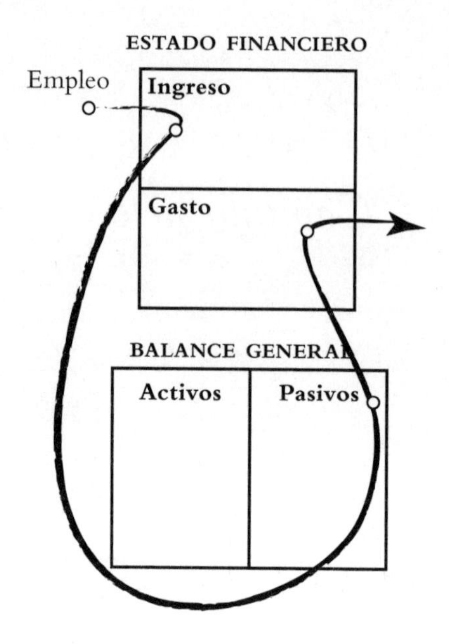

Mientras Fuller le hablaba a nuestro grupo, comprendí la gran ventaja que me daba el simple hecho de saber la diferencia entre las palabras *activo* y *pasivo.* Los sencillos dibujos de Padre Rico –esos mismos diagramas que trazó en repetidas ocasiones–, me permitían *ver* lo que la mayoría no podía. Millones de personas enfrentan problemas económicos porque creen que sus casas y sus automóviles son *activos*, no *pasivos*. Lo peor de todo es que casi nadie sabe lo que realmente es un activo.

Fuller comenzó a ser muy cuidadoso con las palabras, y tú también deberías serlo.

Posiblemente, las dos palabras más importantes del mundo del dinero son *efectivo* y *flujo*. En conjunto forman el término *flujo de efectivo* –o *flujo de dinero*–, el cual determina si algo es un activo o un pasivo. Si tú entiendes el significado de los términos *flujo de efectivo*, *activo* y *pasivo*, tienes más probabilidades de tener una vida de riqueza. Mucha gente tiene problemas financieros porque permite que su efectivo fluya demasiado hacia el exterior, pero no reciben casi nada.

Ahora te exhorto a que inviertas algo de tiempo en hacer una lista de todos los activos y pasivos que tienes. Para saber si algo es un activo o pasivo, tienes que preguntarte lo siguiente: Si dejaras de trabajar de repente, ¿qué llevaría dinero a tu bolsillo y qué sacaría dinero? La mayoría de la gente de la clase media y pobre, sólo tiene pasivos.

Debo aclarar que casi ningún plan para el retiro es un activo. En realidad son pasivos sin fondos que, con suerte, llevarán dinero a tu bolsillo cuando ya no puedas trabajar. En cuanto a una persona empieza a pensar en qué activos puede adquirir o construir, su mundo cambia porque comienza a ver lo invisible.

Otra palabra importante es *riqueza*. Fuller definió a la riqueza como "tu capacidad de sobrevivir X número de días de aquí en adelante". Padre Rico la definía preguntando: "Si dejaras de trabajar, ¿cuánto tiempo podrías sobrevivir?" Se cree que el estadounidense promedio sólo puede sobrevivir un mes sin trabajar; por eso hay millones de personas que se aferran con desesperación a un empleo y a su cheque de nómina. Tal vez tengan trabajo, pero no tienen riqueza.

Kim y yo pudimos retirarnos a los 37 y 47, respectivamente, porque nos enfocamos en nuestra riqueza. Nos enfocamos en adquirir activos que produjeran flujo de efectivo.

Nunca nos enfocamos en los conceptos: *empleo seguro*, *cheque de nómina* o *invertir a largo plazo en la bolsa de valores*.

En lugar de enfocarte en la palabra *ahorro*, le pusimos toda nuestra atención a la palabra *deuda*, y empezamos a usar la deuda para adquirir activos.

Ejemplos de opuestos

Cuando a los niños los programan para "ir a la escuela, obtener un empleo, trabajar duro, ahorrar dinero, comprar una casa (porque tu casa es un activo), salir de deudas e invertir a largo plazo en el mercado de valores, en realidad les están vendando los ojos. Estos niños no podrán ver el mundo de los ricos en la otra cara de la moneda.

Estos son algunos ejemplos de *opuestos...*

Empleado	Empleador
Ahorrador	Deudor
Ingreso gravado	Ingreso exento
Pasivo	Activo
Autoempleado	Empresario
Cheque de nómina	Flujo de dinero o flujo de efectivo
Apostador	Inversionista

Las escuelas preparan a los estudiantes para usar las palabras de la columna izquierda. Los ricos se enfocan en las de la derecha. Si una persona se tomara el tiempo necesario –como lo hizo Fuller cuando se sentó en silencio durante dos años para estudiar el significado preciso de las palabras antes de enunciarlas–, podría *ver* el mundo invisible del dinero, un mundo que muy poca gente ve.

P: *Veo la diferencia entre activo, pasivo y flujo de efectivo, pero, ¿cuál es la diferencia entre una persona autoempleada del cuadrante A y un empresario del cuadrante D?*

R: Los autoempleados trabajan para obtener dinero. Los empresarios del cuadrante D trabajan para obtener activos.

Por ejemplo, un corredor de bienes raíces es autoempleado porque trabaja para obtener dinero o ingresos en forma de comisiones. El *empresario* de bienes raíces trabaja para adquirir activos inmobiliarios que generen flujo de efectivo.

El corredor de bienes raíces paga el porcentaje más alto de impuestos. El inversionista, en cambio, podría pagar cero por ciento sobre su flujo de efectivo.

El corredor trabaja para obtener ingresos gravados, y el inversionista de bienes raíces, para obtener ingresos exentos.

Los corredores de bienes raíces ahorrarán dinero. Los empresarios pedirán dinero prestado para comprar sus inmuebles.

Si el agente de bienes raíces vende diez casas al año y el empresario adquiere diez casas para rentar en ese mismo período, en diez años, el corredor autoempleado habrá hecho más dinero que el empresario, pero el empresario tendrá mucha más riqueza porque disfrutará de un flujo de efectivo exento de impuestos.

P: ¿Funciona de la misma manera en todo el mundo?
R: Más o menos. Las leyes fiscales son básicamente las mismas en todo el planeta, pero siempre recuerda la regla de oro: La persona que tiene el oro es la que hace las reglas.

P: ¿Por qué casi nadie sabe esto?
R: Porque en la mayoría de las escuelas sólo les enseñan a los estudiantes las palabras de la columna de la izquierda en la lista de comparaciones que presenté anteriormente. Por eso la mayoría de la gente quiere un cheque de nómina, mientras que los ricos sólo desean flujo de efectivo. Si nos basamos en el principio de que la unidad es plural, la moneda siempre tendrá por lo menos dos caras... es la dualidad universal del yin y el yang.

En el cuadrante del flujo de efectivo también se puede ver esta pluralidad. Quienes están en los cuadrantes de E y A, trabajan por dinero; quienes están en D e I, trabajan por activos.

E significa empleado
A significa autoempleado, dueño de negocio pequeño o especialista
D significa dueño de negocio grande
I significa inversionista

La crisis económica dañó a los E y los A, pero en muchos casos benefició a los D e I. Quienes están en los cuadrantes E y A perdieron porque el valor de su dinero y sus ahorros se desplomó debido a la excesiva impresión de dinero, a la inflación y al incremento de impuestos. Muchos perdieron pasivos que creían que eran activos; me refiero a pasivos como sus casas y el valor de las acciones de sus planes para el retiro.

Ya lo he enfatizado en varia ocasiones, pero recuerda que cuando estudies el cuadrante del flujo de efectivo con la información sobre impuestos, verás el panorama completo.

Porcentaje de impuestos pagados por cuadrante

P: ¿Cómo se explica la diferencia en la proporción en el pago de impuestos?

R: En primer lugar, recuerda que los E y los A trabajan por dinero. Lo ahorran y lo invierten a largo plazo en la bolsa de valores.

Los D y los I trabajan para producir activos. En lugar de ahorrar dinero, lo piden prestado; y en vez de invertir, construyen los activos en los que invierten los E y A.

P: ¿Por qué es tan confuso este tema?

R: Porque estás viendo la cara *opuesta* del *mundo invisible del dinero*. Es como ser diestro y que de repente alguien te pida que uses la mano izquierda; ajustarse toma un poco de tiempo.

P: ¿Cómo puedo empezar a *entrenarme para ver el lado opuesto del dinero?*

R: Yo siempre sugiero jugar CASHFLOW. Entre más lo juegues y les enseñes a otros, *verás* mejor la diferencia entre un cheque de nómina de un empleo en la columna de Ingreso y el flujo de efectivo que proviene de la columna de Activos. Recuerda que los E y los A se enfocan en la columna de Ingreso, y los D e I, en la de Activos.

CASHFLOW es el único juego que les enseña a los participantes el poder de la deuda. El jugador que pueda usar la deuda, vencerá a quienes le temen. Entre mejor juegues, mejor entenderás por qué la deuda y los impuestos –esos mismos elementos que hacen que la clase media y los pobres sean más pobres–, a ti te vuelven más rico. En cuanto *veas* la cara opuesta de la moneda, tu confusión desaparecerá y un mundo completamente nuevo se abrirá para ti: un mundo invisible para la mayoría.

P: ¿Entonces la diferencia empieza poniéndole más atención a las palabras que uso?

R: Sí... y cobrando conciencia de lo que hace el GRUNCH y de lo que las demás personas no ven.

Al usar el pasado para ver el futuro, veremos que aparecerán nuevas voces que nos comparten su opinión sobre cómo será lo que viene. A mí me gusta llamarles "los nuevos pollitos", y me interesa saber qué tienen que decir respecto al futuro.

El futuro tiene que ver con lo que vemos... y con lo que no. Con la evolución de la Era Industrial a la de la Información, y con los cambios que esta evolución representa en la forma que hacemos negocios ahora. Vivimos en un mundo que está despierto las 24 horas del día, siete días a la semana, y mucho de lo que impulsa el ágil cambio en la actualidad, es invisible. Tenemos que entrenar nuestra mente para que vea lo que los ojos no pueden, y debemos prestar atención a las palabras… y a quién las usa.

Antes de presentarte a algunos de los nuevos Pollitos, quiero recordar la historia del Pollito, o *Chicken Little*, como se le conoce en inglés. Es una fábula popular que se cuenta en muchos idiomas, pero ha adquirido mucha más relevancia que nunca antes. Ésta es una de las versiones más conocidas.

La historia de Chicken Little

Chicken Little estaba en el bosque. En su colita cayó una semilla.

Chicken Little dijo:

–El cielo se está cayendo. Iré corriendo a contarle al rey.

Chicken Little encontró a Henny Penny,y le dijo:

–El cielo se está cayendo, Henny Penny.

Henny Penny contestó:

–¿Cómo lo sabes, Chicken Little?

Chicken Little dijo:

–Cayó un trozo en mi colita.

–Corramos –dijo Henny Penny.– Corramos y digámosle al rey.

Luego encontraron a Turkey Lurkey. Henny Penny dijo:

–El cielo se está cayendo, Turkey Lurkey.

–¿Cómo lo sabes, Henny Penny?

–Me lo dijo Chicken Little.

–¿Y tú cómo lo sabes, Chicken Little?

–Lo vi con mis propios ojos. Lo escuché con mis oídos. Un trozo cayó sobre mi colita.

–Corramos –dijo Turkey Lurkey.– Corramos y digámosle al rey.

Entonces encontraron a Ducky Lucky. Turkey Lurkey le dijo:

–El cielo se está cayendo, Ducky Lucky.

–¿Cómo lo sabes, Turkey Lurkey?

–Me lo dijo Henny Penny.

–¿Cómo lo sabes, Henny Penny?

–Me lo dijo Chicken Little.

–¿Cómo lo sabes, Chicken Little?

–Lo vi con mis propios ojos. Lo escuché con mis oídos. Un trozo cayó sobre mi colita.

– Corramos –dijo Ducky Lucky. –Corramos y digámosle al rey.

Entonces encontraron a Goosey Loosey. Ducky Lucky dijo:

– El cielo se está cayendo, Goosey Loosey.

–¿Cómo lo sabes, Ducky Lucky?

–Me lo dijo Turkey Lurkey.

–¿Cómo lo sabes, Turkey Lurkey?

–Me lo dijo Henny Penny.

–¿Cómo lo sabes, Henny Penny?

–Me lo dijo Chicken Little.

–¿Y tú cómo lo sabes, Chicken Little?

– Lo vi con mis propios ojos. Lo escuché con mis oídos. Un trozo cayó sobre mi colita.

Goosey Loosey dijo:

–Corramos y digámosle al rey.

Entonces encontraron a Foxy Loxy. Goosey Loosey dijo:

–El cielo se está cayendo, Foxy Loxy.

–¿Cómo lo sabes, Goosey Loosey?

–Me lo dijo Ducky Lucky.

–¿Cómo lo sabes, Ducky Lucky?

–Me lo dijo Turkey Lurkey.

–¿Cómo lo sabes, Turkey Lurkey?

–Me lo dijo Henny Penny.

–¿Cómo lo sabes, Henny Penny?

–Me lo dijo Chicken Little.

–¿Y tú cómo lo sabes, Chicken Little?

–Lo vi con mis propios ojos. Lo escuché con mis oídos. Un trozo cayó sobre mi colita.

Foxy Loxy dijo:

–Corramos. Corramos a mi guarida, y yo le diré al rey.

Entonces todos corrieron a la guarida de Foxy Loxy, pero no volvieron a salir de ahí.

Una historia de valor

Esta fábula tiene distintos finales, así como muchas interpretaciones sobre lo que significa. En esta versión, Foxy Loxy, o sea, el zorro, se come a todos los amigos emplumados. En otras, Chicken Little (o Pollito), logra escapar con sus amigos.

La historia de Pollito es una historia de valor porque esto es justo lo que se necesita para decir lo que uno piensa.

Y como dice el antiguo dicho: "Lo único que se necesita para que triunfe el mal, es que los hombres buenos no hagan nada."

Todos conocemos gente que no hace nada, que elige no hablar de las cosas que le preocupan o molestan, pero creo que hay una razón para que esa gente actúe así. Y es que ser Pollito, no es nada fácil. Esto lo aprendí cuando *Padre Rico, Padre Pobre* fue publicado en 1997. Cuando declaré: "Tu casa no es un activo", muchos me ridiculizaron y desafiaron. Luego, cuando se publicó *La profecía de Padre Rico* en 2002, afirmé que aproximadamente en 2016 se presentaría la caída de la bolsa de valores más fuerte de la historia, y que también habría una caída secundaria previa entre 2002 y 2016. Debido a esto llegaron a llamarme Pollito, a considerarme un tipo que andaba corriendo por ahí y gritando: "¡El cielo se está cayendo!".

La gente no creía en Bucky Fuller, ni en mi Padre Rico, ni en mí. Al menos en lo que se refería al dinero y la economía, éramos una especie de "pollitos". Como no estudiamos para ser economistas, banqueros, ni corredores de bolsa, y no trabajábamos en Wall Street, la gente no nos tomaba en serio, lo cual es comprensible.

Los nuevos pollitos

Justo después del Y2K –el rumor sobre el colapso de las computadoras en red justo en el año 2000, el cambio de milenio–, un nuevo grupo de pollitos empezó a advertir: "El cielo se está cayendo", pero esta vez, la gente sí les prestó atención. ¿Por qué? Porque habían sido educados en escuelas de prestigio y tenían un nivel importante de experiencia en el mundo de los negocios, los bancos, las finanzas y el sector militar... el mundo que, según las declaraciones de Fuller, era dirigido por el GRUNCH.

La buena noticia es que cada vez más gente presta atención a las advertencias de estos pollitos; la mala es que, aunque de una perspectiva diferente, sólo están repitiendo lo que Fuller, mi Padre Rico y yo llevamos diciendo durante años.

P: ¿Te parece justo?

R: Nunca dije que fuera justo. Lo que trato de decir es que un poco de educación financiera te podría ayudar a ver ambas caras de la historia de Foxy Loxy.

P: ¿Esto podría seguir sucediendo por siempre?

R: Es posible, pero lo dudo. Hay fuerzas en juego que son más poderosas que las palabras, la manipulación y las mentiras.

P: ¿Qué tipo de fuerzas?

R: Permíteme hablarte de los nuevos pollitos que han tenido el valor para hablar. Tal vez al conocerlos puedas imaginar las fuerzas que se están generando, y que son mayores que el desempleo, los reportes de inflación falsos, las promesas incumplidas que se hicieron a los votantes, y la manipulación del mercado que llevan a cabo los Guardianes de la Bolsa. Pero más adelante, en este mismo capítulo, hablaré en detalle de dichas fuerzas.

Los nuevos pollitos

Entre el creciente número de gente que se ha expresado abiertamente a lo largo de la historia, ahora hay tres nuevos pollitos. Se trata de hombres que han tenido el valor para decir lo que piensan. Estos nuevos pollitos fueron educados en escuelas excelentes y han trabajado a muy alto nivel de los sectores bancario, militar y corporativo de Estados Unidos. Por si fuera poco, los tres han escrito libros en los que expresan sus opiniones sobre las crisis que vivimos en la actualidad.

Ellos son:

Richard Duncan, *The Dollar Crisis* y *The New Depression*
James Rickards, *Currency Wars* y *The Death of Money*
Chris Martenson, *The Crash Course*

Richard Duncan

Richard estudió economía en la Universidad Vanderbilt y se graduó en 1983. Estudió Finanzas Internacionales en Babson College, de donde egresó en 1986.

Trabajó para el Banco Mundial en Washington D.C., y ha sido asesor del Fondo Monetario Internacional. Richard es autor de *The Dollar Crisis* (2002) y *The New Depression* (2012).

The Economist reseñó sus dos libros, y opinó lo siguiente: "Su análisis, aspecto que vuelve a destacar en su libro más reciente, The New Depression, parece seguir siendo muy agudo."

En 2003, después de leer su libro, *The Dollar Crisis*, me volví amigo de Richard rápidamente. Es muy agradable tener un amigo que se desenvuelve en entornos de alto nivel, y que puede explicar la economía global desde la perspectiva del Banco Mundial y el Fondo Monetario Internacional. Richard y yo hemos compartido el escenario en eventos en varios lugares del mundo, en los que hemos explicado por qué el "dinero" está empobreciendo al mundo.

En sus libros y sus presentaciones Richard explica cómo fluye el "dinero caliente" de un país a otro, provocando auges y colapsos. Por ejemplo, cuando este "dinero caliente" fluyó hacia Japón, la economía del país tuvo un auge. Expertos en administración de corporaciones y universidades de alto nivel, volaron a Japón en parvada para estudiar el "milagro japonés". Muchos pensaron que lo que había provocado el auge era la forma de administración japonesa, pero en realidad todo se debía al "dinero caliente".

En 1991, el "dinero caliente" salió de Japón, y la burbuja de activos nipona estalló. Japón no se ha recuperado todavía. De hecho, su economía sigue en flujo y, al parecer, no hay acciones políticas ni bancarias que puedan salvarla.

El "dinero caliente" fluyó luego al sureste de Asia, en donde produjo tigres o dragones asiáticos en países como Tailandia, Indonesia, Taiwán, Corea del Sur y Hong Kong, y ahí volvió a suceder lo mismo. Las economías de estas naciones florecieron pero luego sufrieron un colapso durante la crisis financiera asiática de 1997.

Luego el "dinero caliente" fluyó a Estados Unidos, en donde Fannie Mae, Freddie Mac y los bancos más grandes del país lo aceptaron, hicieron préstamos *subprime*, produjeron derivados de esos préstamos hasta que, finalmente, en 2007, la economía estadounidense colapsó, justo como Richard lo había predicho en 2003.

Después de eso el "dinero caliente" voló a Europa y, países que una vez fueron ricos y poderosos como Irlanda, Grecia, Italia y España, ahora son casos perdidos y tal vez no se recuperen jamás.

A principios del año 2000, Richard también le advirtió al mundo sobre la creciente amenaza de los derivados pero, por desgracia, nadie le ha prestado atención.

Al ver el mundo desde la perspectiva de Richard Duncan, es fácil notar que el "dinero caliente" –dinero que fue fabricado después de 1971, cuando Richard Nixon violó el Acuerdo Bretton Woods y sacó al dólar del patrón oro–, ha generado pobreza y daños en Sudamérica, México, Asia, Estados Unidos y Europa.

P: ¿Cómo *causa pobreza el "dinero caliente"?*

R: De la misma forma que las hipotecas *subprime* provocaron que la economía estadounidense estuviera a punto de colapsar. Cuando el dinero entra, los bancos tienen que prestar. No olvides que tus ahorros son un activo para ti, pero un pasivo para el banco. Gracias al sistema de reserva fraccionaria que expliqué anteriormente en el libro, los bancos pueden prestar múltiplos de sus reservas. Digamos, por ejemplo, que la tasa de la reserva fraccionaria es diez, lo que significa que los bancos pueden prestar diez veces sus reservas. La tasa de la reserva fraccionaria puede variar dependiendo de cuánto dinero quiera meter o sacar de la economía la Reserva Federal.

Cuando los bancos prestan, los precios suben. Cuando los precios suben, los bancos prestan más y más y más... hasta que la economía ya no puede soportar más "crédito" ni "deuda". En otras palabras, la gente tonta sigue pidiendo prestado hasta que ya no puede devolver el dinero, y entonces el "dinero caliente" se va.

Si quieres ver el mundo de la economía desde el punto de vista de Richard Duncan, te exhorto a que leas sus libros y escuches sus entrevistas conmigo en Rich Dad Radio.

JAMES RICKARDS

James se graduó de la Universidad Johns Hopkins en 1973 con un título de licenciatura, y en 1974 egresó de la Escuela Paul H. Nitze de Estudios Internacionales Avanzados con una maestría en Economía Internacional.

Recibió su título de doctor en Jurisprudencia de la Escuela de Leyes de la Universidad de Pensilvania, y una maestría en derecho fiscal de la Escuela de Leyes de la Universidad de Nueva York.

En 1981 James se involucró en la crisis de rehenes iraní. En su papel de consejero del fondo de cobertura de gestión de capital a largo plazo (LTCM, por sus siglas en inglés), fue el negociador principal del rescate del que esta sociedad fue objeto en 1998 por parte del Banco de la Reserva Federal de Nueva York. Asimismo, James trabajó en Wall Street durante 35 años.

En 2001 empezó a aprovechar su experiencia y conocimiento financieros para asesorar a la comunidad nacional de seguridad de Estados Unidos y al Departamento de Defensa sobre las próximas guerras de divisas.

La revista *Forbes* reseñó su libro, y ésta fue su opinión: "La historia podría llegar a considerar a James Rickards el Paul Revere de la *guerra de divisas.*"

El reseñista de Financial Times lo resumió de esta manera: "Esperemos que esté equivocado."

En su libro, James explica la forma en que los distintos países están librando las guerras con dinero, de ahí viene el título precisamente.

En el pasado, los países mataban a sus enemigos con armas. Hoy en día, lo hacen con dinero. Por desagracia los líderes también están matando a su gente con su propio dinero.

El principal miedo entre los líderes políticos es el desempleo, ya que este fenómeno conduce al descontento social y a la violencia. Estados Unidos reforzó sus programas de "Cupones para alimentos" precisamente por esta razón: porque la gente hambrienta arma revueltas, pero la gente que tiene lo suficiente para comer, no.

Chris Martenson

Chris Martenson recibió su doctorado en neurotoxicología de la Universidad Duke en 1994, y luego obtuvo una maestría en finanzas de la Universidad Cornell en 1998.

Trabajó como analista financiero corporativo para Pfizer, una de las empresas de Fortune 300 y cofundó Peak Prosperity –una empresa de educación financiera–, con Adam Taggart, otrora vicepresidente de Yahoo. Peak Prosperity es una empresa que publica información y material educativo sobre economía. Chris es el autor de *The Crash Course* (2011).

A principios de este año, Rich Dad Company realizó un taller de dos días para el análisis de literatura financiera, e invitó a Chris y Adam para que cada uno guiara el análisis de su propio libro. A este taller asistió gente de todo el mundo.

Esto fue lo que me dijo Ken McElroy –asesor de bienes raíces de The Rich Dad Company–, después del seminario: "Fue perturbador, esclarecedor y vigorizante. Voy a empezar a hacer cambios hoy mismo, no mañana."

Chris aprovecha su preparación científica para explicar los desafíos que enfrenta la economía mundial, y yo creo que por esta razón sus opiniones son muy parecidas a las del doctor Fuller. Lo mejor del libro *The Crash Course* es que, en él, Chris hace que la ciencia y la economía sean fáciles de entender.

El libro está repleto de ideas que vale la pena estudiar y considerar. Te daré algunos ejemplos:

- ✓ Mirar al futuro no tiene que ver con estar en lo correcto, sino con actuar. Mucha gente se queda esperando pruebas en lugar de prepararse. Chris no afirma estar en lo cierto, sólo explica por qué está actuando y preparándose para lo que ve en el futuro.
- ✓ En su libro explica las "4 E" que nos afectan en la actualidad: Economía, Energía, Entorno ecológico y lo Exponencial. La palabra exponencial (la cuarta E "honoraria" de Martenson) es importante porque explica (con sencillez y gran detalle) por qué los cambios que se avecinan se están acelerando de manera exponencial y no lineal. Si sus hallazgos son correctos, la gente no va a saber ni qué la golpeó, y tampoco tendrá tiempo de prepararse.
- ✓ Las recomendaciones de Chris son simples, realistas y prácticas; y lo mejor es que implican acciones que casi todos podemos implementar.

- ✓ Chris nos dice lo que los Foxy Loxys –los zorros– del mundo nos ocultan, pero desde una perspectiva científica.
- ✓ Una de sus predicciones más controversiales es la que se refiere a los precios de la energía, en particular del petróleo y el carbón. Muchos Foxy Loxys corporativos y políticos quieren que los estadounidenses creamos que nuestro país es independiente en el aspecto energético, y Chris está de acuerdo en ello pero sólo hasta cierto punto.
- ✓ Chris afirma que lo que Foxy Loxy no nos está diciendo, es que la era de la energía barata se acabó. Dicho de otra forma, Estados Unidos y el mundo tienen bastante energía, pero de ahora en adelante, su costo continuará aumentando. Si Chris está en lo cierto, el creciente costo de este recurso terminará destruyendo los mercados financieros, como el de las acciones, por ejemplo.

Paul Revere

La historia de la cabalgata en la que Paul Revere advirtió: "¡Vienen los ingleses!" –fundamental para la historia estadounidense–, es en realidad una historia parecida a la de Pollito. En esta historia, los ingleses efectivamente se estaban acercando, y Paul Revere pasó a la historia como el héroe. La siguiente cita, de John Wayne, relacionada con lo que Revere tuvo que hacer para lograr su cometido, me parece muy adecuada: "Tener coraje es estar muerto de miedo, pero montar el caballo de todas maneras."

¿Quién es Foxy Loxy?

Actualmente es muy importante que nos preguntemos "¿Quién es Foxy Loxy? ¿Quiénes son los zorros de esta historia?"

Debes saber que hay zorros en todos lados esforzándose para atraerte a sus madrigueras. De hecho creo que casi todos nos hemos topado con zorros en la vida. A muchos nos han defraudado, y a otros nos han enamorado lo suficiente para llegarnos a casar. También hay mucha gente que trabaja con zorros.

Los zorros pueden entrar a tu hogar a través de la radio, la televisión, los periódicos y el Internet, sin importar en qué parte del mundo se encuentren.

LAS HERRAMIENTAS DE FOXY LOXY O EL ZORRO INGENIOSO.

Es momento de hacernos preguntas nuevas.

P: ¿Cómo entran los zorros *a nuestra vida?*

R: De muchas maneras. La principal es a través de las palabras. Dicho llanamente, el zorro te dice lo que quieres escuchar y creer. Las palabras son sus herramientas. Sé que todos hemos visto comerciales de televisión que prometen cosas como: "Lo único que tiene que hacer es tomar esta píldora para perder cinco kilos en una semana", pero yo siempre caigo. Aunque sé que probablemente el anuncio es un engaño, quiero creer que me están diciendo la verdad, que puedo seguir comiendo, bebiendo y evitando el ejercicio, y de todas formas lucir tan bien como los modelos que aparecen en televisión.

LO QUE DECÍA PADRE RICO SOBRE LAS PALABRAS

Padre Rico siempre usaba las palabras con cautela porque sabía que tenían un poder enorme. Como ya lo mencioné antes, aquí y en casi todos mis libros, debido al respeto que Padre Rico les tenía a las palabras, le era imposible tolerar que su hijo o yo dijéramos: "No puedo pagarlo." De hecho solía decirnos: "La gente pobre dice 'No puedo pagarlo' mucho más de lo que lo hacen los ricos. Por eso no sale adelante."

También nos advertía: "La diferencia entre los ricos, los pobres y la clase media, la hacen las palabras que usan. Los pobres y la clase media utilizan palabras y términos de la clase trabajadora como *empleo, carrera, prestaciones* y *cheque de nómina.* No conocen el lenguaje financiero, y por eso trabajan para obtener dinero en lugar de hacer que el dinero trabaje para ellos."

Tu segunda oportunidad puede comenzar con la decisión de aprender y elegir palabras diferentes, términos que puedan darte los resultados que buscas.

Bucky Fuller y Padre Rico estaban de acuerdo en que una de las palabras más importantes era *responsabilidad.* De hecho ambos creían que ésta era una palabra espiritual. Padre Rico decía: "En lugar de que los políticos hablen de los derechos de los ciudadanos, deberían hablar de sus responsabilidades."

Eso fue lo que hizo el presidente Kennedy cuando dijo: "No te preguntes lo que puede hacer tu país por ti, sino lo que puedes hacer tú por él."

Por desgracia, los líderes políticos actuales hablan más de "subsidios" que de "responsabilidades". Nuestra economía no cambiará hasta que no lo hagan las palabras y la palabra "responsabilidad" reemplace a la palabra "subsidios".

P: ¿Entonces mi segunda oportunidad comenzará cuando observe y esté consciente de las palabras que uso?

R: Sí. Si inviertes el tiempo necesario en identificar las palabras y términos que hay en tus pensamientos y tu discurso, y si trabajas conscientemente para cambiar, mejorar y actualizar tu vocabulario, tu vida y lo que te rodea podrá cambiar. No sucederá de la noche a la mañana porque es un proceso más bien cotidiano. Pero si cambias tus palabras y términos, estarás modificando tu vida también. Lo más importante es que *controles* los cambios a través de las palabras que pongas en tu cabeza y que emitas al hablar. Recuerda lo que dice la Biblia: "Y el verbo se hizo carne."

Tarde o temprano *te convertirás* en tus palabras y pensamientos.

P: ¿Es así de fácil?

R: No estoy diciendo que sea fácil, sino simple. Si fuera fácil, cualquiera lo haría, pero no es el caso. Para millones de personas es más fácil decir "Jamás seré rico" o "El dinero no me interesa." Otros deciden atacar a los ricos con frases como: "Los ricos son codiciosos", "Los ricos deberían pagar más impuestos" o "Tengo derecho a más dinero." Y la vida de esa gente refleja sus pensamientos y palabras.

P: ¿Cómo puedo mejorar mi vocabulario financiero?

R: Podrías comenzar por suscribirte a *The Wall Street Journal.* Lee un artículo o dos diariamente. Consigue un diccionario financiero y mantenlo a la mano. Hazte el propósito de aprender dos palabras nuevas todos los días. Usa esas palabras en tus conversaciones durante el día. En un mes tendrás aproximadamente sesenta palabras nuevas en tu cabeza. Si sigues así durante un año, tu vida será muy diferente. Pero recuerda: no hay garantías.

P: ¿Por qué no hay garantías?

R: Porque tienes que usar las palabras y términos nuevos. Tienes que ponerlos en acción antes de que "se vuelvan carne", de que formen parte de ti. Hay muchísima gente que memoriza palabras, pero sólo lo hace para sonar inteligente, y no entiende lo que quieren decir, ni las traducen en acciones.

Después de leer *Padre Rico, Padre Pobre*, millones de personas aprendieron que "los activos llevan dinero a tus bolsillos". Pero aunque conocen las definiciones, hay muchos que todavía no actúan y empiezan a construir activos. La gente teme cometer errores, perder dinero o parecer tonta; por lo que, a pesar de que entiende la definición de la palabra "activo", no ha permitido que llegue a formar parte de sí.

Cambiar tu futuro es como aprender a jugar golf. Si quieres ser un mejor golfista, tienes que tomar clases, practicar lo que te enseñen en ellas, y luego aplicarlo en el juego. Hay muchas personas que toman clases pero nunca practican ni juegan, y por eso su juego no mejora.

P: ¿Por qué la gente tiene tanto miedo de cometer errores?

R: Por muchas razones. Una de ellas es que en la escuela, a quienes cometen menos errores los catalogan como "inteligentes" y a quienes cometen muchos los consideran "estúpidos".

En la vida real, quienes cometen la mayor cantidad de errores y aprenden de ellos, tienen más éxito que quienes no lo hacen.

Si tienes miedo de usar las palabras del dinero –si te preocupa ponerlas en acción, cometer errores y aprender de ellas–, no podrás asimilarlas nunca. Por eso John Wayne decía: "Tener coraje es estar muerto de miedo, pero montar el caballo de todas maneras."

P: ¿Qué le pasa a la gente que no conoce las palabras y términos del dinero?

R: El zorro la atrae a su madriguera. Luego, cena pollo frito el domingo por la noche, pavo asado el Día de Acción de Gracias, ganso rostizado en Navidad y pato con salsa de sésamo la noche del Año Nuevo chino.

P: ¿Y cómo atrae el zorro a la gente?

R: Con palabras. El zorro –o Foxy Loxy, el personaje de la historia de Chicken Little– sólo tiene que decirle a la gente lo que quiere escuchar. Quienes no tienen educación financiera escuchan los dulces y atrayentes susurros del depredador porque, seguramente, tienen muy poco entre las orejas. Eso fue lo que sucedió cuando habló Bernie Madoff. Le dijo a la gente lo que quería escuchar y, gracias a la ingenuidad común, pudo llevarse 50 mil millones de dólares a su madriguera a través del esquema Ponzi más grande de la historia.

Los monumentales esquemas Ponzi de nuestra época son la bolsa de valores, el mercado de bienes raíces, las loterías y Seguridad Social. Sin embargo, todos son esquemas legales.

P: ¿Qué es un esquema Ponzi?

R: Para empezar, es un buen término para usar en conversaciones. Es importante entender los esquemas Ponzi porque a los zorros les encantan. La gente también los adora porque quiere creer que el dinero que invierta hoy, se convertirá en más dinero mañana. Pero en realidad, los esquemas Ponzi son insostenibles.

Los verdaderos zorros

Cuando Fuller escribió sobre el GRUNCH, habló de los "gigantes invisibles" que controlan la economía del mundo. Estos gigantes invisibles controlan nuestras leyes, la política y a los políticos.

A continuación te daré algunos ejemplos de la forma en que los gigantes invisibles del GRUNCH han afectado la economía de Estados Unidos y del mundo.

De alguna manera, todos los políticos son zorros. Saben que tienen que decirte lo que deseas escuchar porque, si nos dijeran la verdad y nos mostraran ambas caras de la moneda, jamás votaríamos por ellos. Para poder atraer a los votantes a su madriguera, los políticos necesitan que carezcan de educación financiera. Sin la preparación adecuada, la mayoría de los votantes sólo puede ver una cara de la moneda o el problema, es decir, el lado que el político sabe que la gente quiere conocer. Evidentemente no se atreven a decirles la verdad a los votantes ni a mirar los problemas desde las distintas perspectivas que existen.

Estos son ejemplos de la forma en que los gigantes invisibles del GRUNCH han afectado la economía de Estados Unidos y del mundo. Toma en cuenta la duplicidad de los últimos diez presidentes del país.

Presidente John F. Kennedy (1961-1963)

El presidente John Kennedy fue quien cambió las cifras del desempleo, pero hoy en día es muy fácil ver que en los reportes de este rubro que ofrece el Sistema de Reserva Federal (Fed), las cifras no reflejan la realidad. Los datos del desempleo no incluyen el número de trabajadores desmotivados que ya dejaron de buscar trabajo. Las cifras sólo hablan de quienes están buscando un empleo "en el presente" o "de forma activa". Por eso, a un reporte que diga que hay 7 por ciento de desempleo, probablemente haya que subirle 20 por ciento más.

P: ¿Por qué hizo eso *Kennedy?*

R: Como en todo, hay muchas razones. Una de ellas pudo ser que quería que pareciera que estaba haciendo un buen trabajo. Tal vez quería tener un segundo período, y un índice alto de desempleo habría dañado sus oportunidades de reelección.

Otra razón es que el auge de la economía estadounidense después de la Segunda Guerra Mundial estaba llegando a su fin. Japón y Alemania se habían puesto de pie de nuevo y estaban haciendo que nuestra economía se encogiera.

Una razón menos conocida podría ser que el Banco de la Reserva Federal necesitaba lucirse. El alto nivel de desempleo también era señal de que Fed no estaba haciendo su trabajo. En 1977, el Congreso modificó la Ley de la Reserva Federal, en la que se especificaba este "mandato dual" para dicha entidad.

P: ¿Y por qué?

R: El mandato doble establecía que Fed tenía dos labores: disminuir el desempleo y la inflación.

P: *Entonces, en lugar de admitir que había un nivel de desempleo alto, el presidente Kennedy (y luego el Fed), ¿cambiaron las cifras? ¿Modificaron la manera en que se mide el desempleo?*

R: Sí. Ésa sería una manera de ver las cosas…

P: ¿Por qué harían eso?

R: Para decirle a la gente lo que quería escuchar. Eso es lo que hace el zorro. El problema es que el desempleo *real* es muchísimo más alto que el *reportado*.

P: ¿Y qué hay de malo en ello?

R: Que el problema no se resuelve; ni siquiera es posible identificarlo o evaluar su alcance. Y esto sólo convierte al desempleo en una dificultad más grande.

PRESIDENTE LYNDON B. JOHNSON (1963-1969)

Algunas personas creen que el presidente Lyndon Johnson permitió que parte de los fondos de Seguridad Social fueran combinados con el Presupuesto General de Estados Unidos, y el problema fue que este dinero se gastó en lugar de invertirse. En otras palabras, el dinero que estaba destinado para el retiro se usó para pagar deudas. Ésta es la razón por la que millones de *baby boomers* y sus hijos tendrán que enfrentarse a la incertidumbre cuando estén listos para retirarse.

Bucky Fuller señaló que si las contribuciones de Seguridad Social se hubieran metido a la bolsa de valores en la década de los treinta, los retirados de ahora serían multimillonarios. Pero ahora es demasiado tarde. Seguridad Social –que en realidad es un esquema Ponzi–, se quedó sin dinero (o para decirlo con mayor precisión, en un "gasto deficitario") y mientras tanto, 75 millones de *baby boomers* están por dejar de trabajar.

P: ¿Cómo le pagará el gobierno de Estados Unidos a los millones de personas que han estado haciendo contribuciones a Seguridad Social y Medicare?

R: No lo sé, porque todos los esquemas Ponzi colapsan en cuanto el dinero nuevo que fluye al interior deja de ser suficiente para pagar el dinero antiguo que está siendo reclamado.

Presidente Richard M. Nixon (1969-1974)

Después de sacar al dólar estadounidense del patrón oro, el presidente Richard Nixon necesitó manipular la verdad respecto a la inflación. Para distorsionar las verdaderas cifras de este rubro, redefinió el Índice de Precios al Consumidor, o IPC, que es la medición (manipulada) que el gobierno hace de la inflación. En lugar de decir la verdad sobre la inflación, hizo que la energía y los alimentos fueran retirados del IPC.

Cuando el presidente Barack Obama asumió su cargo en 2008, el precio de la gasolina era aproximadamente 1.78 dólares por galón. Para 2012, al inicio de su segunda gestión, el precio había aumentado a 3.50 dólares por galón.

Y a pesar de que la gasolina casi había duplicado su valor, el gobierno tenía permitido reportar que el IPC indicaba que no había inflación.

Como muchos fertilizantes provienen del petróleo, y como para plantar, cosechar y transportar los alimentos se requiere gasolina, el precio de la comida subió a la par que el de la gasolina. Todos los compradores saben que los alimentos cuestan más ahora, pero el IPC sigue reportando que no hay inflación.

P: ¿Éste es el segundo mandato de la Fed? ¿Mantener baja la inflación?

R: Sí. Te repito que esto es lo que la gente sin educación financiera quiere escuchar a pesar de que no es cierto. Una de las ventajas de no impartir educación financiera en las escuelas es que así se puede engañar con facilidad a las masas. Es más fácil despojar a la gente de su riqueza cuando carece de educación.

P: ¿Los líderes pueden despojar a la gente de su riqueza por medio de los engaños financieros?
R: Sí. La inflación es uno de esos engaños. La inflación devalúa tu trabajo, el dinero por el que tanto te esfuerzas y que ahorras con tanta ilusión.

Presidente Gerald Ford (1974-1977)

El presidente Ford reemplazó a Nixon cuando la ley ERISA – Ley de seguridad de ingresos de jubilación para el empleado–, fue aprobada en 1974. La ley ERISA preparó el camino para los planes 401(k).

P: ¿Por qué es tan importante la ley ERISA?
R: Porque representa una vía más para que los ricos metan la mano a los bolsillos de los trabajadores. En otras palabras, esta ley le permite a Wall Street recibir dinero antes de que el salario les llegue a los trabajadores siquiera.

P: ¿Por qué pasa eso? ¿Qué hace Wall Street para recibir el dinero antes?
R: La ley ERISA de 1974 es muy similar a la Ley de Pago de Impuestos Corrientes de 1943. La ley de 1943 le dio al Servicio de Rentas Internas de Estados Unidos (IRS, por sus siglas en inglés) –el departamento fiscal del gobierno–, la capacidad de deducir los impuestos del cheque de nómina de cada trabajador antes de que éste lo reciba. La ley ERISA les permitió a los banqueros de Wall Street hacer lo mismo. Esto significa que la gente de Wall Street recibe el dinero antes que los empleados que tienen planes 401(k).

P: ¿Qué decía Fuller sobre la bolsa de valores?

R: Decía que, antiguamente, invertir en la bolsa de valores era sólo para los ricos. La frase que se usaba tras puertas cerradas en las salas de intercambio, era: "Mantengan a los *pikers* afuera." El término *piker* viene de los tiempos medievales. Un *piker* era un soldado que antes fue campesino, y que caminaba portando una barra larga con punta de metal o pico (*pike*). Dicho de otra forma, "Mantengan a los *pikers* afuera" significaba "Mantengan a los pobres afuera." (Irónicamente, la palabra *piker* también puede traducirse como "codo" o "tacaño".)

Cuando el GRUNCH se dio cuenta de que los pobres o *pikers* tenían dinero, se abrieron las puertas de la bolsa de valores a través de la ley ERISA y de otros planes de pensiones para la gente de menos recursos. Y en cuanto este "dinero de los pobres" entró a la bolsa de valores, quienes ya tenían dinero se volvieron extremadamente ricos.

Presidente Jimmy Carter (1977-1981)

Jimmy Carter es posiblemente el presidente más contundente y franco de la historia reciente. Al parecer, cuando decía algo era porque realmente creía en ello. Tal vez por esta razón a veces se le considera el "presidente olvidado".

Quizá estaba un poco adelantado a su tiempo. No fue sino hasta 2014 que se seleccionó un jugador de futbol abiertamente gay en el *draft* para la Liga Nacional.

En el presente ya tenemos ataques con misiles, así que, ¿cuánto tiempo pasará antes de que los terroristas usen estas armas en lugar de los aviones? Esto es lo que pensaba el presidente Carter respecto a la guerra:

> A veces la guerra es un mal necesario. Pero sin importar cuán necesario sea, no deja de ser un mal. Jamás aprenderemos a vivir en armonía y paz matando a los hijos de otros.

El senado y el congreso de Estados Unidos se encuentran actualmente en guerra en lugar de enfocarse en trabajar, al respecto, Carter opinaba: "A menos de que ambos bandos ganen, ningún acuerdo será permanente:"

Cuando el presidente Carter dejó su puesto, estaba apoyando proyectos de justicia social y derechos humanos de manera muy activa. La organización Habitat for Humanity les llama, al otrora presidente y a su esposa, la señora Rosalynn Carter, "nuestros voluntarios más famosos".

Presidente Ronald Reagan (1981-1989)

El presidente Reagan estaba al mando cuando se produjo el colapso del mercado de valores de 1987, mejor conocido como "Lunes negro". A continuación se muestra la gráfica de la caída.

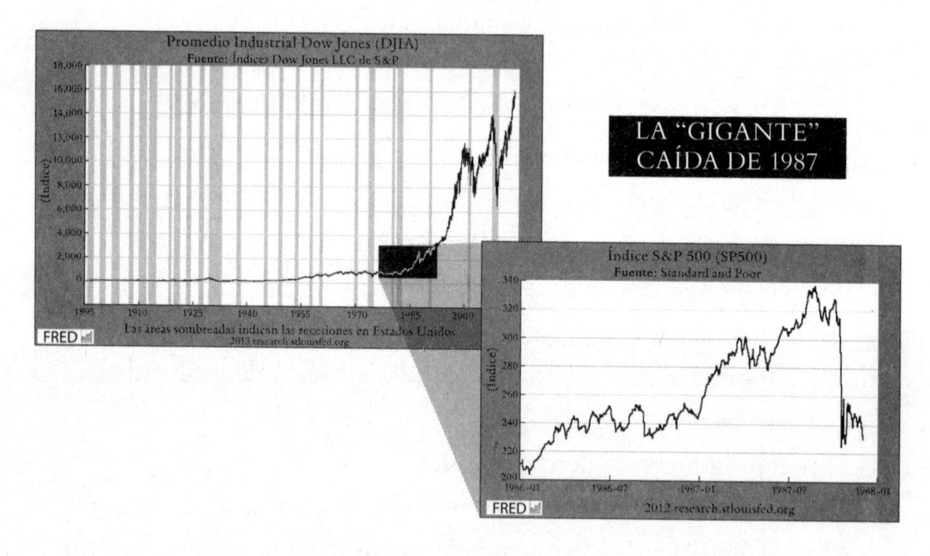

En 1988, para evitar futuros colapsos del mercado de valores, el presidente Reagan creó el Grupo de Trabajo en Mercados Financieros del Presidente. A este grupo se le llama actualmente los Guardianes de la bolsa o PPT, por sus siglas en inglés.

P: ¿Qué hacen los Guardianes de la Bolsa?

R: Nadie lo sabe a ciencia cierta. O más bien, muy pocas personas están dispuestas a hablar de ello.

P: ¿Cómo funciona el equipo?

R: Cada vez que hay un colapso, un misterioso comprador sin nombre entra al juego a través de los mercados de futuros, y compra cantidades brutales de "derivados" por medio de bancos gigantes como JP Morgan, Goldman Sachs y cuentas extraterritoriales. Estos misteriosos compradores invisibles no sólo tienen el poder de impedir un colapso, sino también de evitar que otros mercados, como el del oro y la plata, suban. La próxima vez que notes que un mercado caído se recupera "milagrosamente", tal vez estés viendo al zorro en acción. Quizá sean los Guardianes de la Bolsa del gobierno manteniendo los mercados en pie sobre palillos... hasta el día que la manipulación ya no funcione.

P: ¿Ésta es la razón por la que posiblemente la profecía de Padre Rico de un *colapso monumental en 2016 podría no cumplirse?*

R: Correcto. Los mercados manipulados pueden ser mantenidos en pie artificialmente para evitar la caída.

P: ¿Durante cuánto tiempo?

R: ¿Quién puede saberlo?

P: ¿Cuál es el problema de manipular los mercados financieros?

R: Que así se protege a los apostadores y que se va en contra de las fuerzas del mercado libre. Actualmente, millones de personas invierten a lo tonto porque saben que el gobierno no permitirá que los mercados colapsen.

P: ¿Y qué hay de malo en ello?

R: Que esto impide que el dinero fluya a los negocios y las fábricas que podrían generar empleos. El dinero permanece en los mercados –en los *casinos*–, no en la economía.

El zorro te dirá que te está protegiendo, pero en realidad protege a los grandes bancos y a sus casinos.

P: ¿Cómo lo hace?

R: De muchas maneras. Una de ellas es a través de la Corporación Federal de Seguro de Depósitos (FDIC, por sus siglas en inglés).

P: ¿Qué hace esa organización?

R: Asegura los depósitos de los ahorradores. Cuando empezó el colapso de 2007, a los bancos les dio miedo que la gente empezara a retirar, y por eso el gobierno le dio a la FDIC instrucciones para que incrementara el techo del seguro de los depósitos a 250 000 dólares.

P: ¿Y qué hay de malo con eso?

R: Que hace que los ahorradores sean descuidados. En lugar de evaluar la solidez del banco, el ahorrador sólo pone su dinero a ciegas en cualquier institución que ofrezca seguro de la FDIC.

P: ¿Y eso es malo?

R: Sí, porque la FDIC está en quiebra. No tiene suficiente dinero para cubrir la siguiente caída.

P: Ésa tampoco es buena noticia, ¿verdad?

R: No, porque si hay otra caída, la FDIC entrará en crisis y los contribuyentes tendrán que volver a rescatar a los bancos, a un costo de 250 000 dólares por cuenta de ahorro.

P: *Y eso también es negativo.*

R: Sí. Las pérdidas serán billonarias. Tus hijos y sus hijos estarán rescatando a los bancos con sus impuestos durante años y años.

P: *Entonces, el zorro dice: "Tus ahorros están asegurados", pero no nos explica que la FDIC está en quiebra y que los contribuyentes pagarán la cuenta si se llegara a necesitar cubrir esos seguros.*

R: Así es. El zorro siempre te dirá lo que quieras escuchar y creer. Incluso en la revista *The Economist* se ha llegado a afirmar que el programa de aseguramiento de 250 000 dólares de la FDIC tiene que reducirse pronto. En el artículo se decía que todos los bancos deberían tener una calificación para que los ahorradores sepan cuán sólidos son y qué tan seguro está su dinero en ellos. La gente de *The Economist* cree que, a 250 000 dólares por cuenta, los riesgos para los contribuyentes y las generaciones futuras son demasiado altos, y que la FDIC protege a los bancos, no a los ahorradores.

Presidente George H.W. Bush (1989-1983)

"Bush 41" prometió: "Lean mis labios: no habrá nuevos impuestos", pero de hecho aumentó los existentes y ya no fue reelegido para un segundo período.

Presidente Bill Clinton (1993-2001)

Muy pocos presidentes han hecho tanto por la industria bancaria moderna como Bill Clinton. Si no hubiera tanta gente responsable de la crisis financiera de 2007, sería bastante fácil culparlo a él de casi todo lo que sucedió. Dicho en términos simples, Clinton volvió a sus amigos banqueros muy, muy ricos, a costa de los pobres y la clase media. La ironía es que hay millones de personas que creen que es amigo de los pobres.

Una de las dos acciones importantes de Clinton durante su gestión fue derogar la Ley Glass-Steagall. Esta ley de 1932 impedía que los bancos comerciales fueran bancos de inversión. A esta ley también se le conoce como Ley Bancaria de 1933.

En 1998, después de que a Citibank se le permitió afiliarse a Salomon Smith Barney, el presidente Clinton declaró públicamente: "La Ley Glass-Steagall ya es obsoleta."

P: ¿Por qué es esto importante?

R: Porque les permitió a los banqueros comerciales ser banqueros de inversión, y eso les dio la oportunidad de invertir más dinero usando los recursos de los ahorradores.

P: ¿Por qué hicieron eso?

R: Para ganar más. Los banqueros pudieron generar más dinero en el mercado de valores que prestándoles dinero a los ahorradores. Y en cuanto esto sucedió, despegó la bolsa. El casino se abrió para hacer negocios y, para colmo, las pérdidas de los inversionistas estaban protegidas por el gobierno y los contribuyentes. Si el mercado caía, los Guardianes de la Bolsa del presidente Reagan lo volvían a inflar.

P: ¿Qué sucedió luego?

R: Surgió una nueva clase de estadounidenses: los inversionistas. No eran ricos ni pobres, y ya no pertenecían a la clase media. La mayor parte era gente bien educada con profesiones bien pagadas –principalmente médicos y abogados–, y casi todos tenían dinero adicional suficiente para invertir en un "mercado sin pérdidas". En la caída de 2007 les fue muy bien porque no estuvieron entre los millones de personas que perdieron sus empleos, hogares y ahorros para el retiro.

P: ¿Éste es el grupo que saldrá perdiendo si la profecía de Padre Rico se cumple en 2016 o cuando quiera que suceda?

R: Desafortunadamente, sí.

P: ¿Cuál fue la segunda acción del presidente Clinton?

R: Hablé de eso en el capítulo anterior. En el año 2000 el presidente Clinton firmó un proyecto de ley para la creación de la Ley de Modernización de Futuros de Productos Básicos (CFMA, por sus siglas en inglés), la cual preparó el camino para un mercado de derivados mucho más grande. Entre 2000 y 2007, el mercado de derivados creció de 100 billones, a 700.

Recuerda que Warren Buffett dijo que los derivados eran "armas de destrucción masiva".

Y las explosiones comenzaron en 2007.

Un panorama del pasado

En la siguiente gráfica podrás apreciar la dimensión del colapso de 1987 del mercado de valores que tuvo lugar durante la gestión de Reagan. También verás la duración de los ocho años del presidente Clinton en el cargo.

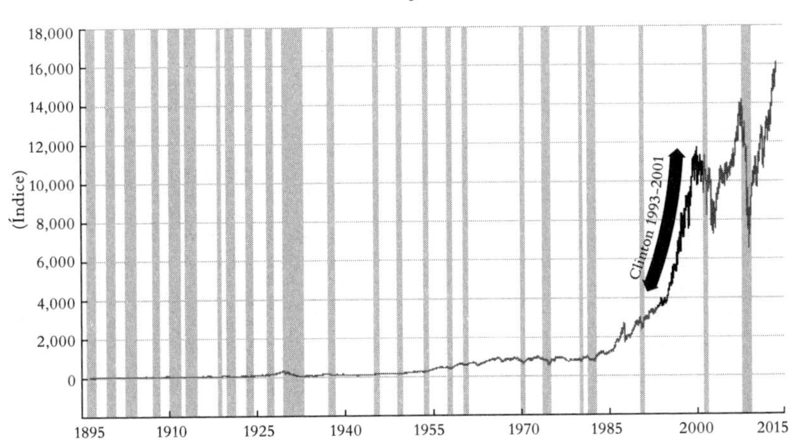

Presidente George W. Bush (2001-2009)

Pocos presidentes han contribuido tanto al déficit nacional como Bush II. Antes de la elección de 2004, su popularidad y sus calificaciones por empleo iban a la baja. De hecho muchos dudaban que fuera reelegido.

Se rumora que hizo un trato con la industria farmacéutica y apoyó con su cargo la Ley de Mejora y Modernización de Medicamentos Recetados de Medicare (también llamada Ley de Modernización de Medicare, o MMA, por sus siglas en inglés). La MMA es una ley federal promulgada en 2003 que dio pie al mayor ajuste en los 38 años de historia del programa de salud pública Medicare. La ley hizo *muy* felices a los ciudadanos de mayor edad y a la industria de los medicamentos, pero en mi opinión, prácticamente garantizó la quiebra del país.

David Walker, Contralor General de Estados Unidos, ha dicho que la ley es: "La legislación de mayor irresponsabilidad fiscal promulgada desde los sesenta."

En 2004, el presidente George Bush II fue reelegido para un segundo período.

Seguridad Social y Medicare

Ya viste la gráfica de Seguridad Social varias veces. La que presento a continuación es sólo un panorama general del futuro de Seguridad Social y Medicare.

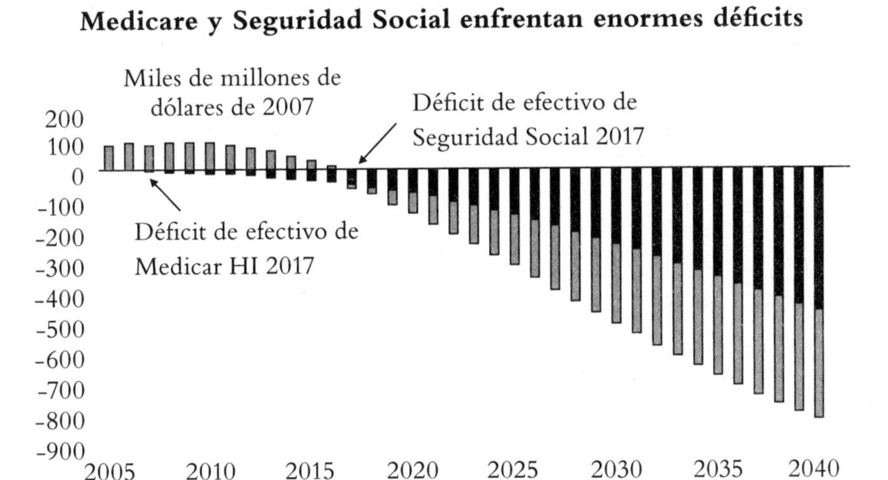

Año natural

■ Flujo de efectivo de Medicare HI
▨ Flujo de efectivo de Seguridad Social

Fuente: Análisis GAO de información de la Oficina del Actuario Jefe, Administración de Seguridad Social y Oficinas del Actuario, Centros de Medicare y Servicios de Medicaid.

Nota: Las proyecciones se basan en suposiciones intermedias de los Reportes de Administradores de 2007. El IPC se usa para ajustar entre dólares corrientes y dólares constantes.

P: ¿Qué nos dice esta gráfica?

R: Todo depende. Pero puede ser que las noticias no sean nada buenas para los millones de personas que cuentan con que el gobierno se haga cargo de ellas.

Presidente Barack Obama (2009-2017)

El presidente Obama asumió su cargo en 2008 en un entorno de esperanza desbordante, pero para las elecciones de 2012, buena parte de esa esperanza ya se había convertido en desilusión.

El presidente Obama es un zorro refinado. Es un gran orador, y cada vez que habla, la gente lo adora o lo odia. Muy pocos se quedan en el canto de la moneda.

Obama impulsó la Ley de Cuidados de Salud Asequibles, también conocida como Obamacare.

Recuerda que los títulos o nombres de la mayoría de las leyes del gobierno, son el truco de algún zorro. Generalmente, el nombre es lo opuesto a lo que la ley hace en realidad. Por ejemplo:

La Ley de Seguridad Social hizo que la vida fuera más segura para la generación de la Segunda Guerra Mundial, pero no para los millones de personas de la generación de la Guerra de Vietnam. Seguridad Social y Medicare llegarán a ser un pasivo social para los hijos, nietos y biznietos de la generación de este conflicto bélico.

ERISA, la Ley de seguridad de ingresos de jubilación para el empleado, que condujo a los planes 401(k), volvió más ricos a los banqueros, pero no sirvió para que las jubilaciones de los empleados estuvieran aseguradas de verdad.

La Ley de Servicios de Salud Asequibles, u Obamacare, ya logró que los cuidados fueran más costosos para millones de personas. Sólo el tiempo nos dirá qué pasará cuando llegue el momento de evaluar el impacto de esta legislación.

Recuerda la historia de Pollito o *Little Chicken*:

Foxy Loxy dijo:

–Corramos.Corramos a mi guarida y yo le diré al rey.
Entonces todos corrieron a la guarida de Foxy Loxy,
pero no volvieron a salir de ahí.

El presidente Obama atrajo a la gente con la frase: "cuidados de salud asequibles", pero *lo que no dijo* es que su ley en realidad es una ley fiscal.

P: ¿Por qué es una ley fiscal?
R: Porque el presidente aumentó la carga fiscal de los inversionistas de los cuadrantes E y A.

P: ¿Los cuadrantes de la gente que trabaja para obtener dinero?

R: Sí, especialmente los E y A que invierten su dinero en mercados bursátiles, de bonos y fondos mutualistas. Obama aumentó los impuestos del interés, los dividendos y las ganancias de capital de, principalmente, los activos en papel.

P: ¿Quién se salvó del aumento de impuestos de Obama?

R: Los inversionistas que usan la deuda para adquirir bienes raíces que producen *flujo de efectivo.*

Es probable que los inversionistas de bienes raíces que especulan con propiedades para obtener ganancias de capital, ahora vean un aumento en los impuestos, resultado de la legislación Obamacare del presidente.

P: ¿Entonces ésa es otra diferencia entre ganancias de capital y flujo de efectivo?

R: Sí. Las ganancias de capital se producen cuando vendes un activo como acciones, bonos, bienes raíces o negocios, y te llevas las ganancias. Tus ganancias de la venta, es decir, las ganancias de capital, tienen un gravamen fiscal. Los inversionistas de bienes raíces que invierten en flujo de efectivo, no tienen que pagar este gravamen. De hecho, si cuentan con buena asesoría fiscal, su flujo de efectivo podría llegar a estar exento.

P: ¿Esto es justo?

R: Claro que sí. Las leyes fiscales son las mismas para todos. Lo que es injusto es la carencia de educación financiera en nuestras escuelas, la educación que pondría a la gente al tanto de estos beneficios.

P: ¿La ley funciona igual en todo el mundo?

R: En la mayoría de los países funciona más o menos de la misma manera. Como ya lo mencioné, la terminología y las políticas gubernamentales varían pero, en general, las leyes fiscales son iguales.

Hace poco estuve en Escocia. Unos amigos míos, Graeme y su esposa Leanne, compraron una iglesia histórica de 150 años de antigüedad por 200 000 libras esterlinas. El gobierno escocés les dio 350 000 libras como una subvención para arreglar e inmueble. Y lo mejor de todo es que no tienen que devolverle ese dinero al gobierno.

P: ¿Pagó 200 000 libras esterlinas y recibió 350 000 del gobierno escocés? ¿Quieres decir que *el inmueble no les costó nada?*

R: Sí y no. Mis amigos tienen que hacer lo que el gobierno desea, es decir, restaurar la iglesia y ofrecer vivienda de bajo ingreso. Las palabras clave son: *hacer lo que el gobierno desea.*

Graeme planea restaurar la iglesia y convertirla en una vivienda de bajo ingreso para dieciséis familias, usando 400 000 libras proporcionadas por un inversionista. A este dinero se le llama *participación de la propiedad.* Luego le va a pedir 700 000 libras a un banco, es decir, va a adquirir *deuda*, para completar el proyecto.

Después de dos años, cuando el inmueble esté funcionando y produciendo flujo de efectivo –renta de los inquilinos–, el plan de negocios contempla volver al banco, mostrarle el incremento en el flujo de efectivo y solicitar otro préstamo para refinanciar el proyecto con base en dicho incremento.

Con el nuevo préstamo, mis amigos esperan devolverles a los inversionistas todo su dinero y seguir recibiendo ingresos exentos –flujo de efectivo–, durante el tiempo que exista el inmueble. Dicho de otra forma, el retorno sobre la inversión va a ser *infinito* porque en dos años más, ellos ya no tendrán dinero involucrado en el proyecto. Y lo mejor de todo es que el dinero que reciban de vuelta por medio del refinanciamiento, estará exento porque, lo que ellos inviertan en el negocio les regresa a través de la deuda sobre la propiedad, una deuda que tendrán que pagar los inquilinos con su renta.

Además de ser mi socio y mi amigo, Ken McElroy, es asesor de la Compañía Rich Dad. Él fue con nosotros a Escocia a evaluar la iglesia, y mientras estuvimos ahí, por lo menos veinte personas pasaron junto al aviso de "Se vende", sin darse cuenta de la oportunidad que tenían frente a sus narices. Ken estaba muy orgulloso y contento por Graeme y Leanne, quienes en realidad aprendieron a estructurar este tipo de inversión gracias a sus libros y seminarios.

Este método de inversión se utiliza en todo el mundo. El problema es que la gente que pasaba todos los días frente a esa antigua iglesia, sólo iba camino al trabajo para conseguir su cheque de nómina y nunca notó el *flujo de efectivo invisible* que Graeme y Leanne pudieron detectar gracias al entrenamiento de Ken.

P: ¡Ay! ¿Por qué me duele la cabeza?

R: Porque tu mente y tu cerebro están empezando a ver lo invisible. Estás comenzando a detectar la forma en que los gigantes *invisibles* del GRUNCH controlan el mundo a través del suministro de dinero. Recuerda que tienen la libertad de imprimir todo el dinero que quieran, devaluar nuestro trabajo, nuestros ahorros, incrementar los impuestos y la inflación, y hacer la vida más difícil para quienes trabajan por dinero. Estás empezando a entender por qué quienes son verdaderamente ricos no invierten a largo plazo en el mercado de valores. No lo olvides: todo tiene su opuesto. Los ricos venden acciones de sus negocios, y los pobres y la clase media, las compran. También estás empezando a ver por qué las escuelas nos vendan los ojos y sólo les enseñan a los niños y jóvenes a trabajar por un cheque de nómina.

P: ¿Y todo esto empieza con las palabras?

R: Sí. Las palabras les permiten a tu mente y tu cerebro ver el otro lado de la moneda, lo invisible. En nuestro mundo la gente camina todo el día a la oficina sin ver cómo amasan sus fortunas los ricos. La gente cree que las leyes fiscales son injustas a pesar de que *no* lo son porque las ventajas están disponibles para todo el que tenga la inteligencia financiera necesaria para *aprovecharlas* y sacarles ventaja. Las diferencia entre los ricos, los pobres y la clase media está en las palabras. Las palabras y los términos vuelven más ricos a quienes ya tienen mucho, y empobrecen a la clase media y a quienes casi no tienen nada ya.

Si hablas en serio cuando dices que quieres una segunda oportunidad en la vida, tienes que empezar por cambiar las palabras que usas.

Debes prohibirte decir: "No puedo pagarlo" o "No puedo darme el lujo." Éstas frases sólo las usan los pobres. Tampoco digas: "Vive por debajo de tus posibilidades", porque estas palabras dañan el espíritu de riqueza que vive en ti.

Desde el día de hoy, desde este preciso momento, comienza a usar las palabras y los términos de los ricos. Empieza por los términos: *activo*, *pasivo* y *flujo de efectivo*, y deja atrás *empleo seguro*, *cheque de nómina* y *ahorro*.

Bucky Fuller creía que las palabras eran "las herramientas más poderosas creadas por el hombre". Tú puedes cambiar tu vida con tan sólo modificar tu vocabulario. Y lo mejor de todo es que, las palabras no cuestan.

P: ¿Qué puedo hacer ahora mismo?

R: El resto del libro trata de eso. Hasta este momento hemos hablado del pasado, pero en la siguiente parte hablaremos del presente y del futuro.

En la Segunda y la Tercera parte del libro hablaremos de tu segunda oportunidad y de la educación financiera. A diferencia de la educación tradicional, la financiera no tiene que ver con ser más inteligente que todos los demás o tener todas las respuestas correctas, sino con trabajar en equipo en lugar de competir. La educación financiera exige que desarrolles una visión personal del futuro y que te comprometas con lo que tienes que aprender para tener la vida que deseas y mereces.

La educación financiera no tiene que ver con estar en lo correcto y no cometer errores, sino con tener valor y actuar –incluso si tienes miedo–, y saber que, efectivamente, cometerás errores y, quizá, te tambalearás o te caerás en tu camino a la vida que quieres para ti y tu familia. Tu segunda oportunidad implica levantarte cuando caigas y aprender de tus errores, caídas y tropezones.

En la Segunda y Tercera partes hablaremos de cómo empoderarte independientemente de lo que hayas hecho o dejado de hacer en el pasado, y de cómo usar el presente para crear un futuro mejor. Tu segunda oportunidad comienza hoy.

Bucky Fuller dijo: "Fuimos llamados para ser los arquitectos del futuro, no sus víctimas."

Segunda parte

El presente

¿Estás loco o cuerdo?

La definición de locura es hacer exactamente lo mismo una y otra vez, y esperar resultados diferentes.
–Albert Einstein

Introducción

La locura del gobierno

¿Es lógico que nuestros gobiernos sigan imprimiendo billetes si eso fue lo que provocó esta crisis?

La locura personal

¿Es lógico que sigas trabajando por dinero, ahorrándolo e invirtiendo a largo plazo en el mercado de valores si los gobiernos del mundo *están imprimiendo el dinero sólo para mantener el sistema bursátil de pie*?

Hora de recuperar la cordura...

La Segunda parte de este libro es sobre tu situación financiera presente. La segunda oportunidad inicia con la evaluación del sitio en que te encuentras hoy... para poder decidir a dónde quieres ir en el futuro.

Capítulo ocho

Antes y después

Una fotografía de una oruga no te permite saber que se transformará en una mariposa...
–R. Buckminster Fuller

A la gente le fascinan las fotos que muestran el "antes" y el "después". A veces, en los comerciales de televisión de pérdida de peso se muestra una foto de una persona de 130 kilos, junto a otra en la que la misma persona aparece esbelta, pesando 52 kilos y luciendo como una diosa en bikini. "Si esta abuelita de 52 años pudo hacerlo, usted también puede." Los teléfonos empiezan a sonar, los sitios de Internet se agitan... y millones de dólares cambian de dueño.

Las fotografías de "antes" y "después" nos inspiran porque nos recuerdan quiénes somos realmente. Nos recuerdan los dones que dios nos dio al nacer y el potencial que tenemos para ser cualquier cosa que deseemos. Nos hacen pensar que en nuestro interior hay una mariposa que desea ser libre.

Los "cambios de imagen" también se han convertido en una fórmula muy popular para el éxito de los programas de televisión. En algunos de ellos eligen a una persona desaliñada y poco atractiva, y le cambian la ropa, el cabello y el maquillaje. Y como por arte de magia, una "Cenicienta" o un "Príncipe encantador" aparecen de repente en el escenario. Hay otros programas en los que nos presentan una casa en ruinas, y luego los participantes pintan las paredes y techos, remodelan la cocina y los baños, y terminan transformando el esperpento de casa en el hogar soñado.

Mi propio programa

A lo largo de los años me han llamado varios productores de televisión para preguntarme si me gustaría hacer un programa de "cambio de imagen". Lo que quieren que yo haga es elegir a una "persona pobre" y hacerle una remodelación para... transformarla en una persona rica. Y todos estos años también he discutido con por lo menos media docena de productores que siempre terminan preguntando lo mismo: "¿Se puede?", "¿Cómo lo hacemos?". Las discusiones invariablemente llegan a la misma pregunta: "¿Cómo se convierte una oruga en mariposa?"

Lo interno vs lo externo

Hay diferencias entre los "cambios de imagen" internos y los externos. Naturalmente, es muy sencillo pintar una casa vieja o ponerle ropa bonita a una persona; ambos son cambios exteriores. Pero, ¿cómo deja de ser alguien pobre para convertirse en rico? Aquí hay que hacer mucho más que sólo dar una mano de pintura. Se requiere de un cambio interno.

Dejar de ser pobre y volverse rico es una transformación invisible y es mucho más compleja que la remodelación de un inmueble. Las renovaciones internas no sirven para la televisión de realidad porque los cambios son invisibles. Estas transformaciones son modificaciones internas del contexto, cambios en la forma en que la gente piensa acerca de sí misma, de su dinero y de las decisiones que toma. Sé que se puede hacer, pero hasta el momento, ni los productores ni yo hemos encontrado la fórmula mágica.

La crisis económica

Buena parte de la crisis económica actual fue provocada por gente que quería parecer adinerada en el exterior pero que no era rica en el interior. La crisis de hipotecas *subprime* es el mejor ejemplo de este deseo intrínsecamente humano. Millones de personas pobres y de la clase media recibieron préstamos a pesar de que no contaban con ingresos, empleo ni activos (a estos préstamos se les llama NINJA, siglas en inglés de: *no income, no job, no assetts*). Los préstamos se otorgaron para que la gente pudiera comprar una casa o refinanciar la que ya tenían con dinero que, evidentemente, no podría pagar después. Luego los bancos volvieron a empacar estos "préstamos *subprime*" y los transformaron en "derivados" o "armas de destrucción masiva" que le vendieron a gente codiciosa de todo el mundo. Dicho de otra forma, el deseo de parecer pudiente en el exterior, puede provocar auges y colapsos en los bienes raíces y el mercado de valores, y hacer que la deuda del consumidor en tarjetas de crédito (e incluso los préstamos estudiantiles), se disparen hasta el cielo.

No hay nada de malo con querer parecer adinerado. Yo, por ejemplo, nunca he querido vivir por debajo de mis posibilidades porque creo que eso mata tu espíritu. Yo prefiero buscar maneras de expandir mis posibilidades o medios y encontrar la forma de generar el dinero que me permita disfrutar de lo mejor de la vida.

Adoro mis lindas casas y mis autos, y creo que a toda la gente le pasa lo mismo. El problema es que si uno no cuenta con educación financiera, no puede ser rico en el interior, y ésa es la verdadera crisis.

Una segunda oportunidad

Este libro no es sobre una "renovación" externa. La verdadera segunda oportunidad no tiene que ver con remodelar una cocina, pasar una nueva mano de pintura, tener ropa nueva, perder cinco kilos o volver a la escuela para conseguir un empleo mejor pagado.

La verdadera segunda oportunidad es una metamorfosis del mismo tipo que atraviesa la oruga antes de emerger como mariposa. Todos los seres humanos tienen el potencial de transformarse de orugas en mariposas, por eso las fotografías de "antes" y "después" funcionan tan bien en los infomerciales y los programas televisivos, porque son imágenes que nos recuerdan el potencial que tenemos en nuestro interior.

Cómo transformar orugas en mariposas

P: ¿Alguna vez has estado *en bancarrota?*
R: Sí, en varias ocasiones.

P: *Entonces sabes lo que se siente.*
R: Sí, lo sé.

P: *La gente pobre, la gente que no tiene dinero, ¿te da pena?*
R: No, no me da pena. Siento empatía por ella, pero no lastima.

P: ¿Por qué no te da lástima?
R: Porque sé que en el fondo todos los seres humanos tienen el poder de cambiar y mejorar sus vidas si así lo desean.

Si sintiera lástima por este tipo de gente, sería como dar por hecho que no tienen ese poder o que dios "los estafó" y les dio menos de lo que tienen los demás. Pero yo sé que no es así, sé que todos tenemos el poder del libre albedrío.

P: ¿Ésa no es una noción un poco idealista?

R: Sí, es idealista, pero también realista. Lo sé porque yo he llegado a sentir pena por mí mismo y me he llegado a regodear en la autocompasión, pero el problema con este sentimiento es que hay gente que lo disfruta.

P: ¿Como quiénes?

R: Como otras víctimas. Perdedores y gente que también disfruta de sentir pena por sí misma.

Cuando uno se regodea en la autocompasión atrae a "salvadores" y "bienhechores". Muchos de estos bienhechores en realidad sí ayudan a la gente, pero por desgracia, no todos instan a otros a encontrar los poderes que recibieron de dios. Muchos de los "salvadores" hacen que la gente siga siendo inútil e incapaz de hacer algo por sí misma. Hay una diferencia entre ayudar, reconfortar, alimentar e infundirle poder y confianza a la gente.

Como ya lo dije en varias ocasiones, darle sólo dinero (o subsidios) a la gente pobre, nada más sirve para perpetuar su situación.

Pero no me malinterpretes. Todos necesitamos un poco de compasión de vez en cuando. A todos nos hace falta que nos brinden palabras de aliento cuando caemos y necesitamos volver a ponernos de pie. Está BIEN sentir pena por nosotros mismos de vez en cuando porque es parte del proceso para sanar.

P: *Entonces tu* también *has sentido pena por ti mismo.*

R: Por supuesto, muchas veces. Sin embargo, esto nunca me ha ayudado a largo plazo. Sentir pena por mí sólo ha agrandado y prolongado mis problemas.

P: ¿Entonces qué pasó cuando tuviste un tropiezo en los negocios y perdiste todo?

R: En cuanto dejé de regodearme en mi desgracia y en la autocompasión, me puse de pie otra vez y volví a trabajar.

P: ¿Sin dinero? ¿Fue cuando estuviste en bancarrota?

R: Claro. De hecho, no tener dinero me vigorizó, me hizo más inteligente y me obligo a ser más ingenioso. Como no tenía recursos tuve que pensar y ser creativo. Por supuesto, mi recuperación habría sido más sencilla si hubiera tenido dinero, pero no contar con nada en realidad me dio más fuerza para desarrollar talentos que tal vez no habría desarrollado de ninguna otra manera.

Creo que todos tenemos fortalezas y debilidades. Si siento pena por mí mismo, sólo voy a aumentar mis debilidades. Si me regodeo en la autocompasión por demasiado tiempo, mis fortalezas van a empezar a menguar y mis debilidades crecerán y se apoderarán de mí.

P: ¿Entonces los programas de subsidios del gobierno y las organizaciones de caridad hacen que las debilidades de la gente se fortalezcan y que sus fortalezas se debiliten?

R: Eso es lo que creo, pero seguramente muchos no están de acuerdo conmigo. *Siempre* hay un momento adecuado para echarle a la gente una mano. Pero también hay ocasiones en que lo que las personas necesitan es una patadita en el trasero. A mí me han dado varias de ellas y, aunque no fue agradable, todas me fortalecieron.

P: ¿Entonces ser pobre puede volverte rico porque te inspira a buscar tu fortaleza?

R: Así es.

P: *Por ende, ¿ser rico podría ser una debilidad?*

R: Sí, podría serlo. Creo que todos conocemos familias que echan a perder a sus hijos. Darle a un niño todo tal vez pueda hacer sentir bien a los padres, pero a él o ella puede debilitarlo, e incluso, impedir el desarrollo de la fortaleza interior que más adelante necesitará para levantarse después de caer.

Tema:

Empresarios en ascenso

Invitados:

Don Trump, Jr. y Eric Trump

The Rich Dad Radio Show

Descarga la aplicación gratuita

www.richdad.com/radio

En mi programa de radio Rich Dad, entrevisté a los dos hijos de Donald Trump: Don Jr. y Eric. Durante casi una hora ambos jóvenes hablaron sobre cómo fueron criados como niños ricos y famosos. Ambos tuvieron ventajas que muy pocos disfrutaremos, sin embargo, su vida no fue sencilla. Su padre hizo que ambos trabajaran en los muelles y como obreros de equipos de construcción. Ocasionalmente he pasado tiempo con los dos y, por lo que he podido ver, aunque ambos son jóvenes pudientes, ninguno es un niño mimado. Estos chicos tienen los pies mejor puestos en la tierra que muchos de los hijos de mis amigos, a quienes les han brindado todo.

Los detonadores de la tragedia

Yo vivo en un próspero vecindario de Phoenix, en Arizona. El vecindario es pequeño, hay menos de cuarenta casas que forman un círculo alrededor de un campo de golf. Pero a pesar de lo pequeño de la comunidad, después de que los mercados colapsaron en 2007, hubo tres suicidios y un incendio.

P: ¿Quién se suicidó?

R: Uno de los suicidios fue el de un joven que había asumido el control del negocio multimillonario de su padre y lo perdió. La segunda persona que se suicidó se había casado por dinero y perdió la fortuna de su esposa. Al parecer, el suicidio le resultaba menos doloroso que la idea de enfrentar a su esposa en un juzgado para divorciarse. La tercera persona fue un "especulador" de bienes raíces que había comprado una casa por 3.5 millones de dólares y luego trató de venderla por 5. Al parecer, como no lo logró y tampoco pudo seguir haciendo los pagos, incendió la casa porque creyó que el pago del seguro era su única alternativa. Fue a la cárcel y, por lo que supe, acabó suicidándose.

P: ¿Era gente que parecía rica en el exterior pero no lo era en el interior?

R: Me parece que sí. También resulta interesante que, al mismo tiempo, muchos de mis vecinos pudientes, se volvieron todavía más ricos porque detectaron oportunidades durante el colapso. Aunque la crisis fue devastadora para muchos, a ellos los benefició.

También hubo un vecino que se metió en muchos aprietos económicos debido a lo mismo, pero en lugar de suicidarse, enfrentó la tormenta, encontró la manera de salir, y ahora es más fuerte, inteligente y... tiene mucho más dinero.

P: ¿Entonces encontró nuevas fortalezas y trabajó en ellas?

R: Eso creo. Caer puede resultar benéfico si levantarte te hace más fuerte. Por lo que yo he podido ver, si sólo le das dinero a la gente que ha caído en desgracia, se levanta pero no se vuelve más fuerte. Esto fue lo que pasó cuando los contribuyentes rescataron a nuestros bancos más fuertes. Según los reportes, estas instituciones son ahora 37 por ciento más grandes. Tal vez crecieron pero no se fortalecieron. Einstein dijo: "No podemos resolver problemas usando el mismo tipo de mentalidad que aplicamos cuando los creamos."

P: ¿Esto significa que la próxima caída será una monstruosidad?

R: Me temo que así podría ser.

P: ¿Entonces cómo encuentro mis fortalezas y las fortifico?

R: Éste es uno de los muchos secretos de la vida. Me gustaría tener la respuesta, tener una varita mágica, pero no es el caso.

P: ¿Crees que *dios creó las crisis para que nosotros tuviéramos la oportunidad de levantarnos y hacernos más fuertes?*

R: Me parece que sí. Al menos, ésa es una forma de verlo. Como ya dije en otro capítulo, uno de los principios generalizados de Bucky Fuller es el de la *emersión a partir de la emergencia.* Creo que estamos al borde de la emergencia financiera más fuerte de la historia del mundo, pero la pregunta es: ¿Cómo emergeremos de ella?

En la ruina

Kim y yo dejamos Hawái en diciembre de 1984. Sin absolutamente nada. Nuestro estado financiero combinado lucía así:

ESTADO FINANCIERO

Ingreso
0
Gasto
?

BALANCE GENERAL

Activos	**Pasivos**
0	$820,000

Terminamos a la deriva en San Diego. No teníamos ni empleo ni ingresos. Nuestros gastos eran bajos porque vivíamos en un auto prestado o en las habitaciones adicionales de algunos amigos. Comíamos sólo cuando teníamos dinero, lo cual no sucedía con frecuencia. Todos los días vivíamos en una emergencia económica.

Yo no tenía activos porque antes de dejar Hawái vendí todo (que, básicamente, eran bienes raíces en Hawái) para mantener en pie mi negocio de carteras de nailon para surfistas.

Los 820000 dólares que teníamos de pasivos correspondían a préstamos de inversionistas que también usamos para mantener el negocio. Cuando me separé de mis socios asumí la responsabilidad de pagar los préstamos, así que les llamé a mis inversionistas para hacerles saber que lo que iba a hacer, que les pagaría en cuanto me pusiera de pie otra vez. Algunos me dijeron que olvidara el préstamo, pero yo sabía que había otros a los que tenía que pagarles.

Estar en el presente

Esta historia sobre el tiempo que estuve en la ruina en San Diego la cuento porque la Segunda Parte del libro es sobre el presente. Antes de que Kim y yo pudiéramos movernos hacia el futuro, teníamos que tener un panorama claro de en dónde nos encontrábamos en el presente.

Mucha gente no está en el presente en lo que se refiere a sus finanzas porque, como carece de educación financiera, no sabe lo que es un estado financiero. También hay muchas personas que, a pesar del alto nivel de su educación, son "analfabetas" en el aspecto financiero porque no pueden leer ni usar estados financieros.

Si tú ya leíste *Padre Rico, Padre Pobre*, y jugaste CASHFLOW, ya tienes una comprensión de cómo funcionan estas herramientas, y tu entendimiento es mayor que el de muchas personas con bastante preparación. En cuanto trates de ver el futuro, tendrás que aprovechar y usar ese conocimiento.

Segunda oportunidad

Para 1994, nuestro estado financiero lucía así:

ESTADO FINANCIERO

Ingreso 10 000 dólares de inmueble para renta
Gasto 3 000 dólares de gastos personales

BALANCE GENERAL

Activos	Pasivos
52 departamentos para renta	85 000 dólares Residencia

No éramos ricos sino "millonarios de valor neto" porque recibíamos 120 000 dólares en ingreso pasivo del flujo de efectivo que generaban nuestros activos. No necesitábamos empleo. En los diez años que pasaron entre 1984 y 1994, alcanzamos la libertad financiera.

Todavía vivíamos en una casa pequeña y teníamos el mismo estilo de vida de la clase media. La diferencia era que nosotros no tendríamos que volver a trabajar jamás. Dejamos de ser esclavos del dinero, y el dinero fue el que empezó a trabajar para nosotros. Estábamos transformando orugas, pero sabíamos que nosotros mismos no éramos mariposas *aún*. Estábamos conscientes de que en nuestro interior se estaba llevando a cabo una metamorfosis, pero todavía no se completaba. Todavía no podíamos volar, debíamos seguir trabajando. Pero lo más importante es que sabíamos que nuestra riqueza crecía en nuestro interior, no en el exterior.

La gente luce más adinerada

En esos años, había mucha gente que se veía más adinerada que nosotros. Pero probablemente sus estados financieros lucían así:

Ingreso Salario alto de un empleo o profesión
Gasto Gastos elevados de un estilo de vida lujoso

Activos	**Pasivos**
Acciones, bonos, ahorros	Casa grande Autos bonitos Deuda de la tarjeta de crédito Préstamos estudiantiles

El problema es que mucha gente que tiene la apariencia de ser rica, está en problemas financieros en el interior. Al verlos no podrías imaginar que siempre batallan para llegar a fin de mes y que viven de una quincena a la siguiente. Muchas de estas personas sobrevivieron a la crisis de 2007, pero tal vez no tengan tanta suerte en el futuro. Y si la profecía de Padre Rico se cumple, toda esta gente podría ser la siguiente víctima de los turbulentos tiempos que se avecinan.

P: ¿Podrías repetirme por qué corre peligro este grupo de gente?

R: Por supuesto. En su libro *The Crash Course*, Chris Martenson declara que hay tres niveles de riqueza:

3 Riqueza terciaria
2 Riqueza secundaria
1 Riqueza primaria

La gente que tiene empleos bien pagados, casas bonitas, y dinero en el banco y en la bolsa de valores, posee riqueza terciaria. Chris afirma que en el próximo colapso, las personas con este tipo de riqueza –riqueza en papel de la adinerada clase inversionista–, serán las más afectadas.

P: *Entiendo que la riqueza terciaria es la riqueza de papel. ¿Pero cuál es la diferencia entre la riqueza primaria y la secundaria?*

R: La riqueza primaria es la *riqueza de recursos.* El petróleo, el oro, la plata, el pescado, los árboles y la tierra fértil, son algunos ejemplos de recursos.

La riqueza secundaria es la *riqueza de producción.* Un ejemplo de esto son los empresarios que realizan distintas actividades que producen usufructos, como los agricultores que producen alimentos, los pescadores que pescan peces, los petroleros que extraen petróleo, los mineros que producen oro y los propietarios de fábricas que producen distintos tipos de productos.

Quizá estés demasiado joven para recordar la comedia de televisión llamada *Los Beverly ricos*, pero te contaré la trama y la usaré para ejemplificar los tres tipos de riqueza.

Un día, un pobre montañés llamado Jed Clampett estaba "cazando pa' comer" en su propiedad, y el disparo que hizo cambió su vida. La bala dio, literalmente, en una mina de oro, o mejor dicho, en un yacimiento de crudo ("oro negro... té de Texas) que comenzó a emanar de la tierra. La Compañía Petrolera OK le pagó a Jed una pequeña fortuna por los derechos para taladrar en su propiedad y, como podrás imaginar, "el resto es historia". El viejo Jed se convirtió en millonario. El montañés era dueño del *recurso*: la riqueza primaria de la tierra y el petróleo mismo. En cuanto la Compañía Petrolera OK adquirió los derechos para taladrar en la propiedad de Jed, se hizo poseedora de la riqueza secundaria: la *producción.*

Pero, ¿de dónde sacó la compañía petrolera el dinero para pagarle a Jed por el crudo? De la bolsa de valores y de inversionistas privados… la riqueza terciaria.

P: *¿Entonces los poseedores de la riqueza terciaria son los ahorradores y los inversionistas en acciones que trabajan para estos recursos y negocios, o que tienen sus propias acciones de los mismos?*

R: Sí. Tal como lo explica Chris en su libro, los inversionistas en papel tienen "vales" que les permiten reclamar esa riqueza, pero no poseen la riqueza misma. El dólar estadounidense, por ejemplo, no equivale a riqueza. Es sólo un "vale" para reclamarla. Un accionista de una empresa como General Mills, sólo tiene un "vale" por una parte de la empresa, pero no es dueño de las granjas en donde se producen los alimentos.

P: ¿Y qué hay de malo en ello?

R: Si la bolsa de valores sufre una caída, los accionistas son los primeros en perder.

P: ¿Los accionistas son los primeros en perder? ¿Por qué?

R: Bueno, trataré de explicarlo de la manera más sencilla posible. Digamos que una empresa cierra. Si queda algo de dinero, los primeros a los que se les pagará lo que se les debe son los empleados. Después se les pagará a los proveedores, en tercer lugar a los acreedores –la gente que le prestó dinero a la empresa o le extendió un crédito–; y en último lugar, si acaso queda algo de dinero, se les pagará a los accionistas.

P: ¿La situación actual es más riesgosa para los accionistas?

R: Sí.

P: ¿Por qué?

R: Desde 1954, la inversión en acciones ha sido bastante segura porque el mercado de valores se ha mantenido en ascenso permanente. Ha habido algunas bajas, caídas y colapsos, pero el mercado siempre se ha recuperado y, en general, a los inversionistas a largo plazo les ha ido bien. De hecho, a muchos les ha ido demasiado bien.

P: *Por favor explícame otra vez lo que sucedió en 1954.*

R: En 1929, después de haber llegado a su nivel más alto con 381 puntos, la bolsa de valores sufrió un desplome que desencadenó la Gran Depresión. Tuvieron que pasar 25 años, hasta llegar a 1954, para que la bolsa volviera a alcanzar los 381 puntos. El mercado ha estado a la alza durante 60 años, y millones de personas han podido amasar grandes fortunas. En la gráfica siguiente podrás volver a ver el ascenso del que hablo.

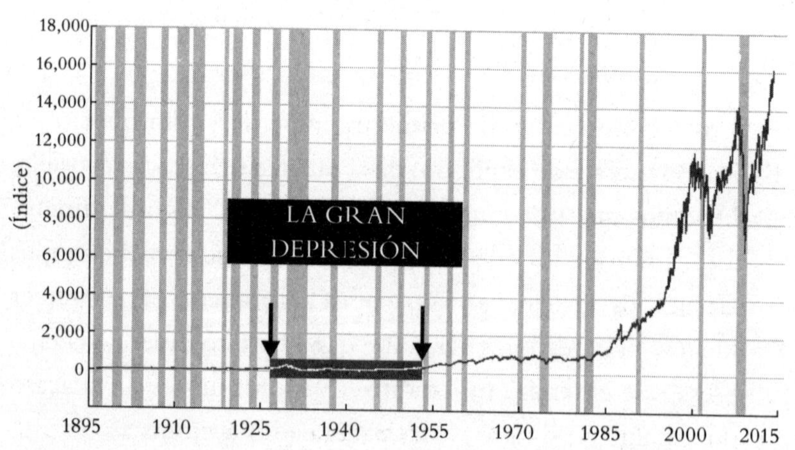

Las áreas sombreadas indican las recesiones en Estados Unidos
2013 research.stlouisfed.org

Aquí puedes ver por qué millones de personas han hecho fortunas desde 1954 y por qué tanta gente tiene su riqueza en la bolsa de valores. Ésta es la razón por la que muchos todavía siguen el viejo consejo de "invertir a largo plazo".

P: *Entonces el problema es que están invirtiendo a largo plazo en riqueza terciaria, riqueza de papel, ¿no es verdad?*

R: Así es. Y si alguno de los pollitos de la actualidad está en lo cierto –gente como Chris Martenson, James Rickards o Richard Duncan–, el mercado de valores se desplomará y, quienes posean riqueza terciaria, pagarán el precio.

P: *¿Quienes inviertan en riqueza primaria y secundaria tendrán más oportunidades de sobrevivir?*

R: Sí, pero te repito que no hay garantías.

P: *Si la riqueza terciaria termina siendo anulada, ¿qué pasará con el mundo?*

R: Imagino que las principales urbes financieras como Nueva York se llevarán la peor parte.

P: ¿Por qué?

R: Porque este tipo de metrópolis están construidas sobre riqueza terciaria. Buena parte de la riqueza de los residentes de Nueva York es de este tipo. En Manhattan hay pocas granjas, fábricas y pozos petroleros. Si la riqueza terciaria se desploma, pasará lo mismo con los condominios, las cooperativas y los tradicionales edificios neoyorquinos de piedra marrón. Si los residentes deben por sus viviendas más de lo que éstas valen, podríamos enfrentarnos a otra crisis hipotecaria. En este caso, sin embargo, no se debería a las hipotecas *subprime* de la gente pobre, sino a las colosales hipotecas de la gente pudiente.

P: ¿Cuál crees que sea la probabilidad de que esto suceda?

R: Mientas los gobiernos sigan imprimiendo dinero para pagar sus deudas, pagándole a la gente para que no trabaje, y manteniendo los mercados financieros en pie por medios artificiales, el problema seguirá creciendo.

En su libro *Currency Wars*, James Rickards escribe sobre esta creciente complejidad.

P: ¿Qué quiere decir con eso? ¿con "creciente complejidad"?

R: Que en lugar de resolver nuestros problemas, los gobiernos están ofreciendo soluciones cada vez más complejas para mantener la economía en pie de manera artificial.

James utiliza el ejemplo de la nieve que se acumula en la montaña. En lugar de detonar pequeñas cargas de explosivos para que la nieve caiga en cascadas ligeras, los gobiernos están construyendo barreras más altas, más grandes y más fuertes, con la esperanza de poder prevenir que la nieve acumulada se convierta en avalancha. Por la misma razón, estas complejas soluciones exigen soluciones nuevas que también son más intrincadas cada vez. Y esto, por supuesto, sólo exacerba el problema.

Como podrás imaginar, algún día nos quedaremos sin soluciones intrincadas y las barreras terminarán cediendo. Y en lugar de sufrir una serie de avalanchas sutiles provocadas intencionalmente, nos enfrentaremos a una montaña completa que se nos vendrá encima.

P: ¿Entonces cuál es la solución?

R: Una de las respuestas sería alejarse de manera personal de la *complejidad* y de la riqueza terciaria, y volver a la simplicidad, a las riquezas secundaria y primaria.

P: ¿Tú te has alejado de la riqueza terciaria?

R: De hecho nunca me involucro con ella. Casi no tengo nada en ahorros, acciones, bonos, fondos mutualistas u otros activos de papel. La mayoría de mi riqueza es primaria y secundaria.

P: ¿Por qué?

R: Porque mi Padre Rico nos enseñó, a su hijo y a mí, a invertir en estos dos tipos de riqueza: en recursos y en producción. Los verdaderos ricos sólo poseen riqueza primaria y secundaria. Siempre ha sido así, y siempre lo será.

P: ¿Me puedes dar algunos ejemplos?

R: Claro. En lugar de ahorrar dinero, que es riqueza terciaria, yo ahorro oro y plata en lingotes y monedas. Los metales son recursos y, por lo tanto, son riqueza primaria.

En lugar de invertir como accionista y adquirir acciones de compañías petroleras, que en realidad son riqueza terciaria, yo invierto como socio en la extracción de crudo, que es riqueza secundaria. Yo no soy el dueño de la compañía petrolera, sólo de un porcentaje del crudo, pero si el precio sube, recibo dinero, y si baja, también.

También poseo bienes raíces, particularmente edificios de departamentos. Los bienes raíces también son riqueza secundaria. No tengo acciones en Fideicomisos de Inversión en Bienes Raíces (FIBRAs o REITs, por sus siglas en inglés) porque estas acciones son riqueza terciaria.

Soy empresario pero nunca compro acciones de empresas. Lo que hago es vender acciones de *mis* empresas –riqueza terciaria– a inversionistas.

P: *Suena complicado y costoso. ¿Cualquier persona puede participar en la riqueza primaria y secundaria? ¿Aunque tenga muy poco dinero o poca educación financiera?*

R: Claro. Cualquiera puede hacerlo. Cualquier persona, por ejemplo, puede invertir en plata real, que es riqueza primaria.

Ahora que estoy escribiendo este libro, la plata se vende a aproximadamente veinte dólares la onza, pero ya bajó porque llegó a estar en casi cuarenta dólares. Si alguien no puede pagar todavía veinte dólares, puede buscar monedas estadounidenses de diez centavos de plata, previas a 1964. En otras palabras, sólo se necesitan diez centavos para convertirse en inversionista en riqueza primaria, en plata.

P: ¿Por qué es buena esta inversión?

R: Los precios del oro y la plata siempre suben y bajan debido a la demanda en el mercado y la manipulación del gobierno, pero a mí me parece que mientras el gobierno siga imprimiendo billetitos, guardar plata y oro –riqueza primaria–, tiene mucho más sentido que ahorrar dólares –riqueza terciaria–. Si la situación sigue igual, ahorrar dinero será lo más arriesgado que puedas hacer.

La plata tiene una ventaja sobre el oro y el papel moneda: que su suministro está decayendo. Los suministros de oro se mantienen relativamente constantes, en tanto que las montañas de papel moneda siguen en aumento. Actualmente se puede producir papel moneda en microsegundos; en cambio, se necesitan muchos años y millones de dólares para encontrar, desarrollar y echar a andar nuevas minas de oro y plata.

Las reservas de plata están decayendo porque además de ser un *metal precioso*, la plata es un *metal industrial*. Se le usa en la medicina, la purificación de agua y en la industria electrónica principalmente, pero tiene cientos más de aplicaciones.

No olvides que el oro y la plata han sido dinero de verdad durante miles de años; en cambio, es difícil decir con certeza cuánto tiempo durará el dólar estadounidense.

P: *¿Por eso el Bitcoin se ha vuelto tan popular?*

R: Tal vez. Cada vez que la gente pierda la fe en el gobierno, aparecerán nuevas divisas.

P: ¿Tú estás invirtiendo en Bitcoins?

R: No.

P: ¿Por qué?

R: Porque no los entiendo y, en mi opinión, el oro y la plata son fáciles de entender y difíciles de reproducir. Es muy difícil falsificar oro y plata.

Tal vez esté equivocado, pero me parece que el Bitcoin es riqueza terciaria. No puedo entender de qué manera podría ser riqueza primaria o secundaria, excepto en el caso de la gente que *produce* Bitcoins y otras formas de divisas cibernéticas.

Las buenas noticias

Tengo buenas noticias para la gente que deja atrás la riqueza terciaria y se enfoca en la riqueza primaria y secundaria. Estas personas en realidad están volviendo a la riqueza verdadera que poseen los ultra ricos.

En un capítulo anterior hablé sobre las cuatro eras de la humanidad:

1. Era de la Cacería
2. Era Agrícola
3. Era Industrial
4. Era de la Información

De cierta forma, la riqueza primaria es la de la Era Agrícola, la riqueza secundaria es la de la Era Industrial, y la riqueza terciaria le pertenece a la Era de la Información: la Era Invisible.

Independientemente de si la riqueza es visible o no, los verdaderos ricos invierten en los mismos tipos: riqueza primaria y secundaria.

Incluso en la Era de la Información, los verdaderamente ricos –como Bill Gates, Mark Zuckerberg y Oprah Winfrey–, poseen recursos y producción. En la Era de la Información, los recursos invisibles son la *propiedad intelectual*, activos que, aunque son invisibles, son tan reales como los bienes raíces. La propiedad intelectual puede surgir en forma de patentes, registros de marca o contratos. Todas estas propiedades son invisibles pero reales, y pueden llegar a ser extremadamente valiosas.

LOS RICOS NO TRABAJAN PARA OBTENER DINERO

En el Capítulo Uno de *Padre Rico, Padre Pobre*, encontrarás la frase: "Los ricos no trabajan para obtener dinero." Dicho de otra forma, los ricos trabajan para obtener riqueza primaria y secundaria; no por el "dinero" de la riqueza terciaria. Los ricos se esfuerzan en poseer recursos y producción; son empresarios. Los empresarios tienen una idea, buscan los recursos, construyen un negocio que convierte los recursos en productos, y luego estos productos se convierten en dinero. La riqueza de estas personas no está en su dinero, sino en su posesión de riqueza primaria y secundaria: recursos y producción que pueden ser visibles o invisibles.

Nuestro sistema educativo nos enseña que los estudiantes deben ir a la escuela, obtener un empleo bien pagado, trabajar duro para obtener dinero y ahorrarlo, e invertir a largo plazo en la bolsa de valores; pero todos estos son ejemplos de riqueza terciaria.

De cierta forma, la brecha entre los ricos y todos los demás, es una división entre quienes poseen riqueza primaria y secundaria, y quienes poseen riqueza terciaria.

P: *Entonces, si me empiezo a enfocar en la riqueza primaria y secundaria, ¿me acercaré más a los verdaderos ricos? ¿Los ricos de los que habló Fuller en su libro sobre el* Grunch*?*

R: Sí. Puedes enfocarte en la riqueza del GRUNCH sin ser deshonesto ni engañar a nadie. La riqueza no tiene nada de malo; sólo recuerda que hay distintas formas de adquirirla: correcta e incorrecta, legal e ilegal, moral e inmoral.

P: *Y si me enfoco en ir a la escuela, conseguir un empleo muy bien pagado, trabajar más, ahorrar dinero e invertir en la bolsa de valores, ¿me estaré alejando de la riqueza de los verdaderamente ricos?*
R: Correcto.

P: *¿Por eso en las escuelas no hay educación financiera?*
R: Correcto, pero claro, ésta es sólo mi opinión.

P: ¿Cómo puedo empezar a enfocarme en la riqueza primaria y secundaria?
R: ¡Ésa es la pregunta que quería escuchar! Aquí puede empezar tu segunda oportunidad.

P: ¿Entonces cómo comienzo?
R: Comienzas en el presente. Tienes que empezar en el lugar en donde te encuentras ahora.

P: ¿Y cómo hago eso?
R: De la misma forma que lo hicimos Kim y yo en 1984. Elaboramos nuestro estado financiero para darnos idea de cuál era nuestra situación económica.

Padre Rico solía decir: "Mi banquero jamás me ha pedido mi boleta de calificaciones. A él no le importa si mis calificaciones eran buenas o malas. Lo único que él quiere ver es mi estado financiero, porque quiere saber qué tan inteligente soy para manejar mi dinero."

Puedes empezar tomándote algo de tiempo para llenar los campos del formato de estado financiero que te presento a continuación. Ésta es tu boleta. Te va a decir en dónde te encuentras actualmente en el aspecto financiero.

Ejercicio para la Segunda oportunidad:

Toma una hoja de papel en blanco y dibuja el siguiente diagrama:

ESTADO FINANCIERO

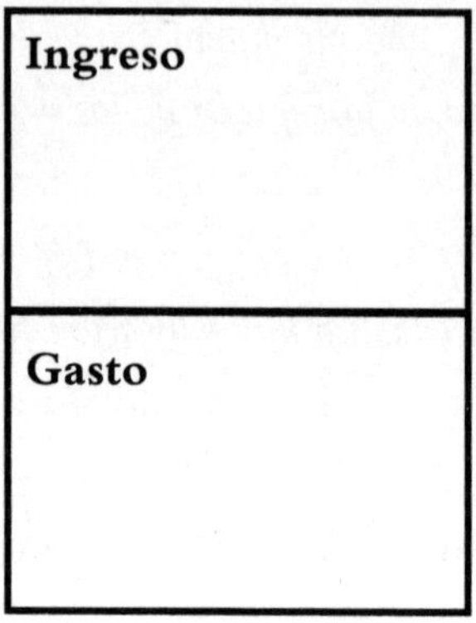

Ingreso
Gasto

BALANCE GENERAL

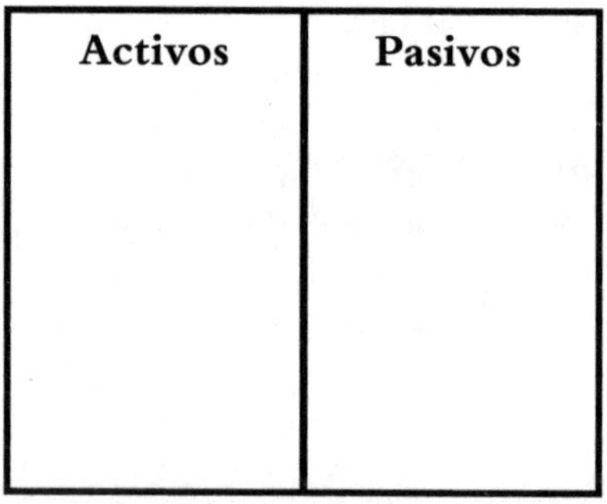

Activos	**Pasivos**

Nota importante

Recuerda que la definición de padre rico de "activo", es: "Los activos llevan dinero a mi bolsillo."

Su definición de "pasivo", es: "Los pasivos sacan dinero de mi bolsillo."

Para este ejercicio, sólo incluye los activos que realmente llevan *flujo de efectivo* a tu bolsillo; escríbelos en la columna de ingresos. Y en el caso de los pasivos, incluye todos, y escribe cuánto dinero te cuesta cada uno mensualmente. Registra los datos en la columna de Gasto, como se muestra en el ejemplo.

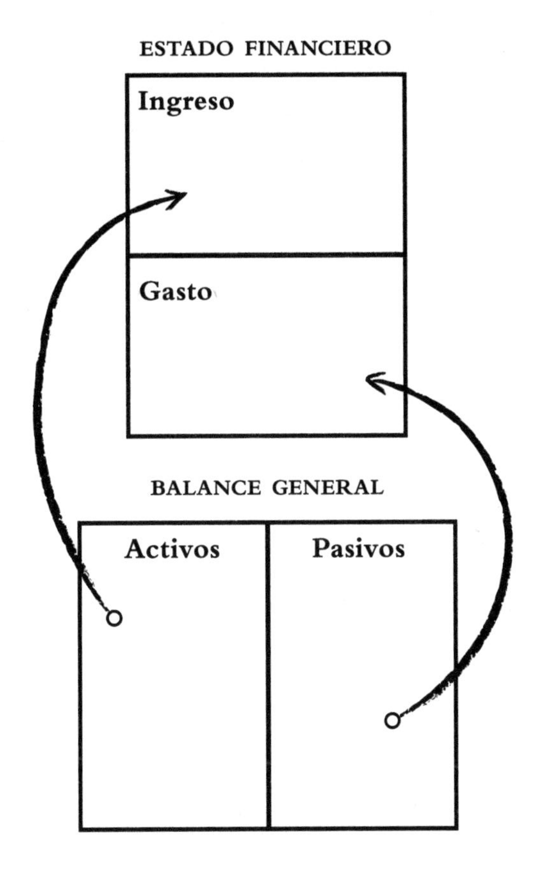

El poder está en el presente

Tu segunda oportunidad inicia en el presente, y puede comenzar hoy.

Ésta es una etapa muy difícil para mucha gente, pero también es el paso más importante del proceso de transformación de oruga en mariposa.

A muchas personas les resulta muy doloroso registrar su situación financiera actual en papel. Tal vez tú seas una de ellas, pero te exhorto a que respires hondo y no te eches para atrás. Un poco de dolor te puede ayudar a despertar a un mundo real para ti y tu familia.

Tal vez quieras pedirle ayuda a un amigo en quien confíes, alguien con quien puedas hablar mientras llenas tu estado financiero.

El dinero es un tema delicado, pero lo más probable es que tu amigo o amiga esté menos involucrado con tus finanzas que tú y, por lo tanto, te podrá ofrecer un punto de vista más objetivo.

No olvides que el poder de cambiar comienza en el presente. Si te saltas este proceso vas a perder tu poder, pero si te comprometes a atravesarlo, tu fuerza volverá. En cuanto encuentres el valor para enfrentar tu verdadera situación financiera, te sentirás vigorizado. En ese momento tomarás las riendas de tu futuro... y podrás dar inicio a tu segunda oportunidad.

P: ¿Por esto dijiste que sientes empatía por la gente con problemas económicos pero no lástima?

R: Sí. Yo he pasado por este proceso muchas veces. Ya viste uno de mis estados financieros, en el que tengo 820 000 dólares en la columna de pasivos. Sentir pena por mí mismo no me habría servido para deshacerme de esa cifra. Como ya lo mencioné, he tenido varias "segundas oportunidades", ocasiones en las que he tenido que volver a empezar. Aprovechar una segunda oportunidad nunca es sencillo, pero al menos, resolver mis problemas me volvió más ingenioso. Fue mejor que fingir que no existían o que tratar de que alguien más me los resolviera.

Además, todas las personas que la deseen, merecen una segunda oportunidad, siempre y cuando estén dispuestas a hacer cambios y a comprometerse con un plan de acción.

P: *Entonces, ¿al enfocarme en mi estado financiero personal puedo empezar a ver mis fortalezas y debilidades?*

R: Sí.

P: ¿Y en lugar de sentir pena por mí mismo y volverme más débil, ahora puedo empezar a encontrar mis fortalezas, salir de mi situación actual y *comenzar el viaje al futuro?*

R: Sí. Tu renovación comienza en cuanto te empiezas a enfocar en tus fortalezas. En ese momento da inicio la metamorfosis de oruga en mariposa.

Recuerda que tu estado financiero de hoy es tu *fotografía de "antes"*. Ahora estamos listos para ir al futuro y mirar tu *fotografía del "después"*, la imagen de tu futuro.

El futuro

Ahora que ya le echaste un vistazo honesto e inflexible a tu presente, es momento de que mires hacia el futuro.

Toma otra hoja de papel y dibuja el diagrama del estado financiero otra vez. Ahora vas a crear el Estado Financiero de tu Futuro.

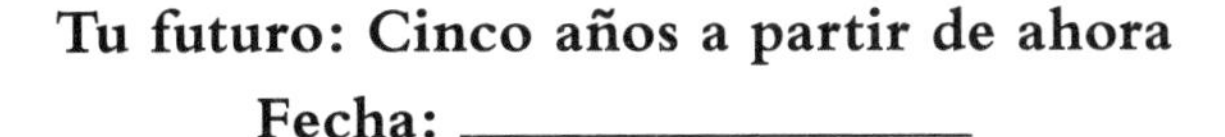

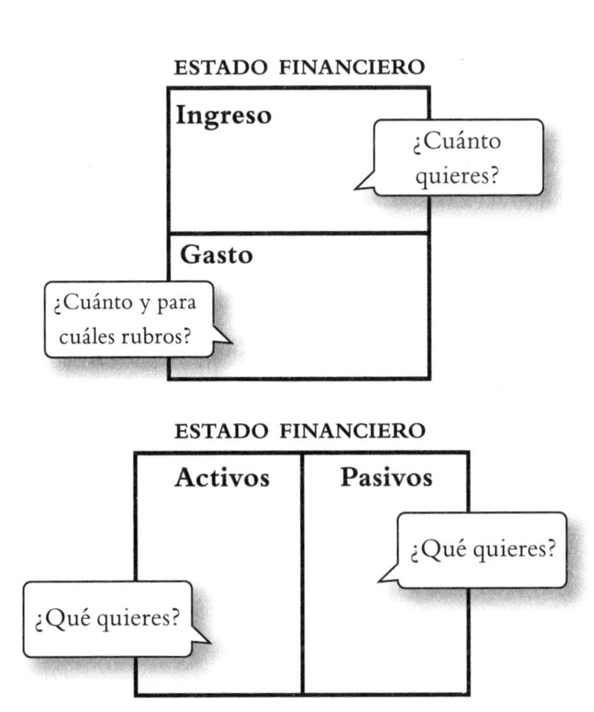

Elige tu activo

Hay cuatro tipos básicos de activos en un estado financiero:

Negocios

Bienes raíces

Papel

Insumos o Commodities

Tómate un momento para pensar y pregúntate qué tipo (o tipos) de activos te interesan más. No hay respuestas correctas ni incorrectas.

Déjame compartir contigo mis elecciones personales.

Mi primera opción siempre han sido los insumos o *commodities*. El oro y la plata me encantan. Empecé a coleccionar monedas de plata cuando tenía nueve años, luego fui a una escuela en Nueva York para ser oficial de un barco. Me especialicé en el petróleo y llegué a ser oficial en buques petroleros.

Lo que quiero decir es que en las inversiones es muy importante el amor. Yo, por ejemplo, amo el oro, la plata y el petróleo. El amor me facilita *estudiar* estos insumos. Como ya sabes, los precios del mercado suben y bajan constantemente; pero a mí no me importan las fluctuaciones porque amo mis activos y quiero tener más. Cuando los precios bajan, yo compro más.

Mi segunda opción son los bienes raíces. Amo los bienes raíces porque representan una manera sencilla de usar la deuda para adquirir propiedades. Además, está la ventaja adicional de que las leyes fiscales son favorables para la inversión en bienes raíces.

Yo adoro los bienes raíces, en especial, los edificios antiguos. Y este amor y gusto es lo que me facilita estudiar los bienes raíces y sus finanzas. Como no lo sé todo, siempre tengo que estar estudiando; te invito a que hagas lo mismo. Te repito que los precios del mercado suben y bajan. Cuando bajan, compro más, pero rara vez vendo porque me gusta conservar mis activos en bienes raíces y el flujo de efectivo que generan.

Mi tercera opción en cuanto a los activos, es ser empresario, es decir, una persona que echa a andar negocios. Yo he iniciado muchos negocios, pero varios no sobrevivieron los primeros años que siempre son cruciales. Los negocios que sí sobrevivieron, fueron el de billeteras de nailon y velcro, el negocio del rock and roll, mi compañía de educación, una mina de oro, una mina de plata, una compañía petrolera y, actualmente, The Rich Dad Company.

De todos los tipos de activos, el más difícil son los negocios. Tal vez por eso la gente más rica del mundo es empresaria. El camino puede ser largo y arduo pero, a menudo, cuando los empresarios ganan, lo hacen en grande.

Mi cuarta opción son los activos en papel. He asistido a muchas clases sobre opciones y acciones, y sé que no soy bueno en esto. No me agrada leer reportes anuales ni ver cómo suben y bajan los precios de las acciones.

Como empresario he tenido la oportunidad de formar tres compañías que he hecho públicas a través de una Oferta Pública Inicial, o IPO, por sus siglas en inglés. Lo hice sólo por tener la experiencia. Quería ver tras bambalinas la forma en que las compañías se construyen y luego son vendidas al público. Es un juego sucio y no lo disfruté... pero a ti tal vez te agrade. Ahora tengo millones de acciones, pero de *mi empresa*, no de los negocios de alguien más.

Date tiempo

Tu segunda oportunidad empieza en tu interior. Te invito a que te des tiempo suficiente para analizar y escudriñar los cuatro tipos de activos, y para estudiar tus opciones. Así descubrirás de cuál estás enamorado.

Tema:
Como usar la deuda para volverte rico
Invitados:
Ken McElroy

The Rich Dad Radio Show
Descarga la aplicación gratuita
www.richdad.com/radio

Si descubres que no te vuelve loco ninguno de estos tipos, tómate un descanso y espera hasta que encuentres uno que te enamore. Pero sé muy meticuloso. Lo más importante de elegir un activo es el amor, el amor a su estudio y a pasar tiempo analizando lo que pasa con él. Yo he asistido a muchos "seminarios" en los que le venden inversiones y le prometen retornos mágicos a la gente superficial, la que sueña con volverse rica de la noche a la mañana. Aunque existen algunas buenas inversiones, la mayoría son engaños, fraudes, e incluso mentiras de los promotores que sólo quieren echarle la mano a tu dinero.

Siempre recuerda esto: las mejores inversiones jamás se anuncian. Y con esto quiero decir *jamás*. Independientemente del tipo de activo, las mejores inversiones sólo se les venden a los *iniciados*, a quienes *conocen el sistema*. Cada vez que mi socio Ken McElroy tiene una nueva inversión, por ejemplo, sólo le llama a algunas personas y, de pronto, la inversión pasa a manos de uno de sus conocidos. La inversión queda perfectamente bien fondeada y cerrada. Ken no necesita imprimir folletos en papel reluciente ni organizar seminarios de inversión tipo pantomima para vender sus proyectos a inversionistas externos.

Uno de tus objetivos debe ser convertirte en un inversionista tan avezado, rico y conocedor, que puedas obtener información de primera mano y meterte al circuito de iniciados.

Como ya sabes, en el mercado público –la bolsa de valores–,el intercambio con información privilegiada es ilegal. En los mercados privados, sin embargo, la inversión con información privilegiada es legal. Por ejemplo, cuando la empresa china Alibaba se hizo pública, fue vendida a personas externas, pero la ganancia real ya la habían recibido quienes estaban involucrados y tenían información privilegiada.

Tengo un amigo que dice: "Todas las inversiones se hacen con información privilegiada de individuos involucrados. La pregunta es, ¿qué tan involucrado estás tú?"

Elige tu juego

Bucky Fuller solía decir: "Están jugando con el dinero." Lo decía con enojo porque a él no le gustaba ni el juego del dinero, ni el que juegan el gobierno y el GRUNCH.

Mi padre rico decía: "Encuentra el juego del dinero que te enamore y juega con el objetivo de ganarlo." Su juego era ser empresario en restaurantes, hoteles, tiendas de conveniencia y, particularmente, bienes raíces. En *Padre Rico, Padre Pobre*, hablé de Ray Kroc, fundador de McDonald's. Kroc solía decir: "Yo no estoy en el negocio de las hamburguesas. En realidad, McDonald's es un negocio de bienes raíces." En otras palabras, su negocio de alimentos compra los bienes raíces, y los bienes raíces que adquiere son algunos de los más costosos de todo el mundo. Los bienes raíces fueron el juego de mi Padre Rico, y ahora son el mío.

Padre Rico también acostumbraba decir: "A la mayoría de la gente no le gusta el juego del dinero, por eso elige tener un empleo seguro y recibir un cheque de nómina con regularidad."

"En lugar de jugar el juego del dinero, estas personas le entregan sus recursos a un asesor financiero, con la esperanza de haber elegido a alguien adecuado." También decía: "La mayoría de la gente no es rica porque va por la vida jugando el juego del dinero con *el objetivo de no perder,* en lugar de *jugar para ganar.*"

A mi padre pobre no le gustaba el juego del dinero, y por eso sólo jugaba con el objetivo de no perder. Su juego consistía en ir a la escuela, llegar a ser empleado del gobierno y que éste se hiciera cargo de él. Por desgracia, terminó perdiendo porque nunca jugó para ganar.

¿Qué juego quieres ganar tú? Si decides entrar al juego de Padre Rico, empieza por enamorarte de un activo, el que vas a querer estudiar. También tienes que comprometerte a esforzarte al máximo.

Tercera parte

El futuro

Si el dinero es basura…entonces,

¿qué es la educación financiera?

Introducción

En mi opinión, la mejor introducción a la Tercera parte es un resumen de la Segunda y la Primera...

¿**TIENE SENTIDO ir a la escuela** y aprender un poquito sobre el dinero?

¿Para qué ir a la escuela, conseguir un empleo, trabajar por dinero pero... nunca *aprender* sobre finanzas? La educación ejerce una poderosa influencia en nuestra vida diaria, por eso, hasta antes de la Guerra Civil, se les negaron varios tipos de educación a los esclavos de la misma forma que se les niegan a mujeres de muchas partes del mundo en la actualidad.

En el Capítulo Uno de *Padre Rico, Padre Pobre*, dice: "Los ricos no trabajan para obtener dinero." Los ricos no trabajan por un cheque de nómina. Padre Rico decía que la persona que firma el cheque ejerce una tremenda cantidad de poder sobre la que lo recibe y, para colmo, entre más ganas trabajando por un cheque, más dinero te quitan a través de los impuestos. Tal vez por eso el cheque de nómina de Steve Jobs era de un dólar al año.

Además de que los estudiantes casi no aprenden nada sobre el dinero en la escuela, cuando salen de ella están profundamente endeudados; y la deuda de los préstamos estudiantiles es la más onerosa de todas.

La gráfica que se presenta a continuación muestra el aumento en la deuda de los préstamos estudiantiles.

Total de préstamos al consumidor en posesión del Gobierno Federal y Sallie Mae (TOTALGOV)

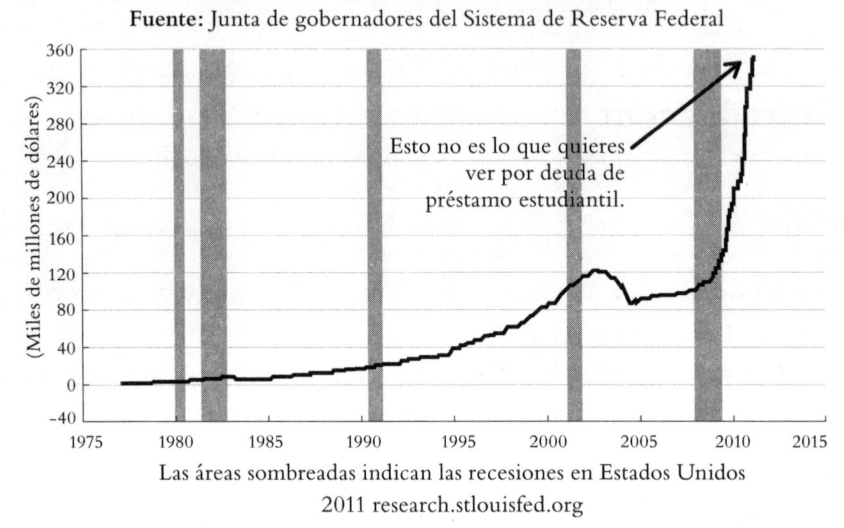

Las áreas sombreadas indican las recesiones en Estados Unidos
2011 research.stlouisfed.org

Lo peor de todo es que los cheques de nómina para los graduados de las universidades son cada vez más insignificantes.

La siguiente gráfica muestra la caída en el ingreso de los graduados universitarios.

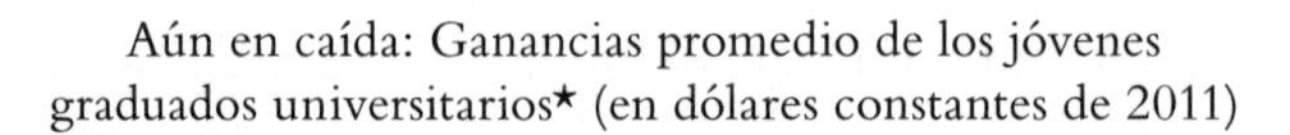

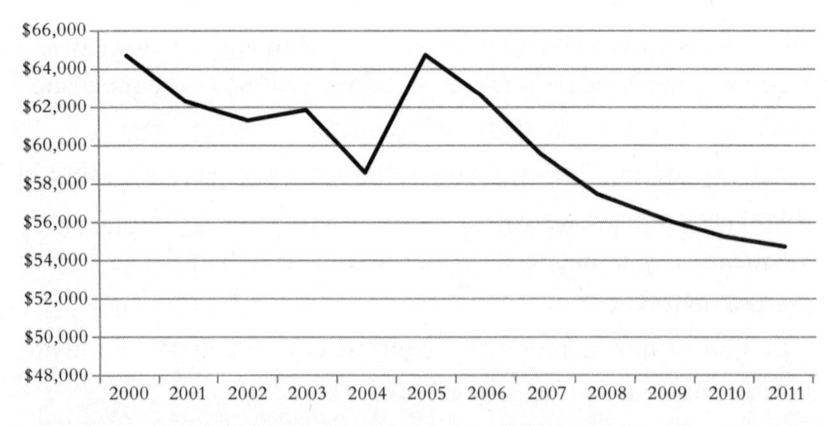

* Ganancias promedio de trabajadores de tiempo completo de entre 25 y 34 años de edad con título de licenciatura exclusivamente.
Fuente: Oficina de Censos, PPI

¿**TIENE SENTIDO esforzarse por ganar dinero** si la recompensa sólo es pagar más impuestos por el dinero que ganas?

La siguiente gráfica muestra que la clase media que recibe mayores ingresos paga los porcentajes más altos de impuestos. El 20 por ciento en el nivel superior, paga 50 por ciento de sus ingresos en impuestos, en tanto que el 1 por ciento en el nivel superior sólo paga el 13 por ciento.

Ésta es la razón por la que la clase media se está volviendo cada vez menos numerosa.

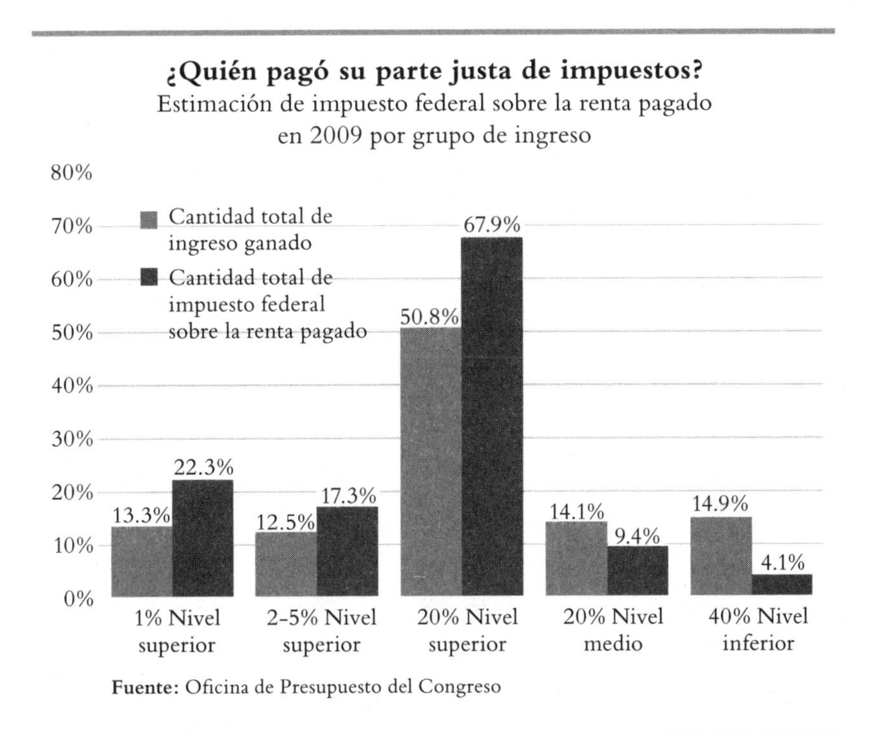

¿No te han cobrado suficientes impuestos?
Sólo espera a que Obamacare entre en acción.

Para pagar los generosos subsidios necesarios para cubrir los seguros de salud, así como una enorme expansión de Medicaid y otros gastos nuevos, Obamacare aumenta la carga fiscal y añade diecisiete nuevos impuestos o multas que afectarán a todos los estadounidenses.

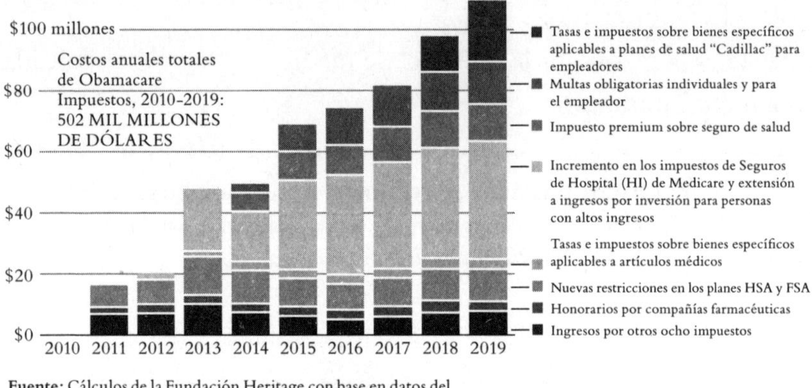

Fuente: Cálculos de la Fundación Heritage con base en datos del Comité Conjunto de Fiscalización, reporte de marzo de 2010.

Obamacare in Pictures heritage.org

Cuando trabajas por dinero, te despojan de tu riqueza a través de los impuestos.

¿TIENE SENTIDO decir que tu casa es un activo si en realidad es un pasivo?

Después de 2007, millones de personas descubrieron de muy mala manera que sus casas eran pasivos. Actualmente hay millones de personas que deben por sus casas más de lo que éstas valen. Lo peor de todo es que, debido a la deuda por los préstamos estudiantiles universitarios, millones de jóvenes ni siquiera pueden comprarse una vivienda.

La siguiente gráfica muestra el decremento en el valor de las casas.

Gráfica 2: La burbuja inmobiliaria de Estados Unidos: Índice Case-Schiller ajustado a la inflación (dólares de 1996)

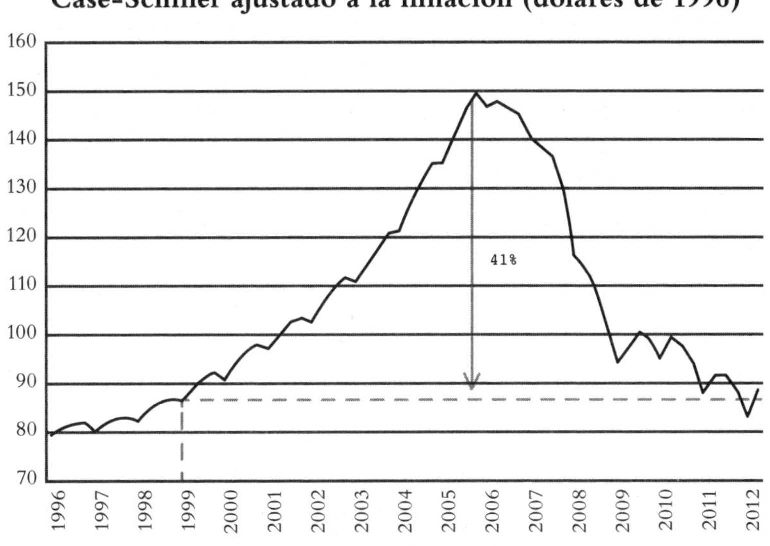

Como verás, te están robando tu riqueza gracias a tu falta de educación financiera. En este ejemplo se hace evidente que a lo que muchos llaman "activos", en realidad son "pasivos".

¿TIENE SENTIDO salir de deudas si los ricos usan la deuda para volverse más ricos?

Ahorradores

Deudores
con educación financiera

Los ahorradores del lado izquierdo de la ilustración ahorran los dólares que les quedan después de impuestos. El *sistema de reserva fraccionaria* del sistema bancario reduce el poder adquisitivo del dinero de los ahorradores al multiplicarlo, es decir, cada vez que les presta a los deudores con educación financiera (que lo invertirán), 10 dólares por cada dólar ahorrado. El sistema de reserva fraccionaria es la forma en que "se imprime el dinero", y todos los bancos lo aplican.

Ahora añade este dato a la ecuación: el interés por los ahorros está gravado con las tasas fiscales más altas, en tanto que la deuda... está exenta.

El Carry Trade

En el mundo de los inversionistas de alto nivel se maneja el término *Carry Trade.* Ésta es la forma en que los inversionistas con una enorme cantidad de recursos usan la deuda para hacer dinero. En 2014, por ejemplo, Japón bajó sus tasas de interés casi a cero. De inmediato, los inversionistas gigantes –como fondos de cobertura–, se apresuraron a pedir prestados miles de millones en yenes. Luego los convirtieron a dólares y, con ese dinero, adquirieron bonos del Tesoro de Estados Unidos, que pagan una tasa de interés más alta.

Para darte un ejemplo excesivamente simplificado, digamos que un fondo de cobertura de cualquier lugar del mundo pide prestado el equivalente a mil millones de dólares estadounidenses en yenes japoneses, con un interés del 0 por ciento. Luego convierte el yen a mil millones de dólares y compra mil millones de dólares en bonos de Estados Unidos, los cuales pagan dos por ciento. El resultado neto es que el fondo de cobertura gana veinte millones con los mil que pidió prestados.

A esta maniobra se le llama Carry Trade, y su símbolo es la carretilla que aparece en la ilustración anterior.

Sin embargo, pedir yenes prestados para comprar bonos estadounidenses provoca que:

- el dólar se fortalezca porque la gente compra dólares para invertir en bonos;
- los precios de los bonos suban;
- las tasas de interés caigan;
- las exportaciones estadounidenses se vuelvan más caras, lo que a su vez insta a la gente a comprar más productos japoneses porque son más baratos;
- el desempleo aumente en Estados Unidos;
- los precios del oro y la plata bajen;
- ...y que la vida se vuelva más difícil para los pobres y la clase media de todas partes.

Evidentemente, si Japón aumentara sus tasas de interés, el mundo entraría en caos, como sucedió en 2007.

MÁS SENCILLO

En un ejemplo todavía más simplificado podemos pensar que tú le pides prestado un millón de dólares al banco, sobre el que pagarás 0 por ciento de interés; y luego "acarreas" el dinero al otro lado de la ciudad y lo depositas en un banco que te paga 5 por ciento de interés. En este caso ganarías 50 000 dólares con el préstamo libre de intereses (adicionales al millón que pediste prestado).

Si el banco que te estaba cobrando 0 por ciento de interés repentinamente subiera su tasa de interés a 10 por ciento por el millón que pediste prestado, estarías en graves problemas porque tendrías que pagar 100 000 dólares de interés. Te verías obligado a comerte los 50 000 que ganaste en intereses (al 5 por ciento) Y ADEMÁS, tendrías que agregar 50,000 más que representarían una pérdida. Esto es lo que provoca los pánicos y los colapsos económicos.

A los bancos más grandes no les importa perder miles de millones de dólares porque, al parecer, el gobierno siempre está listo para involucrarse y "rescatarlos" si cometen errores. Y la gran excusa siempre es: "Los bancos grandes son demasiado importantes para dejarlos fracasar."

Si a ti o a mí nos pasara esto en cambio, tendríamos que declararnos en quiebra.

Los ricos tienen el poder de "rescatar" sus bancos. En el mundo de hoy, si los bancos hacen dinero, salen ganando; y si pierden dinero, los que terminan perdiendo somos tú y yo.

Por esto Bucky Fuller dijo: "Están jugando juegos con nuestro dinero." Éste es un ejemplo de la forma en que nos están robando a través del dinero, de lo que Fuller explica como el GRUNCH: "El flagrante atraco universal."

Te están despojando de tu riqueza a través de tus ahorros.

¿**TIENE SENTIDO ahorrar dinero** si el gobierno está imprimiendo más?

Base monetaria ajustada de San Luis (BASE)

Fuente: Banco de la Reserva Federal de San Luis

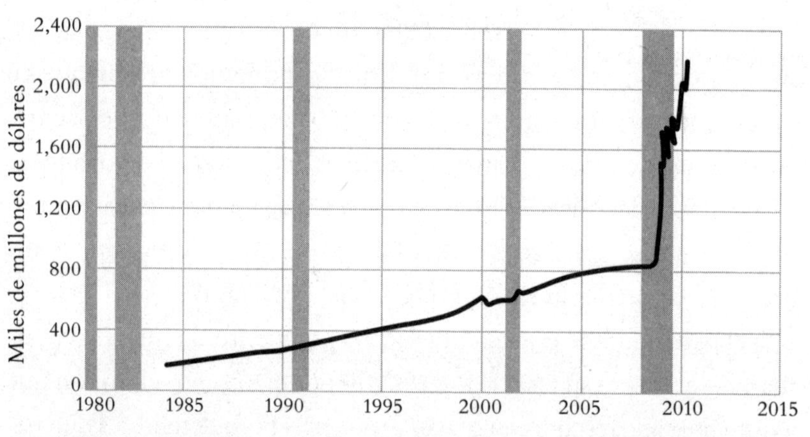

Las áreas sombreadas indican las recesiones en Estados Unidos.

Cuando los bancos imprimen dinero, la inflación sube.

Recuerda que los gobiernos incluyen los precios de los alimentos y combustibles en las cifras de la inflación.

En 1929, después de la "Gran Caída", Estados Unidos no imprimió dinero, y por eso cayó en la "Gran Depresión".

En 1918, la República de Weimar *sí* imprimió dinero y, debido a eso, Alemania cayó en la "Gran Inflación".

La gráfica siguiente muestra lo que sucedió en ese país.

Hiperinflación alemana de Weimar

Valor de un marco de oro en marcos de papel

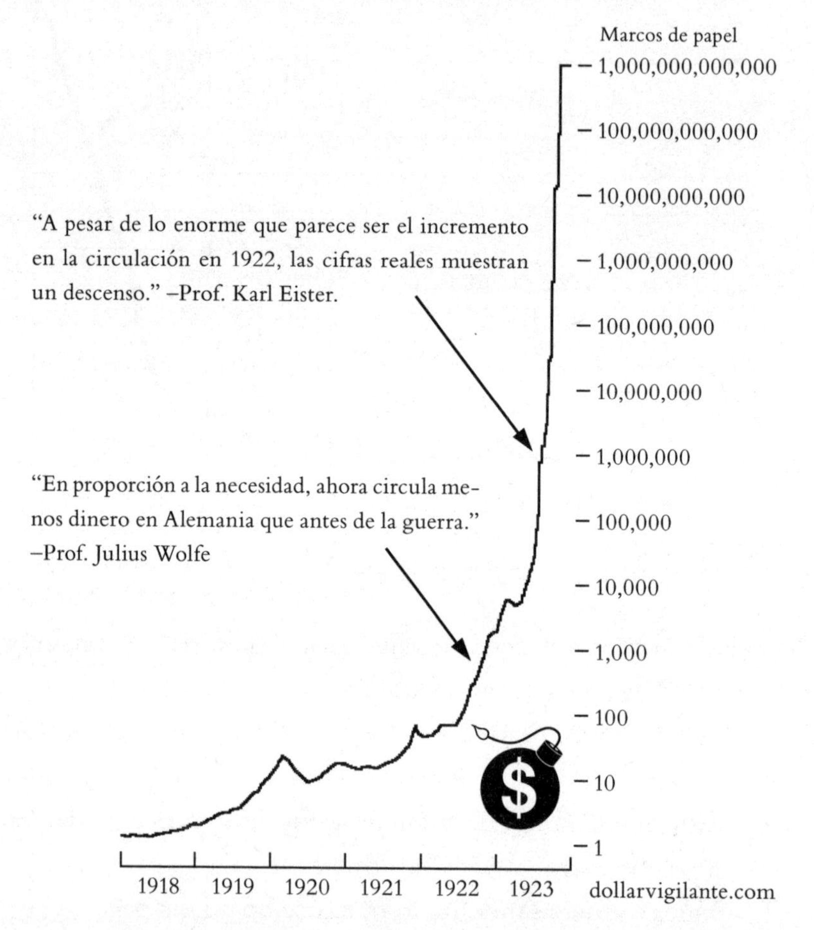

Actualmente Estados Unidos parece estar siguiendo a los alemanes de 1918-1923 en el camino a la hiperinflación.

Como se anotó arriba, parece que Estados Unidos sigue a los alemanes de 1918-1923 en el camino a la hiperinflación. La gráfica siguiente es prueba de la forma en que la Fed, Wall Street y los Guardianes de la Bolsa del presidente Reagan continúan "acelerando" el Down para evitar que colapse.

La Base monetaria *vs* El Dow

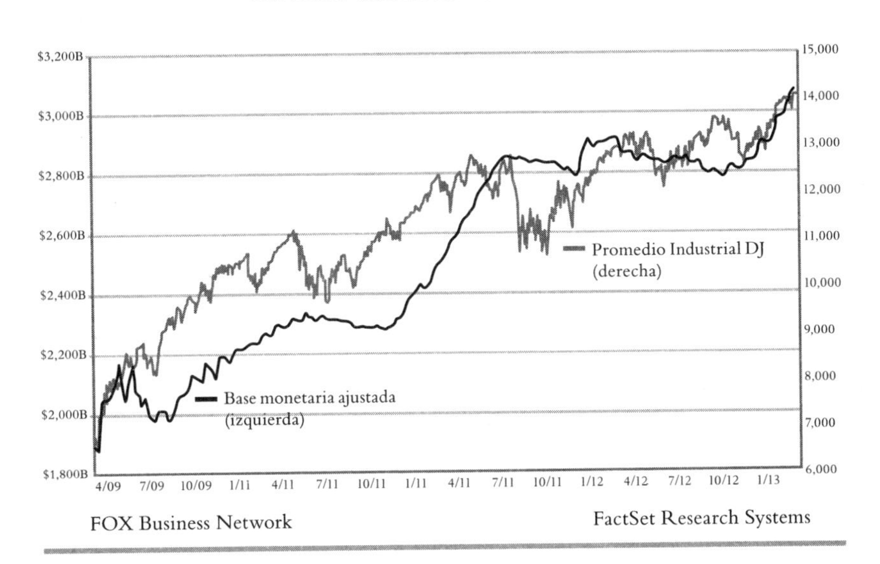

¿**TIENE SENTIDO invertir a largo plazo** si los mercados de valores están en sus puntos más altos y los inversionistas profesionales utilizan la negociación de alta frecuencia (HTF, por sus siglas en inglés) para invertir "a corto plazo" utilizando computadoras para comprar y vender acciones miles de veces por segundo?

Promedio Industrial Dow Jones (DJIA)

Fuente: Índices Dow Jones LLC de S&P

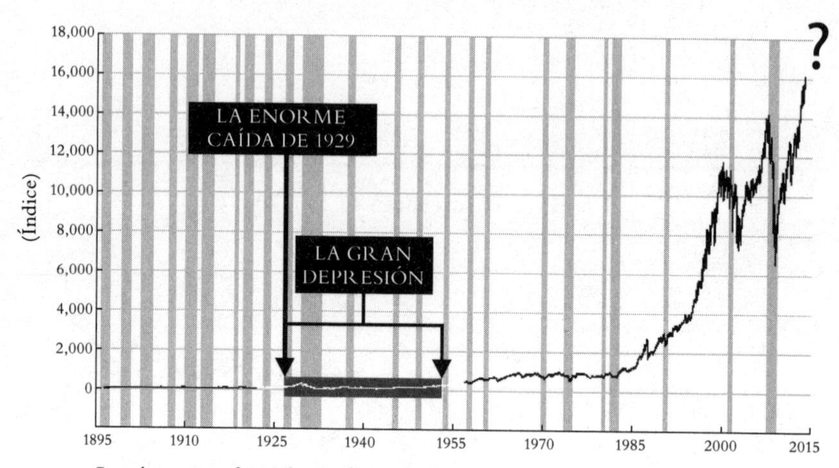

Las áreas sombreadas indican las recesiones en Estados Unidos

2013 research.stlouisfed.org

FRED

En *La profecía de Padre Rico*, publicado en 2002, Padre Rico predijo que aproximadamente en 2016 ocurriría una caída gigante. En el libro también se predijo una caída previa a 2016, que fue la de 2007.

Si observas con cuidado la gráfica anterior, verás que es posible que *La profecía de Padre* Rico se cumpla, pero esperemos que no sea así. Como todos saben, todo lo que sube tiene que bajar, así que, ¿para qué invertir a largo plazo si el mercado de valores está en un nivel alto de manera permanente?

Si Padre Rico y Bucky Fuller aciertan, quienes están metidos en la bolsa de valores podrían terminar siendo los más afectados. La bolsa es un ejemplo de a lo que Chris Martenson llama riqueza terciaria en su libro *Crash Course*.

Al invertir a largo plazo en riqueza terciaria, estás permitiendo que te despojen de tu riqueza. Me refiero a activos en papel como acciones, bonos, fondos mutualistas y ahorros. En esta era económica, yo sospecharía de cualquier cosa impresa en papel.

Y a quienes invierten en activos terciarios les recomendaría investigar sobre Bert Dohmen y su *Wellington Letter.* Me parece que Dohmen ha sido el más preciso pronosticador de los mercados du rante más de 30 años.

¿Qué es la educación financiera?

El dinero se ha estado transformando en basura, lo que nos sugiere que la educación financiera es *lo opuesto* a lo que se enseña de manera tradicional en las escuelas.

En la Tercera Parte de este libro hablaré sobre la otra cara de la moneda, de la dualidad, del yin y el yang de la educación financiera.

En esta parte verás que la educación financiera no se trata de estar equivocado o en lo correcto, sino de pararse en el canto de la moneda, mirar ambas caras –cara y cruz–, y luego decidir qué es lo que más te conviene a ti.

Capítulo nueve

Lo opuesto a "Ve a la escuela"

La esencia de todo lo que tiene éxito, es la integridad.
–R. Buckminster Fuller

Cuando regresé a Hawái de Vietnam en 1973, me quedé de base en la Estación Aérea del Cuerpo de Marina en Kaneohe. Mi contrato con el Cuerpo de Marina todavía duraría un año y medio más, pero decidí visitar a mis dos padres para pedirles sugerencias sobre lo que debería hacer cuando terminara. Me encantaba volar y me encantaba la Marina, pero la guerra había llegado a su fin y era momento de que yo siguiera adelante.

Mi padre pobre me sugirió regresar a la escuela, estudiar una maestría y, posiblemente, un doctorado más adelante.

Mi Padre Rico me aconsejó asistir a seminarios sobre inversión en bienes raíces.

Éste es un ejemplo de los opuestos en la educación. A continuación verás un estado financiero que ilustra las diferencias.

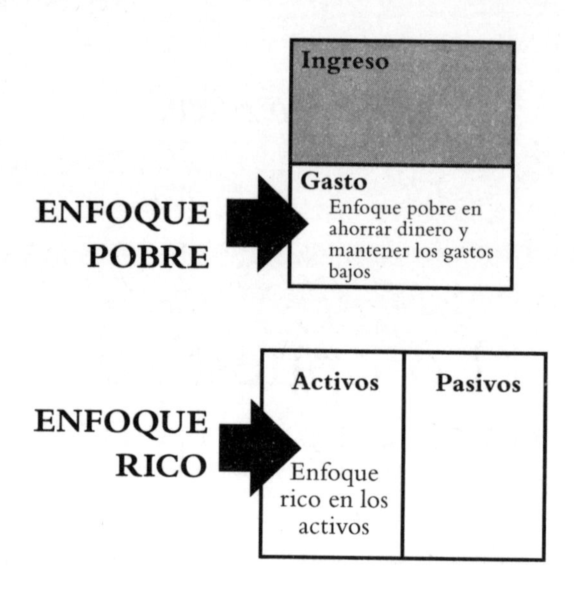

Mi padre pobre me recomendó volver a la escuela para conseguir un empleo bien pagado y un cheque de nómina en el ámbito corporativo estadounidense. Me recomendó que trabajara por dinero en la columna de ingreso.

Mi padre rico me recomendó aprender a usar la deuda para adquirir activos que generaran flujo de efectivo exento de impuestos.

Tomé las sugerencias de ambos y me inscribí en el programa de maestría de la Universidad de Hawái y en un seminario de tres días sobre inversión en bienes raíces. Después de terminar el seminario y comprar el primer "activo" que me generó flujo de efectivo, abandoné la maestría. Tenía 26 años y empezaba a comprender las diferencias entre cheque de nómina y flujo de efectivo; y entre deuda e impuestos.

P: ¿Cuál es la diferencia entre *estas opciones?*

1. Ser empleado, tener una maestría, ascender por la escalera corporativa y trabajar a cambio de cheques de nómina, bonos y un portafolio repleto de activos en papel.

2. Ser empresario, echar a andar negocios, invertir en bienes raíces y trabajar para crear activos que produzcan flujo de efectivo.

R: Hay muchas diferencias.

1. Jubilación temprana

Kim tenía 37 y yo tenía 47 años cuando alcanzamos la libertad económica. Como ya lo mencioné anteriormente, cuando dimos nuestro salto de fe en 1984, yo debía más de 800 000 dólares por las pérdidas de mi negocio de carteras de nailon. Sin embargo, para 1994 ya éramos libres en el aspecto económico, y dudo mucho que lo hubiésemos podido lograr de no ser por lo que aprendí en ese seminario de tres días.

En diez años construimos un negocio de educación financiera, pagamos la mayor parte de mi deuda anterior y adquirimos suficiente flujo de efectivo de nuestras inversiones en bienes raíces para ya no tener que trabajar.

Mi libro *Retírate joven y rico,* es una crónica de ese proceso de diez años.

2. Deuda e impuestos

La principal ventaja que tienen los bienes raíces por encima de los activos en papel –riqueza terciaria como acciones, bonos, fondos mutualistas y ahorros–, es el poder que brindan la deuda y los impuestos. Dicho llanamente, si inviertes en activos en papel, la deuda y los impuestos te empobrecen. Pero si inviertes de manera profesional en bienes raíces, estos mismos elementos pueden volverte rico.

3. Estabilidad financiera

Cada vez que hablo con grupos de gente sobre la próxima caída del mercado de valores, de inmediato me doy cuenta quién ha invertido ahí. En ese momento puedo ver el futuro de quienes dependen de la riqueza de los instrumentos en papel.

Si alguien me pregunta por qué no estoy preocupado, le recuerdo que buena parte de mi riqueza está conformada por bienes raíces.

Cuando me preguntan si el precio de mis bienes raíces no se desplomará con la caída, les recuerdo que mis complejos de departamentos están cerca de empleos que no se ven afectados por los problemas del mercado de valores. La mayoría de nuestros departamentos están importantes ciudades industriales como Houston y Oklahoma, o cerca de hospitales, universidades y grandes compañías de seguros. El precio del petróleo puede subir o bajar, pero el flujo de efectivo de las personas a quienes les rentamos los departamentos sigue llegando.

A la gente de mis conferencias le recuerdo lo que sucedió con los bienes raíces de ciudades como Detroit cuando la industria automovilística sufrió un colapso. Los inmuebles se desplomaron a la par de la industria. Actualmente, en Detroit se están demoliendo casas vacías. Una vez más, adiós a la suposición de que una casa puede ser un activo.

Lo que puedes aprender aquí, es que los bienes raíces sólo valen tanto como los empleos cercanos a la propiedad.

Si la industria de servicios financieros colapsa, se verán afectados los carísimos bienes raíces de ciudades como Nueva York, Londres, Shanghái y Tokio.

La mayoría de la gente necesita un lugar para vivir, y si no puede pagar por él, a menudo el gobierno subsidia las rentas.

Éstas son varias de las razones por las que los bienes raíces resultan menos afectados en las caídas del mercado de valores, y tan sólo algunas de las cosas que aprendí en el seminario de inversión en bienes raíces de tres días que tomé en 1973.

Si hubiera seguido estudiando la maestría y luego hubiera conseguido un empleo bien pagado en el ámbito corporativo, muy probablemente ahora sería un ejecutivo de mandos medios preocupado porque algún trabajador más joven familiarizado con la tecnología moderna y dispuesto a trabajar por menos, me quitara mi puesto. Y tal vez viviría temeroso de que una caída de la bolsa de valores aniquilara mis ahorros para el retiro.

Pero en lugar de eso, cada vez que los mercados de valores y bienes raíces caen, como sucedió en 2007, yo me vuelvo más rico porque puedo comprar más inmuebles a través de la deuda, incrementar mi flujo de efectivo y pagar menos impuestos.

Éstas son algunas de las ventajas de ver *el lado opuesto de la educación.*

Una enseñanza de Fuller

En una de sus conferencias, Fuller habló sobre la palabra "integridad". En su opinión, las cosas que tenían integridad "mantenían su forma". Nos dijo, por ejemplo, que un triángulo era la última figura que todavía tenía integridad.

Mientras hablaba comprendí mejor por qué mi Padre Rico tenía más dinero que mi padre pobre a pesar de que éste había estudiado un doctorado.

Ésta es mi interpretación de la plática de Fuller acerca de la forma en que la integridad se aplica a la educación.

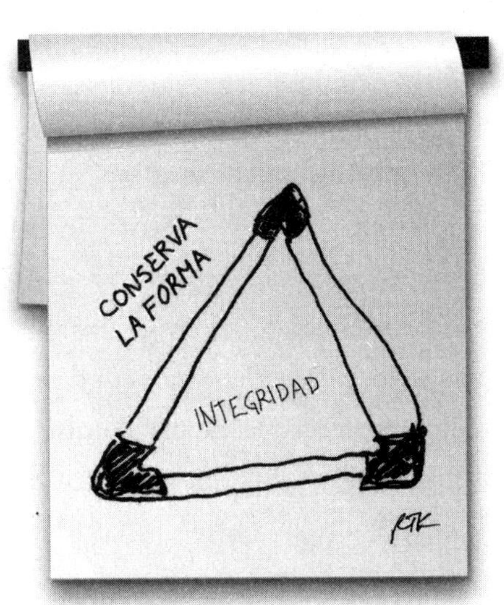

Chicos en universidades: Muchos estudiantes salen de las escuelas sin la preparación necesaria para enfrentar el mundo real porque, sencillamente, no cuentan con educación profesional.

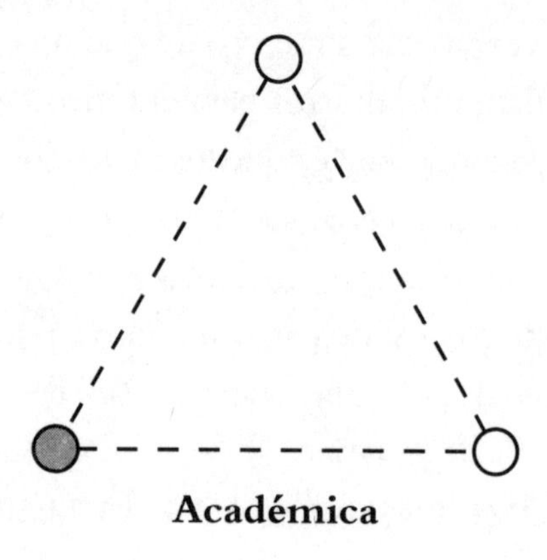

Muchos tienen que volver a la escuela para obtener educación profesional.

Padre Pobre: Mi padre pobre sólo tenía dos de los tres puntos del triángulo

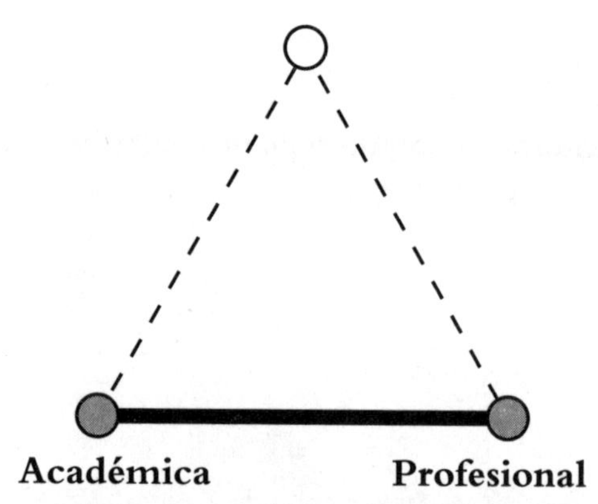

Mi padre pobre tenía dones académicos y contaba con educación profesional como maestro, pero como carecía de educación financiera, el dinero prácticamente se le escurría entre los dedos.

Padre Rico: Mi padre rico tenía los tres tipos de educación.

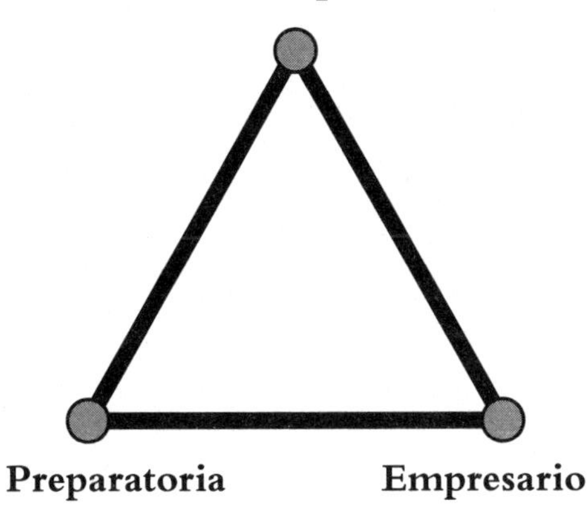

En lugar de ir a la universidad o a una escuela profesional, Padre Rico asistía a entre dos y cuatro seminarios al año. Los seminarios siempre eran de negocios e inversión, y se impartían los fines de semana.

Así pues, en lugar de obtener una maestría en 1973, seguí el camino educativo de mi padre rico. En 1996, Kim y yo ya habíamos alcanzado la libertad financiera y fundamos The Rich Dad Company para ofrecer seminarios, productos educativos, entrenamiento y programas de asesoría personalizada sobre actividades empresariales e inversión, a personas que deseaban la libertad financiera más que la "seguridad" de un empleo.

LECCIONES PARA TU SEGUNDA OPORTUNIDAD

Si vuelves a la escuela, tienes que saber la diferencia entre un cheque de nómina y el flujo de efectivo porque, en lo que se refiere a la educación, son conceptos opuestos.

La educación financiera es... **La cara opuesta de la moneda**.

En la escuela sólo aprendes a trabajar para obtener dinero.

La educación financiera te enseña a adquirir activos que generan flujo de efectivo.

Capítulo diez

Lo opuesto a "No cometas errores"

Los errores sólo son pecado cuando no se admiten.
–R. Buckminster Fuller

En 1973, al final de mi seminario de tres días sobre bienes raíces, el instructor dijo: "Ahora comienza su educación", lo cual confundió a los asistentes porque todos pensábamos que el seminario *ya era* nuestra educación.

Cuando terminó el seminario, nuestro instructor –que era un inversionista real en bienes raíces y contaba con un ingreso pasivo, en lugar de un maestro que trabajaba a cambio de un cheque de nómina–, dividió en equipos al grupo de 30 o 40 personas. Nuestra tarea era analizar, evaluar y escribir un reporte sobre cien propiedades para inversión. Nos dieron 90 días como plazo.

En mi equipo éramos cuatro personas. Todos estuvimos de acuerdo en reunirnos a lo largo de esos 90 días para hacer la tarea. Como podrás imaginar, para cuando terminó el plazo, ya sólo quedábamos dos. Los otros dos estaban demasiado ocupados trabajando para obtener su cheque de nómina y no tenían tiempo de hacer la tarea. No tenían tiempo de buscar activos.

Los 90 días que duró el proceso, fueron los más importantes de mi vida financiera. En ese lapso me transformé de una persona pobre, en una rica.

A continuación encontrarás un diagrama llamado Cono del Aprendizaje. Fue desarrollado por el psicólogo educativo Edgar Dale. Por favor tómate un momento para estudiarlo.

Fuente: *Cono del Aprendizaje*, adaptado de Dale (1969).

El instructor hizo que durante 90 días nos enfocáramos en la segunda sección del Cono del Aprendizaje: Simular la experiencia.

En ese período no compramos nada. Al principio nos reuníamos los cuatro por la tarde, revisábamos listas de propiedades y buscábamos las que coincidían con los criterios que habíamos aprendido en clase. Luego llamábamos a los corredores de bienes raíces y hacíamos citas para ver los inmuebles; veíamos entre tres y cinco diarios. Al final del día escribíamos un resumen en una sola página de un cuaderno de espiral: los hallazgos, las ventajas, las desventajas... lo bueno, lo malo y las oportunidades.

El proceso fue doloroso, tedioso y lento al principio. Nos sentíamos como bebés aprendiendo a caminar; y al final del primer mes, dos compañeros ya se habían retirado. Se cansaron de no encontrar nada que valiera la pena comprar.

Una de las cosas que nos desmotivaron, fue los corredores que siempre decían: "Lo que ustedes están buscando no existe en Hawái." A veces, agregaban: "Los bienes raíces en Hawái son costosos. Aquí no van a poder encontrar propiedades de bajo precio que les puedan generar un flujo de dinero positivo."

Padre Rico solía decir: "Les dicen *corredores* de bolsa o de bienes raíces, porque tienen que *correr* más que tú para perseguir la chuleta." Lo que quería decir es que la mayoría de los empleados y los autoempleados trabajan para conseguir dinero. Nosotros, como inversionistas en bienes raíces, estábamos en el lado de los Dueños de negocios y de los Inversionistas profesionales en el cuadrante, y por eso buscábamos activos que produjeran flujo de efectivo.

Lo que a mí me mantuvo motivado fue que sabía bien la diferencia de mentalidad entre los E y los A, y entre los D y los I. Para finales del segundo mes, ya volábamos. Todavía no encontrábamos nada, pero nuestras mentes podían detectar ligeras diferencias, sutilezas y aspectos que antes no notábamos. Empezamos a ver lo "invisible".

Al terminar el período de 90 días, le agradecí a mi compañero y continuamos por separado.

De las cien propiedades que evaluamos, sólo habíamos identificado cinco con potencial. Él sabía detrás de cuáles iría, y yo también.

Nuestro instructor nos había dicho: "Entre cien propiedades, tal vez tengan suerte si encuentran una propiedad de atractivo 'candente'." El propósito del curso de tres días y del subsecuente proceso de 90, era enseñarnos a revisar las 99 propiedades malas lo más rápido posible cada vez, para encontrar esa propiedad única con gran potencial.

La primera propiedad en que invertí fue un departamento de una recámara y un baño, frente a una hermosa playa de arena blanca en un pueblito cerca de Lahaina, en Maui. Ahí se venden algunos de los bienes raíces más costosos de todo Hawái. El complejo no era de lujo sino, más bien, tenía como objetivo proveer viviendas a los empleados que trabajaban en los hoteles de lujo de Lahaina.

El precio del departamento era 18 000 dólares: increíblemente bajo. Era una de ésas propiedades que los corredores decían que no existían. Otras propiedades similares en esa misma zona se vendían por 26 000 dólares. El vendedor era el mismo desarrollador del condominio y no quería pagarle comisión a un intermediario; por eso los corredores, que trabajan por comisiones, no habían tenido ninguna motivación para hablarme de la propiedad. La encontré por accidente.

El desarrollador tenía doce departamentos que quería vender lo más rápido posible. Me pidió un enganche de 10 por ciento y me dijo que él podía financiar el resto. Esto me evitó pedir un préstamo en el banco, lo cual fue favorable porque tenía malos antecedentes de crédito y no estaba ganando mucho dinero en ese momento. Usé mi tarjeta de crédito para financiar el enganche de 1800 dólares y, una vez que los gastos fueron cubiertos, empecé a recibir 25 dólares mensuales de flujo de efectivo positivo.

Ahora mismo puedo escucharte decir: "Pero esas gangas ya no se presentan estos días. Los bienes raíces son muy caros en la actualidad." Y eso fue precisamente lo que nuestro instructor del seminario nos advirtió que la gente diría en 1973. De hecho comentó: "La mayoría de la gente está tan ocupada trabajando para conseguir un cheque de nómina, que no tiene tiempo para volverse rica. Es mucho más fácil decir que las gangas no existen, que tomarse la molestia de analizar cien propiedades durante tres meses para encontrar una." También nos dijo: "La mejor transacción de tu vida llega todos los días."

Y yo sé que es verdad. Algunas de las mejores inversiones que hemos hecho Kim y yo, las hemos encontrado justo frente a nuestras narices, pero nunca nos habríamos topado con ellas si no las hubiéramos estado buscando. Kim encontró su inversión más rentable cruzando la calle del lugar en donde vivimos en Phoenix. Fue la inversión que la transformó en una mujer pudiente pero, claro, jamás habría "visto" la ganga si no hubiera analizado miles de malas propuestas.

En el Capítulo Siete escribí sobre mi amigo Graeme, quien encontró en Escocia una iglesia de 150 años de antigüedad. Recordarás que el gobierno le dio dinero para comprar y remodelarla. En su camino al trabajo, la gente del vecindario pasó durante cuatro años justo frente al enorme letrero de "Se vende" que estaba afuera de la iglesia, pero nadie se detuvo a buscar el activo: todos estaban demasiado ocupados tratando de conseguir sus cheques de nómina. Esa primera propiedad me hizo infinitamente feliz porque compré un activo que me generaba 25 dólares al mes, y no tuve que usar ni un centavo de mi dinero para adquirirlo. Fue la primera vez que experimenté el uso de la deuda para volverme rico. Luego regresé y compré dos departamentos iguales del mismo complejo y así empecé a ver la otra cara de la moneda.

Crucé la frontera entre la pobreza y la clase media, y el mundo de los ricos. Justamente como lo dijo nuestro instructor, yo ya no tendría que volver a decir: "No puedo pagarlo", jamás. Actualmente Kim y yo tenemos varios miles de edificios y complejos de departamentos, inmuebles comerciales, un hotel de lujo, un hotel boutique, cinco campos de golf y varios pozos petroleros que nos generan flujo de efectivo. Cada año añadimos más activos como estos a nuestro estado financiero y pagamos menos impuestos. Si la bolsa, los bienes raíces y los mercados petroleros vuelven a colapsar –lo cual sucederá porque todos los mercados lo hacen–, nosotros adquiriremos más activos a precios todavía más bajos y aprovecharemos el poder de la deuda y los impuestos para aumentar nuestro flujo de efectivo.

P: ¿No sientes pena por la gente que no puede ver lo que tú?
R: Sí y no. Porque todos tenemos las mismas oportunidades. Si así lo desea, cualquier persona puede hacer lo que los ricos. Las leyes fiscales que la gente adinerada aprovecha, están disponibles para todos los demás, pero sólo si tienen educación financiera y experiencia realizando transacciones en la vida real.

El verdadero problema son las elecciones que hacemos en cuanto a la educación, las que nos ciegan y nos impiden ver *la cara opuesta del dinero.* Yo escribo, diseño juegos y enseño para darles a otros las mismas oportunidades que a mí me dio mi Padre Rico.

Adonde quiera que voy en el mundo, la gente siempre me dice: "Pero no puedes hacer eso aquí." Lo dicen incluso cuando hablo en lugares como Phoenix, ciudades en las que *estoy haciendo* lo que dicen que es imposible. Pero claro, esas personas no pueden hacer lo que yo en el lugar donde viven, porque les enseñaron a trabajar por dinero, a conseguir un empleo seguro y su cheque de nómina. Las palabras las cegaron y les impidieron ver *la cara opuesta de la moneda.*

El poder de los errores

Otra razón por la que muy poca gente puede ver la otra cara u otros puntos de vista, es porque nuestras escuelas castigan a los estudiantes que cometen errores La pregunta es, ¿cómo puede aprender alguien si tiene miedo de equivocarse?

Si observas a un bebé cuando aprende a caminar, te darás cuenta de que da unos pasos, se cae y llora, pero después de un tiempo, lo vuelve a intentar... se pone de pie, cae y llora. Los bebés repiten el proceso hasta que llegan a correr. Luego el siguiente desafío es aprender a andar en bicicleta, y el proceso de aprendizaje continúa. Y si el niño se cae de la bicicleta, lo vuelve a intentar hasta que aprende a manejarla. Su mundo se expande gracias a los errores que comete.

Luego los chicos van a la escuela, en donde aprenden que los alumnos inteligentes son los que memorizan las respuestas correctas, y los que se equivocan son estúpidos. Después consiguen un empleo del cual los despiden si cometen errores. En otras palabras, en cuanto un niño va a la escuela, su proceso de aprendizaje se retrasa. A los cinco años aprende a tenerles miedo a los errores, y a tratar de no cometerlos.

Lo primero que piensan casi todos los empleados cuando les hablo de llegar a ser empresario y echar a andar un negocio o invertir en bienes raíces, es: "¿Y qué tal si cometo un error? ¿Qué pasará si pierdo dinero? ¿Qué pasará si fracaso?" Esta mentalidad es lo que impide que la gente sea rica. Desgraciadamente casi todos aprenden que no se deben equivocar porque eso los hace estúpidos. La gente se convence de que *no debe cometer* errores ni aprender de ellos.

Lo que impide el éxito

Si te fijas en lo que pasa en el mundo real, en el mundo afuera del sistema escolar, verás que la gente que fracasa más, también es la que más gana. Thomas Edison, por ejemplo, fracasó más de mil veces antes de inventar la bombilla eléctrica y fundar General Electric.

En su libro *Outliers*, Malcolm Gladwell nos cuenta que pocas bandas han fracasado tanto como lo hicieron los Beatles. Según Gladwell, cuando eran adolescentes llegaban a tocar durante doce horas al día, todos los días, a cambio solamente de cerveza gratis y un público lleno de chicas lindas.

Tiger Woods empezó a jugar golf a los tres años. A la salida de la escuela practicaba en un campo de golf cercano hasta que ya había oscurecido tanto que no podía ver las pelotas que tenía que golpear.

Si vuelves a ver el Cono del aprendizaje, entenderás por qué el fracaso conduce al éxito.

El Cono del aprendizaje

Después de dos semanas recordamos		Clase de participación
90% de lo que decimos y hacemos	Vivir la experiencia	Activa
	Simular la experiencia	
	Hacer una dramatización	
70% de lo que decimos	Dar una plática	
	Participar en una discusión	
50% de lo que escuchamos y vemos	Ver cómo se realiza la actividad en su entorno real	Pasiva
	Ver una demostración	
	Asistir a una exposición	
	Ver una película	
30% de lo que vemos	Ver imágenes	
20% de lo que escuchamos	Escuchar palabras (Conferencia)	
10% de lo que leemos	Leer	

Fuente: *Cono del Aprendizaje*, adaptado de Dale (1969).

El renglón que está justo debajo de *vivir la experiencia*, es el más importante del Cono. Me refiero al aprendizaje por medio de la *simulación*, el que separa a los ganadores de los perdedores.

Opuesto: errores

La diferencia entre mi programa de maestría y el seminario de tres días de bienes raíces fue ese segundo renglón: simular la experiencia real.

Durante todo el tiempo que estuve en la escuela nocturna estudiando para obtener la maestría, siempre nos imbuían la noción de "No cometer errores." Según este criterio, tenía que estudiar con muchas ganas en la escuela para que cuando consiguiera un empleo, no cometiera errores.

Esta idea contrastaba fuertemente con lo que nos decía mi instructor del curso de bienes raíces. Él nos motivaba a cometer errores lo antes posible, nos lo imploraba. Por eso dijo que nuestra educación comenzaría en cuanto saliéramos de su clase.

Sólo después de cometer cien errores en 90 días –y únicamente hasta ese momento–, nos recomendó que subiéramos al primer renglón del Cono del aprendizaje: *Vivir la experiencia*, lo que significaba comprar algo.

Después de vivir la experiencia y obtener 25 dólares al mes de flujo de efectivo con cien por ciento de deuda, me salí del programa de la maestría porque no quería trabajar para conseguir un empleo seguro y un cheque de nómina, y tampoco quería vivir con miedo de perder mi empleo si cometía un error.

El juego CASHFLOW

Mucha gente cree que cuando le sugiero que juegue CASHFLOW por lo menos cien veces, y que lo enseñe a por lo menos cien personas más, le estoy dando un discurso de ventas. Muchos creen que lo único que me interesa es su dinero.

Aunque las ventas son importantes para The Rich Dad Company, mi razón principal para recomendarle a la gente que juegue CASHFLOW tantas veces y que lo enseñe a cien personas, es que quiero que aprenda de la forma que Padre Rico nos enseñó a su hijo y a mí.

Tema:
Empresarios educadores:
Enseña el juego
Invitados:
Darren Weeks

The Rich Dad Radio Show
Descarga la aplicación gratuita
www.richdad.com/radio

Cuando tenía nueve años, Padre Rico nos hacía jugar *Monopolio®* una y otra vez, y de esa forma nos transmitía sus sabias palabras a su hijo y a mí cada vez que cometíamos un error en el juego.

Al igual que lo hicieron mi padre rico y mi instructor de bienes raíces, yo aliento a la gente a cometer la mayor cantidad posible de errores antes de vivir la experiencia real y usar dinero de verdad.

Darren Weeks, Asesor de Rich Dad, siguió mi consejo y empezó a enseñarle a la gente a jugar CASHFLOW. Hasta ahora les ha enseñado a más de 100 000 personas –en todo Canadá, Estados Unidos y Europa–, a jugar CASHFLOW y, gracias a ese proceso, se volvió multimillonario de paso. Darren sólo hizo en la vida real lo que aprendió al jugar y enseñar el juego, es decir, adquirir activos que produjeran flujo de efectivo.

P: ¿Entonces la clave del éxito es cometer errores y aprender de ellos?

R: Así es. En el mundo real a esto se le llama *práctica.* Los equipos profesionales de futbol, por ejemplo, practican cinco días a la semana, pero sólo juegan un día de verdad.

En los países sajones, los médicos y los abogados le llaman a su negocio, "práctica" por esta misma razón.

Y en la música y el teatro, a las prácticas se les llama "ensayo".

P: ¿Entonces los profesionales usan las prácticas y los ensayos para cometer errores y aprender de ellos antes de vivir la experiencia real?

R: Sí. En 2014 estuve en la Copa Ryder en Escocia y vi a algunos de los mejores golfistas del mundo jugar para los equipos de Estados Unidos y Europa. Los golfistas estuvieron practicando en la zona de *tee* el día previo a los juegos, y también hicieron varias rondas de juego. Además, siempre hacían unas dos o tres oscilaciones en falso antes de golpear la pelota. Por eso son ganadores en el golf, porque los ganadores cometen más errores que los novatos.

Bucky Fuller habla sobre los errores

Fuller decía esto sobre los errores:

A los seres humanos les dieron un pie izquierdo y uno derecho para cometer un error primero a la izquierda y luego a la derecha, y luego repetirlos.

El dibujo que te mostraré ahora fue algo que hice para ilustrar las palabras de Bucky.

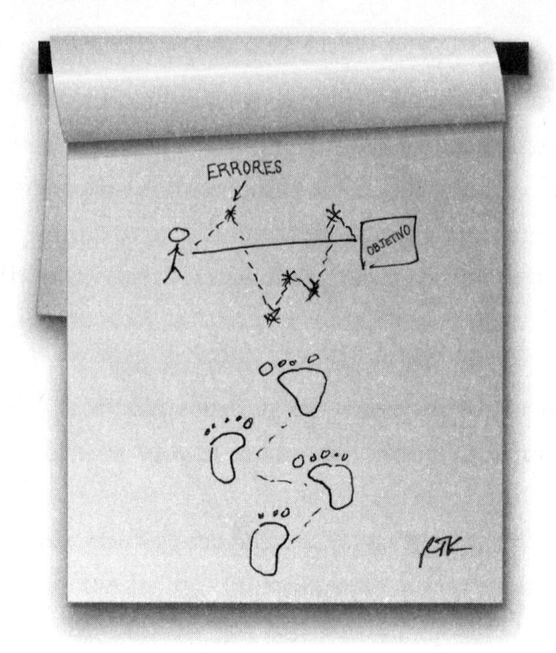

En un artículo intitulado "Mística del error", Fuller escribió:

Ese momento en que los humanos admiten ante sí mismos de manera realista que cometieron un error, es cuando están más cerca de la misteriosa integridad que gobierna el Universo.

Dicho de otra manera, en cuanto una persona admite que se equivocó, se acerca más a dios. Fuller afirma que: "Los errores sólo son pecado cuando no se admiten."

En otras palabras, cada vez que *omitimos* algo, pecamos, pero cada vez que lo *admitimos*, nos acercamos más a dios. Y según Fuller, sólo cuando aceptamos que nos equivocamos, "los humanos somos capaces de liberarnos de la confusión que provocó el error".

Es decir, dios diseñó a los humanos para aprender de sus errores.

En "La mística del error", Fuller afirma:

Actualmente, los maestros, los profesores y sus asistentes revisan los errores en los exámenes de los alumnos. Por lo general hacen una relación entre el porcentaje de equivocaciones y el porcentaje

> de conceptos a los que los alumnos fueron expuestos, y que pudieron recordar bien.
>
> Yo sugiero que el ámbito de la enseñanza modifique esta práctica y adopte un sistema en que todos los estudiantes entreguen periódicamente una reseña escrita de los errores que han cometido. Y no sólo de los que tienen que ver con la materia del curso, sino también los relacionados con su disciplina personal a lo largo del período. Este documento también incluiría lo que han aprendido a partir de la comprensión de que se han equivocado; el reporte deberá resumir lo que realmente han aprendido, no sólo gracias a sus cursos, sino también a su propia intuición e iniciativa.
>
> Asimismo, sugiero que, como los estudiantes, los maestros sean evaluados con base en su eficacia para ayudar a los alumnos a aprender sobre cualquier materia por medio del sistema de la naturaleza conocido como prueba y error. Entre más errores encuentren los estudiantes, mayor será su calificación.

Éste es exactamente el proceso por el que nos hizo pasar mi instructor. Escribimos lo que aprendimos de nuestros errores, no de nuestros logros. Estoy convencido de que gracias a ese ejercicio he podido hacer tanto dinero con pérdidas mínimas a partir de mis inversiones en bienes raíces.

Te reitero que el aprendizaje en el mundo real es lo opuesto al que ofrecen en la escuela.

Lección para tu segunda oportunidad

En la escuela gana quien cometa menos errores, pero en la vida real, gana quien cometa más.

La educación financiera es... **La cara opuesta de la moneda**.

Encuentra un lugar en donde puedas practicar, practicar y seguir practicando, y cometer un error tras otro.

Recuerda que la gente más exitosa es la que se equivoca más veces.

Capítulo once

Lo opuesto a "Saca buenas calificaciones"

Yo diría, entonces, que te enfrentas a un futuro en que la educación ocupará el primer lugar entre las grandes industrias del mundo.

–R. Buckminster Fuller

"Educación" es una palabra muy fuerte.

La educación es más importante que nunca antes.

Miles de millones de personas creen que la respuesta a la crisis económica actual es "Volver a la escuela". Pero creo que deberías preguntarte lo siguiente: ¿Es la mejor respuesta para ti?, ¿la educación tradicional te podrá dar una segunda oportunidad en la vida?

Tal como lo predijo Fuller, la educación ocupará el primer lugar entre las grandes industrias del mundo, sin embargo, ¿a qué tipo de educación nos referimos? ¿Hablamos de la misma educación que recibiste en la escuela? ¿Los estudiantes estarán sentados en un salón escuchando a un maestro, memorizando las respuestas y presentando exámenes? ¿El aprendizaje se hará por Internet o surgirá un proceso educativo radicalmente diferente?

Yo creo que pasará esto último. Si la educación va a ser la gran industria del mundo, no puede continuar en su estado actual, es decir, controlada por el gobierno y los sindicatos. Dentro de muy poco tiempo surgirá un nuevo proceso educativo y, cuando veamos en retrospectiva a los niños sentados en salones, escuchando a los maestros, memorizando las respuestas y presentando exámenes, diremos: "¡Qué primitivo! ¿Cómo es posible que alguien haya aprendido algo?"

En la gráfica siguiente verás una tendencia perturbadora. Aquí se muestra el incremento del desempleo entre los profesionistas que poseen educación universitaria.

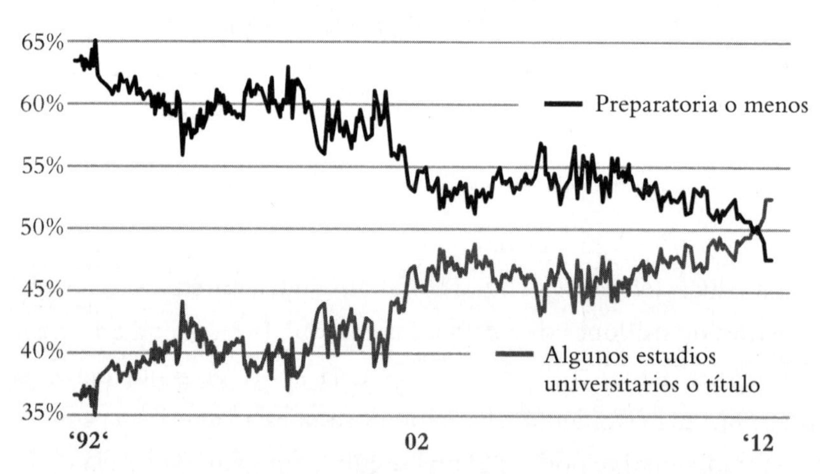

Fuente: Investor's Business Daily, adaptada de BLS
http://news.investors.com/article/611887/201205171857/most-unemployed-are-college-grads-dropouts.htm

¿Volver a la escuela mejorará sus vidas?

Amenazas a la seguridad nacional

Mike Mullen, almirante retirado con cuatro estrellas y otrora presidente del Estado Mayor Conjunto de los Estados Unidos, afirma que las dos amenazas más importantes a la seguridad nacional, son:

1. La deuda interna
2. La educación K-12

La preocupación del almirante por la deuda interna se refleja en la siguiente gráfica:

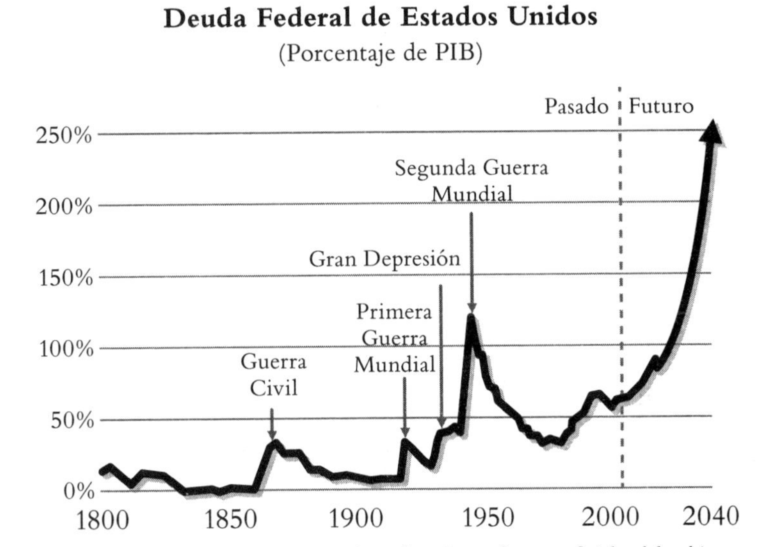

Fuente: Compilaciones PGPF. Proyecciones basadas en fuentes oficiales del gobierno.

La preocupación del almirante por la educación K-12 se refleja en las siguientes estadísticas.

1. Después de la Segunda Guerra Mundial, Estados Unidos tenía el primer lugar en graduados de preparatoria a nivel mundial, es decir, éramos #1. Actualmente somos el #22 de los 27 países industrializados.
2. Menos de la mitad –46 por ciento– de los estudiantes termina sus estudios en la universidad o escuela profesional. Esta

situación coloca a Estados Unidos en el último lugar: #18 de 18 países industrializados.

3. Dos tercios de los profesores universitarios reportan que lo que se les enseña a los muchachos en las "preparatorias", no los "prepara" para la universidad.

P: ¿La universidad o las escuelas profesionales te preparan para el mundo real?

R: Eso depende de cómo definas "mundo real"... y de lo que quieras en la vida.

Nuevamente te presento el Cuadrante de flujo de dinero o flujo de efectivo. En él se muestran los cuatro distintos ámbitos del mundo del dinero.

La educación tradicional –preparatoria, escuelas vocacionales, universidades y escuelas superiores–, preparan a los estudiantes para los cuadrantes E y A, o sea, para el lado en donde se desarrolló mi padre pobre. La gente de estos cuadrantes trabaja para obtener dinero. La educación tradicional no prepara a los estudiantes para pertenecer a las zonas D e I, el lugar en donde se desarrolló mi Padre Rico y donde la gente trabaja para adquirir activos y flujo de efectivo.

Para poder aprovechar tu segunda oportunidad en el mundo del dinero, tendrás que decidir cuáles zonas del cuadrante te convienen más.

La buena noticia es que, del lado derecho, en donde están los D y los I, puedes aprender por medio de la inteligencia que hayas desarrollado más en la vida.

P: ¿Hay distintos tipos de inteligencias?

R: Sí, hay muchos tipos de inteligencias.

Por desgracia, nuestro sistema educativo sólo se enfoca en dos inteligencias: la lingüística-verbal y la lógica-matemática.

Dicho llanamente, si eres bueno para leer y escribir, y disfrutas de las matemáticas, te va a ir bien en la escuela; pero si no fuiste bendecido con estas dos inteligencias… que tengas buena suerte.

P: ¿Quién descubrió las distintas inteligencias?

R: El profesor Howard Gardner de la Universidad de Harvard. Gardner escribió sobre las distintas inteligencias en su libro *Estructuras de la mente*, de 1983, en el cual identificó siete tipos distintos de inteligencia:

1. **Inteligencia lingüística-verbal:** La gente con este tipo de inteligencia aprende a través de la lectura y la escritura. Piensa con palabras, disfruta de los juegos de palabras, los crucigramas, y de escribir poemas e historias.
2. **Inteligencia lógica-matemática:** Estas personas piensan de forma conceptual y abstracta, y son capaces de explorar patrones y relaciones.
3. **Inteligencia corporal-kinestética (o corporal-cinestésica):** Las personas con esta inteligencia suelen llegar a ser atletas, bailarines y cirujanos; y aprenden por medio de la actividad del cuerpo.

4. **Inteligencia visoespacial:** Estas personas piensan en términos del espacio físico, es decir, como lo hacen los arquitectos, los pintores y los marineros. Es gente que está muy consciente del entorno que la rodea, y goza de dibujar y soñar despierta.
5. **Inteligencia musical:** Estas personas muestran sensibilidad al ritmo y el sonido. Adoran la música y con frecuencia estudian mejor si la escuchan.
6. **Inteligencia interpersonal:** Las personas con esta inteligencia tienen la habilidad de interactuar con otros. Son grandes comunicadores y aprenden de su convivencia con otras personas. Tienen muchos amigos, sienten empatía por la demás gente y son muy hábiles para desenvolverse en la ciudad.
7. **Inteligencia intrapersonal:** Estas personas se comunican consigo mismas, entienden sus propios intereses y objetivos. Suelen alejarse de los demás. Están en sintonía con sus propios sentimientos, y poseen sabiduría, intuición, motivación y una voluntad muy fuerte. Son gente que suele aprender por sí sola, de manera independiente.

Gardner ha seguido identificando muchas inteligencias más, y reconoce que todas ellas hacen que a nuestro sistema educativo de talla única, se le dificulte apoyar a los distintos tipos de estudiantes. Ésta es la razón por la que muchos jóvenes y niños odian la escuela a pesar de que les encanta aprender.

A mí, por ejemplo, no me gustaba leer, escribir ni estudiar matemáticas, sin embargo, adoraba surfear y jugar futbol americano; practicaba estos deportes durante horas. Me inscribí en una academia militar porque el aprendizaje era físico en principio. Ahí me calificaban dependiendo de lo bien que podía diseñar y navegar buques. Me fue bien en la escuela de vuelo porque, una vez más, ahí el aprendizaje era físico. Uno no puede aprender a volar leyendo un libro. Las matemáticas y las ciencias, sin embargo, siempre se me han dificultado, así que, de no ser por el aprendizaje físico, jamás habría podido obtener un título universitario.

Ahora que soy adulto, adoro la inversión en bienes raíces porque se trata de invertir en cosas que puedo ver, tocar y sentir. Las acciones, los bonos y los fondos mutualistas me desagradan porque la inversión en activos en papel es principalmente para quienes son buenos en la lectura y las matemáticas. Los empresarios deben tener una sólida inteligencia interpersonal para poder comunicarse con todo tipo de gente de distintas profesiones. No obstante, la inteligencia más importante para los empresarios es la intrapersonal, es decir, la habilidad para manejar el riesgo, las pérdidas financieras, el vivir sin cobrar quincenas durante períodos muy largos, los errores propios y de sus empleados, y el estrés constante.

Lo que debes preguntarte ahora es: ¿Cuál es tu inteligencia más vigorosa? ¿Cuáles son tu segunda y tu tercera inteligencias más sólidas?

Los distintos tipos de inteligencias son precisamente lo que hace que seamos tan diferentes. Las diferencias explican por qué algunas personas pueden funcionar mejor en ciertos cuadrantes. Si tu fuerte, por ejemplo, no es la inteligencia intrapersonal, tal vez será mejor que permanezcas en la zona E del cuadrante.

Educación para seres humanos

Uno de los problemas de nuestro sistema educativo actual es que pertenece a la Era Industrial. A los estudiantes los tratan como robots armados por otros robots en una línea de ensamblaje. Si uno de ellos no puede seguirle el paso al programa de ensamblaje, lo envían al inicio de la línea, en donde le ponen una etiqueta que lo califica como retardado o lento, o como si tuviera esa enfermedad inventada por los maestros: desorden de déficit de atención. Pero lo que en realidad tiene el chico que están tratando de ensamblar, es aburrimiento extremo.

El problema es que somos seres humanos, no robots, y todos los seres humanos son diferentes. En una familia con cuatro niños, los cuatros son distintos. Incluso los gemelos idénticos lo son.

Antes de que encuentres tu segunda oportunidad, es importante que aprendas a respetar tu inteligencia personal, tus fortalezas y debilidades. El hecho de que no hayas nacido siendo rico, que no te haya ido bien en la escuela, o que no se te facilite ascender en la escalera corporativa para obtener cheques de nómina más nutridos, no significa que no puedas encontrar riqueza, libertad y felicidad. La siguiente sección es importante porque es sobre la educación para los seres humanos, no para los robots.

EL TETRAEDRO

Fuller nos enseñó que el tetraedro, ilustrado a continuación, es la estructura mínima del Universo. El tetraedro es distinto al triángulo porque define un volumen en lugar de un área.

Com los seres humanos tienen volumen, voy a usar el tetraedro para representar la inteligencia y lo que nos hace humanos.

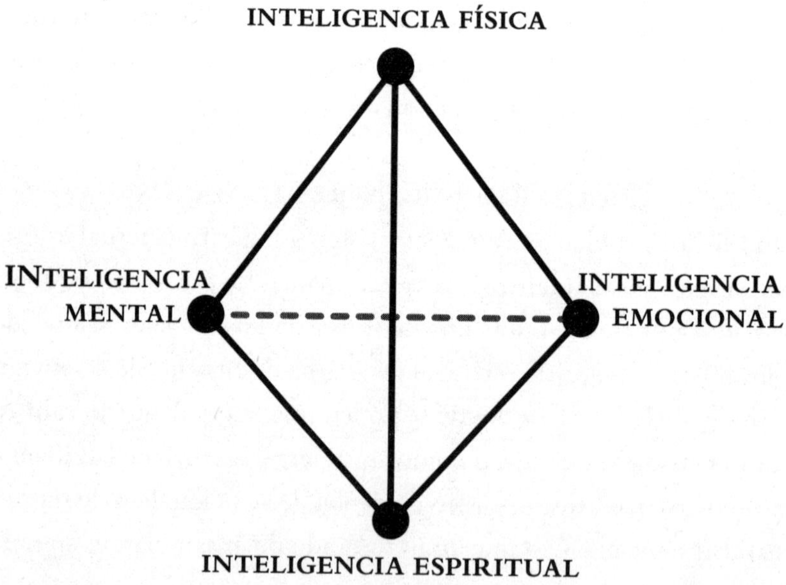

Inteligencias distintas

He enseñado de manera profesional desde 1984, y entre más enseño, más compruebo que los seres humanos tenemos cuatro inteligencias distintas:

1. **Inteligencia física:** Los atletas connotados son gente que tiene el don de aprender a través de lo físico. La inteligencia física está en los músculos. Los golfistas, por ejemplo, te pueden decir que necesitan desarrollar su "memoria muscular".
2. **Inteligencia mental:** La mayoría de la gente a la que le va bien en la escuela tiene el don del aprendizaje mental. La inteligencia mental está en el cerebro, por eso la gente dice: "Déjame pensarlo."
3. **Inteligencia emocional:** La inteligencia emocional es la inteligencia del "éxito". Esto significa que entre más alta sea la inteligencia emocional de una persona, mejor sabrá lidiar con los desafíos de la vida como el miedo, la pérdida, la ira y el aburrimiento. *La inteligencia emocional está en nuestro estómago... en las vísceras.*
4. **Inteligencia espiritual:** *La inteligencia espiritual se encuentra en el corazón.* Los artistas, los poetas y los líderes religiosos tienen el don de este tipo de inteligencia.

P: ¿Por qué la inteligencia física va al principio?
R: Porque todo el aprendizaje es físico, incluso la lectura, el pensamiento y la escritura. Albert Einstein dijo: "Nada pasa sino hasta que algo se mueve."

P: ¿Por qué la inteligencia espiritual está en la parte inferior?
R: Porque la inteligencia espiritual es la más poderosa de todas.

Entre más alta es la inteligencia espiritual de una persona, más amable y generosa es. Si la inteligencia espiritual tiene un nivel bajo, la persona será más mezquina, codiciosa y, con frecuencia, corrupta. Cada vez que la gente miente, defrauda y roba, sacrifica su inteligencia espiritual. Como ya sabes, hay personas que llegan a vender su alma por dinero, Muchos lo hacen al trabajar en un negocio que asesina su espíritu. Algunos otros incluso llegan a matar a gente de su familia por dinero.

En mi opinión, esta crisis financiera es, en esencia, una crisis espiritual. Hay demasiada avaricia, crimen y corrupción en el mundo.

Por todo esto, es importante que fortalezcas las cuatro inteligencias que te hacen ser humano, particularmente si deseas una segunda oportunidad en la vida.

P: ¿Cómo puedo fortalecer mis distintas inteligencias?

R: Puedes hacerlo cambiando tu entorno. Ir al gimnasio, por ejemplo, puede fortalecer tu inteligencia física. También puedes hacerlo aprendiendo nuevas habilidades de negocios –como vender–, o tomando una clase de pintura.

Ir a la biblioteca, sentarte a leer en silencio y estudiar, puede fortalecer tu inteligencia mental. Tomar clases de inversión te servirá para fortalecer tu inteligencia mental, sobre todo si tienes miedo de perder dinero.

P: ¿Y la inteligencia emocional?

R: La inteligencia emocional es la más importante para poder tener una segunda oportunidad en la vida.

Gardner le llamaba inteligencia intrapersonal. Si una persona no puede aprender a controlar sus emociones, tal vez nunca cumpla sus sueños en la vida.

P: ¿Me puedes dar algún ejemplo?

R: Claro. Hay mucha gente que es muy inteligente en el aspecto mental pero es débil en lo emocional. Muchos maestros, por ejemplo, poseen inteligencia mental, pero a veces sus emociones –como el miedo a fracasar–, les impiden avanzar en lo financiero.

Hay otro ejemplo de inteligencia emocional llamado "gratificación retardada". Mucha gente quiere volverse rica en poco tiempo, pero trabajar con este propósito es una señal de inteligencia emocional baja. Estas personas no pueden esperar las recompensas. Tengo un amigo que invierte en bienes raíces pero tiene el problema de que, en lugar de ponerse feliz porque obtuvo flujo de efectivo constante, decide vender su propiedad (a cambio de ganancias de capital gravadas) en cuanto los precios suben. Vender para obtener ganancias de capital es como matar al ganso de los huevos de oro.

P: ¿Cómo puedo fortalecer mi inteligencia emocional?

R: Contrata a un entrenador o *coach*. Todos los atletas profesionales tienen uno, también la gente exitosa. Yo he conocido a maravillosos entrenadores que han mejorado mi vida enormemente. El trabajo del entrenador es sacar lo mejor de ti.

Si no puedes pagar uno, busca un amigo que pueda serlo; tiene que ser alguien que te ayude a ser constante en lo que tienes que hacer.

También he tenido entrenadores emocionales, es decir, "terapeutas". Los terapeutas son gente con quien puedes hablar respecto a tus dudas y miedos más profundos, los más oscuros.

Mucha gente suprime o se guarda muy bien las emociones. Tengo una amiga, por ejemplo, que perdió a su hijo y, en lugar de buscar ayuda profesional, trató de "enfrentarlo ella sola". Mi amiga "reprimió sus emociones", y el problema con eso es que para mantener todos esos sentimientos ocultos y contenerlos, se requiere de muchísima energía. Si la emoción se libera, la persona tiene más energía para realizar actividades productivas. Las emociones reprimidas suelen conducir a un estado de "in-comodidad". Tiempo después le diagnosticaron cáncer a mi amiga. No sé si hay una relación entre las emociones y la enfermedad, pero sospecho que sí.

Tema:
Actividad empresarial social
Invitados:
Josh y Lisa Lannon

The Rich Dad Radio Show
Descarga la aplicación gratuita
www.richdad.com/radio

¿Qué es la fe?

La inteligencia espiritual y la inteligencia emocional son fundamentales para la fe, y la fe es vital para tu segunda oportunidad. Bucky Fuller dijo: "La fe es mucho mejor que las creencias. En las creencias, el que piensa siempre es alguien más."

Cuando Kim y yo iniciamos nuestro viaje, cuando dimos nuestro salto de fe en 1984, lo único con que contábamos era la fe que teníamos en nosotros mismos y la fe en que, si hacíamos bien las cosas, todo saldría bien. Uno de los efectos secundarios de nuestra fe fue que nos hicimos más astutos a lo largo del camino. Desde el principio tuvimos fe en que nuestra inteligencia crecería a pesar de que ni ella ni yo habíamos sido genios en la escuela. Ambos obtuvimos títulos a nivel profesional, pero lo que aprendimos en el camino a partir de 1984, no nos lo enseñaron en ninguna institución.

Lo que nos mantuvo motivados fue la fe y la inteligencia emocional, no la inteligencia académica. Ambos retardamos las recompensas y pasamos largas temporadas sin recibir cheques de nómina. Y a pesar de que siempre andábamos muy cortos de dinero, continuamos invirtiendo a través de deuda y finanzas creativas; nunca "especulamos" con nuestras propiedades para obtener dinero rápido (habríamos pagado más impuestos); trabajamos con mucho ahínco en nuestro negocio para generar más flujo de efectivo. Y como retrasar la gratificación nos impedía tener mucho dinero, nos volvimos mejores empresarios e inversionistas. En otras palabras, la adversidad nos hizo más astutos.

Lección de Bucky Fuller

Una de mis citas favoritas de Fuller, es: "Dios es verbo, no sustantivo."

Ésta es la razón por la que siempre coloco la inteligencia física en la parte superior del tetraedro, y la inteligencia espiritual en la base. Para que puedas encontrar tu genialidad –particularmente si no te fue bien en la escuela–, tienes que cometer errores y aprender de ellos. Sólo así encontrarás la fe para descubrir la verdadera inteligencia que dios te dio: tu genialidad personal.

La sugerencia de Fuller para tu segunda oportunidad, es:

> Éstas son las cosas que tienes que hacer: lo que debe hacerse, lo que ves que necesita llevarse a cabo pero nadie más nota. Cuando lo logres, concebirás tu propia manera de actuar: esa conducta que nadie más te ha dicho que debes adoptar ni te ha enseñado cómo. Esto sacará lo mejor de ti, lo que con frecuencia se queda enterrado debajo de un carácter que adquirió una serie superficial de comportamientos inducidos o impuestos por otros en el individuo.

Tu inteligencia única, tu verdadera genialidad, emergerá cuando empieces a actuar porque así estarás haciendo lo que crees que se tiene que llevar a cabo sin que nadie más te lo diga.

Eso fue lo que hicimos Kim y yo en 1984. No teníamos preparación para ser maestros pero vimos lo que tenía que hacerse: proveer educación financiera para todas las personas que quisieran aprender.

Una lección para tu segunda oportunidad

Evalúa las cuatro inteligencias de tu tetraedro. Califica del 1 al 10, siendo 10 la calificación más alta.

1. ¿Qué tan fuerte es tu inteligencia física?
2. ¿Qué tan fuerte es tu inteligencia mental?
3. ¿Qué tan fuerte es tu inteligencia emocional?
4. ¿Qué tan fuerte es tu inteligencia espiritual?

Si obtienes una calificación mayor de 30, tienes altas probabilidades de conseguir una segunda oportunidad en tu vida financiera. Si tu calificación es menor de 30 puntos, busca un amigo en quien puedas confiar, y habla con él o ella sobre tus fortalezas y debilidades.

Tu segunda oportunidad exigirá que desarrolles y uses todas tus inteligencias.

La educación financiera es... **La cara opuesta de la moneda**.

Lo mejor que puedes hacer es hablar sobre tus inteligencias porque admitir tus debilidades es el primer paso para obtener fortalezas.

Te repito que todo es lo opuesto.

Capítulo doce

Lo opuesto a "Consigue un buen empleo"

El exceso de especialización conduce a la extinción.
–R. Buckminster Fuller

Cuando estaba en la escuela, todos querían subir por la escalera corporativa. Mis compañeros de clase deseaban ser VP de la Corporación XYZ, o gerentes de ventas de ABC Corp. Todos querían llegar a ser empleados bien pagados.

Actualmente todos quieren ser empresarios.

Debido al desempleo, a la forma en que la tecnología está reemplazando a la gente en la fuerza laboral, a la competencia global y la falta de seguridad en el trabajo, la gente ahora sueña con llegar a ser su propio jefe, echar a andar un negocio y disfrutar de una vida de libertad financiera.

Hoy en día hay muchachos que abandonaron la escuela y preparatorianos que se convirtieron en multimillonarios, pero eso se debe a que son empresarios, no empleados.

Ahora vivimos en un mundo de *Start-Ups* o negocios nuevos. Muchas universidades y escuelas profesionales tienen "incubadoras" que se nutren con la esperanza de echar a andar el nuevo Google o Facebook.

El hecho de que millones de personas se estén volviendo empresarias, es muy buena señal porque los empresarios tienen el poder de salvar la economía. Por desgracia, las estadísticas muestran que nueve de cada diez negocios desaparecen antes de cumplir cinco años.

Muchos negocios fracasan porque la educación tradicional les enseña a los estudiantes a especializarse, y los empresarios en realidad son "generalistas".

Nueve de cada diez negocios nuevos fracasan porque el emprendedor se ha especializado demasiado y no posee las habilidades de generalización necesarias para sobrevivir.

P: ¿Cuál es la diferencia entre los especialistas y los generalistas?

R: El especialista sabe mucho sobre muy poco, y el generalista sabe un poco sobre mucho.

P: ¿Entonces por qué fracasan los especialistas?

R: Porque carecen de las habilidades necesarias para ser empresarios, habilidades que, por lo general, no se enseñan en las escuelas.

P: *Dime una de esas habilidades que no se enseñan en las escuelas.*

R: Los empresarios deben ser capaces de vender. Si el empresario no puede vender, no come.

Mucha gente no puede renunciar a su trabajo porque no puede vender más de lo que recibe en su cheque de nómina.

P: ¿Qué quieres decir *con eso? ¿Con que no pueden vender más de lo que reciben en sus cheques de nómina?*

R: Digamos que una persona gana 10 000 dólares al mes a través de un cheque de nómina. Si se convierte en empresario, tendría que tener ingresos de por lo menos 50 000 dólares en ventas.

P: ¿Por qué 50 000 dólares?

R: Se trata nada más de una regla general, es una proporción aproximada de 5 a 1. Por cada dólar que ganabas como empleado, tienes que ganar por lo menos cinco veces más como empresario para poder alimentarte a ti *y al negocio.*

Cuando te conviertes en empresario tienes gastos que los empleados no tienen. También tienes costos de producción, de equipamiento, de operación del negocio, impuestos, servicios profesionales y muchas, muchas cosas más. En cuanto contratas a tu primer empleado, todo aumenta: los costos, los riesgos y los dolores de cabeza.

Los estudios demuestran que al calcular las horas de trabajo de ambos, la mayoría de los empresarios ganan menos que sus empleados. Muchos empresarios, por ejemplo, siguen trabajando cuando el negocio ya cerró. El papeleo –desde el cumplimiento con las regulaciones del gobierno, hasta la contabilidad, los impuestos, la nómina y el soporte para ventas y mercadotecnia–, es abrumador. Cuando el negocio cierra por la tarde, el empleado sólo se va a casa y disfruta de la vida, pero para el empresario, el día apenas comienza. Ésta es una de las razones por las que la inmensa mayoría de los negocios fracasa en los primeros cinco años.

Tema:
Cómo incrementar tus ingresos
Invitados:
Blair Singer

The Rich Dad Radio Show
Descarga la aplicación gratuita
www.richdad.com/radio

P: ¿Entonces qué puedo hacer?

R: Conserva tu empleo de tiempo completo y empieza el negocio como un trabajo de medio tiempo.

A todos los empleados de Rich Dad los motivamos a tener un negocio de medio tiempo en la "incubadora". Naturalmente, no queremos que se vayan, pero sí deseamos que algún día lleguen a ser seres que gocen de libertad financiera. Muchos de ellos ya casi pueden reemplazar su cheque de nómina con flujo de efectivo de sus negocios de medio tiempo o sus inversiones. Con suerte, aunque alcancen la libertad financiera se quedarán con nosotros y seguirán laborando para The Rich Dad Company sólo porque les gusta trabajar aquí y disfrutar de la oportunidad de aprender y estudiar con nosotros.

P: ¿Entonces tus empleados son generalistas en su tiempo libre? ¿Es eso lo que me estás diciendo?

R: Sí. Cuando la gente vuelve a la escuela se especializa más. Aprende programación, reparación de autos, un idioma nuevo u obtiene su título de maestría. Aprende mucho sobre poco, lo cual implica un tipo de educación muy estrecho y especializado.

P: ¿Cómo se puede uno convertir en generalista? ¿Qué se tiene que estudiar?

R: El Triángulo D-I lo resume todo. El Triángulo ilustra las ocho integridades de un negocio y la relación que hay entre ellas.

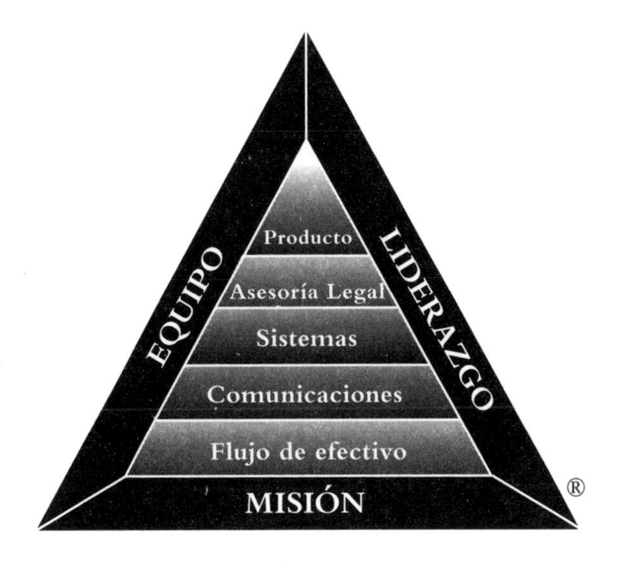

P: ¿Qué es el Triángulo D-I? ¿Qué representa?

R: El Triángulo D-I es la representación de un activo.

P: ¿Es el diagrama de un activo?

R: Sí. Como puedes ver, el Triángulo D-I está formado por ocho componentes a los que llamo "integridades" porque son esenciales para el éxito. En conjunto, estas integridades mantienen al negocio o al activo, completo, en funcionamiento y produciendo flujo de efectivo. Ése es el objetivo.

P: *Entonces si una de las ocho integridades es débil o no existe, ¿el negocio fracasará o tendrá problemas financieros?*

R: Exactamente. Cada vez que hablo con un empresario en apuros, las ocho integridades del Triángulo D-I me sirven como una lista de verificación, es decir, son una guía de diagnóstico para identificar lo que falta o carece de integridad.

P: ¿Entonces las escuelas entrenan a los estudiantes para ser especialistas que trabajen como parte de una de las integridades del Triángulo D-I?

R: Sí. Y para ser empresario tienes que ser generalista y saber un poco acerca de todas las integridades. También tienes que saber cuándo y en dónde necesitas de especialistas.

P: *Pero el producto o P está en la sección más pequeña. ¿Eso significa que es lo menos importante?*

R: Así es. El producto por sí mismo no tiene gran valor. Hay mucha gente que anda diciendo por ahí: "Tengo una idea fabulosa para un producto nuevo", pero otra de las razones por las que nueve de cada diez negocios fracasan, es porque se enfocan en el producto y no en toda la estructura del negocio.

P: *Cuando un empresario novato echa a andar un negocio, ¿él es todo el Triángulo D-I?*

R: Sí. El empresario es responsable de las ocho integridades, y comienza como un especialista de la zona A del cuadrante. Muy pocos llegan a la zona D.

P: ¿Por qué?

R: Cada cuadrante representa una mentalidad distinta. Muy pocos empresarios pequeños tienen la mentalidad adecuada para llegar a ser empresarios del nivel de Steve Jobs.

P: ¿Entonces para que un empresario del cuadrante A pueda crecer tiene que contratar empleados más inteligentes y especializados que él, o ella, para cada una de las integridades?

R: Así es, el empresario contrata a *especialistas*. El primer especialista que un empresario debe contratar, tiene que ser un contador, alguien que lleve un registro preciso de los ingresos y los gastos. A menos de un año de echar a andar el negocio, muchos empresarios llegan a meterse en serios aprietos porque no llevaron registros adecuados. A menudo, para que el empresario crezca y llegue a la zona D del cuadrante, tiene que contratar a un director ejecutivo que dirija la empresa.

P: ¿Qué hay de los empresarios que llevan su propia contabilidad?

R: Esta práctica los mantiene pequeños. Si tú llevas tu propia contabilidad, lo más probable es que nunca crezcas lo suficiente para contratar a un director ejecutivo o CEO, como se les llama en inglés.

P: ¿Por eso dices que el empresario debe *vender más de lo que gana con su cheque de nómina? ¿El empresario tiene que poder pagar especialistas para crecer?*

R: Exactamente. Observa el Cuadrante del flujo de dinero para que puedas ver el panorama general.

Los empresarios de la zona A del cuadrante trabajan por dinero. Si una persona tiene un restaurante de hamburguesas, por ejemplo, opera desde esa zona del cuadrante. Los empresarios de la zona D del cuadrante trabajan para construir activos que generen flujo de efectivo.

Ray Kroc construyó un negocio de hamburguesas en la zona D del cuadrante. Su negocio se llama McDonald's.

P: ¿Cómo aprendo a construir un negocio en la zona D del cuadrante?

R: Tienes que construir la infraestructura, es decir, el triángulo exterior del Triángulo D-I. Debes tener una misión sólida, un gran equipo, y ser un líder que pueda inspirar a sus empleados.

P: ¿Cómo aprendo las integridades?

R: Las escuelas militares se enfocan en ellas. En mi primer día en la academia militar en la que estudié en Nueva York, por ejemplo, nos enfocamos en la misión. En la Academia, así como en el Cuerpo de Marina, la misión es lo más importante.

Por eso escribí *8 Lessons in Military Leadership for Entrepreneurs*. En ese libro explico por qué el entrenamiento militar contiene los elementos básicos para llegar a ser un gran empresario.

P: ¿Cómo puede una persona apren*der habilidades para la misión, el equipo y el liderazgo sin estudiar en una escuela militar?*

R: Unirse a una empresa de redes de mercadeo es una excelente manera de fortalecer la habilidad de liderazgo, aprender a dirigir un equipo y apoyar una misión compartida.

Lo mejor de las redes de mercadeo es que te enseñan a dirigir gente sin tener que pagarle.

La mayoría de los líderes corporativos cuentan con el poder del cheque de nómina. Si no haces lo que te dice tu jefe, lo más probable es que te despidan, pero en el mercadeo de redes tú tienes que aprender a ser un líder inspirador, guiado por la misión; alguien que pueda entrenar a la gente para ser exitosa aun sin la recompensa a corto plazo del cheque de nómina. En este caso, entrenas a la gente para que opere sin cobrar un salario. Si puedes hacer eso, te aseguro que podrás hacer prácticamente cualquier cosa.

Los misioneros también se ponen a la altura de los desafíos que implican la misión, el liderazgo y el equipo. Mi mejor amigo es misionero mormón en Irlanda del Norte. Su trabajo consistía en convertir católicos a la religión mormona, ahora es un empresario increíblemente exitoso.

También puedes fortalecer tus integridades trabajando como voluntario en la iglesia o en alguna organización de caridad en donde puedas dirigir a otros voluntarios (gente que trabaja sin cobrar), y ayudar a hacer crecer la organización.

Hay muchas maneras en que puedes obtener experiencia real en los rubros de misión, equipo y liderazgo. Yo obtuve mi experiencia en la escuela militar y en el Cuerpo de Marina. Para tu segunda oportunidad tendrás que encontrar la manera de acumular tu propia experiencia.

P: ¿Qué pasa si soy empresario pero *realmente no tengo una misión... o si carezco de las habilidades de liderazgo para construir e inspirar a un equipo?*

R: Entonces lo más probable es que continúes siendo un empresario de la zona A del cuadrante. No hay nada de malo en ello, siempre y cuando seas feliz en esa situación.

Sólo recuerda que los empresarios de la zona A del cuadrante suelen pagar una tasa de interés más alta que sus empleados. Los empresarios que pagan las tasas más bajas son los de los cuadrantes D e I.

El rey de la selva

En el mundo de los "grandes felinos" hay leopardos y leones. Los leopardos son similares a los empresarios de la zona A del cuadrante porque son solitarios. Cazan solos y, si no consiguen una presa, no comen. El león macho, en cambio, pertenece a una *manada.* En el ámbito de los negocios, la *manada* es el negocio en la zona D del cuadrante, es decir, un equipo de especialistas. El león macho no caza, lo hace la manada. En cuanto la manada caza una presa, el león se acerca y disfruta del festín.

Tal vez éste no sea el ejemplo más refinado de las diferencias entre el empresario de la zona A y el de la zona D del cuadrante, pero creo que te da una buena idea de cómo funcionan las cosas.

Si quieres aprender más sobre qué tipos de especialistas conforman los negocios de la zona D, puedes leer los libros de mi serie Rich Dad Advisors, o escuchar a mis asesores en el programa de Radio Rich Dad. Si quieres ser un generalista al mando de varios especialistas, la sabiduría de estos expertos te guiará al futuro.

P: ¿Por qué es tan importante la *habilidad para tratar con la gente?*

R: Las personas son como icebergs. Cuando conocemos a alguien sólo vemos la parte que está por encima del agua, pero el otro 99 por ciento, permanece debajo. La capacidad de tratar con la gente es necesaria para lidiar de manera efectiva con todo lo que conforma a cada persona.

P: ¿Cómo pu*edo guiar a mis hijos hacia los cuadrantes D e I del cuadrante?*

R: Don Jr. y Eric, los hijos de Donald Trump, son buenos amigos míos. Cuando participaron en Rich Dad Radio hablaron de la forma en que su padre los ha estado formando para ser líderes en los cuadrantes D e I. Estos chicos no son los típicos muchachos echados a perder que se pueden encontrar en todos los estratos sociales.

Y además no son especialistas, sino generalistas. Son jóvenes brillantes y líderes fuertes con excelentes habilidades para tratar con la gente. Su padre los está preparando para que sean líderes en los cuadrantes D e I.

Lecciones de Bucky Fuller

He escuchado a Bucky decir:

> Lo que suele suceder es que el proceso educativo apaga, sobrecarga, reprime y paraliza las facultades para que, cuando la mayoría de la gente madure, ya haya perdido sus capacidades natas.

Bucky siempre enfatizaba este punto en sus pláticas: "el exceso de especialización conduce a la extinción". Mucha gente vuelve a la escuela porque la tecnología la ha hecho sentir obsoleta. Por desgracia, cuando vuelven a estudiar lo hacen para convertirse en especialistas en lugar de en generalistas.

Fuller a menudo usaba el ejemplo de los poderosos dinosaurios que se extinguieron porque eran demasiado especializados y no pudieron adaptarse al cambio de ambiente.

Conozco a muchos editores, varios de ellos son amigos míos y socios de negocios, sin embargo, debo decir que se están convirtiendo en dinosaurios. Amazon es el nuevo gigante de la edición y está cambiando el entorno de la industria editorial.

El año pasado, en octubre, estuve en Pensacola con mi escuadrón del Cuerpo de Marina. Según me dijeron algunos de los muchachos, corre el rumor de que todas las ramas del servicio están recortando el entrenamiento de pilotos. La predicción es que en un futuro los vehículos voladores no tripulados reemplazarán a los pilotos humanos… de la misma forma que el automóvil de Google que se maneja solo podría reemplazar a los taxistas y los conductores de Uber. Y como éstos, hay muchos más ejemplos de la vida real, de los profundos cambios en las habilidades, la capacitación, el empleo, y la forma en que la tecnología sigue revolucionando nuestro mundo.

LO MÁS INTELIGENTE QUE PUEDES HACER

El concepto de "inteligente" está cambiando. Como ya lo mencioné, cuando estaba en la escuela todos mis compañeros de clase querían subir por la escalera corporativa.

Pero ahora todo mundo quiere ser empresario, toda la gente tiene una idea millonaria en la cabeza. El problema es que en las escuelas no se les enseña a los estudiantes a ser empresarios.

Para aprovechar tu segunda oportunidad tienes que decidir qué es lo mejor para ti, ¿qué zona del cuadrante te conviene más?

Mucha gente cree que lo más inteligente que puede hacer es conseguir un buen empleo, ahorrar dinero, vivir sin deudas, invertir en el mercado de valores y esperar que su dinero esté ahí para cuando lo necesite. Algunos creen que aferrarse a la seguridad económica de las zonas E y A del cuadrante, es lo más astuto que se puede hacer.

Otras personas creen que lo más inteligente es convertirse en empresario aunque esto a veces signifique endeudarse por millones de dólares para adquirir negocios y bienes raíces que puedan brindar la vida de libertad financiera de las zonas D e I del cuadrante.

P: ¿Cuál es la diferencia entre el lado E y A, y el lado D e I del cuadrante?

R: La diferencia yace en la educación y los asesores que elijas.

P: ¿Qué determina lo que es "inteligente" para mí? ¿Qué debería hacer?

R: Tu espíritu debe decirte qué camino seguir. ¿Qué te inspira? ¿Qué te desafía? ¿Qué camino es el mejor para tus dones y talentos?

Cada vez que pensaba en trabajar en alguna corporación estadounidense, el estómago se me revolvía y me daban náuseas. Hay gente que se siente así todos los días cuando piensan en su empleo o su día de trabajo.

Pero cuando pienso en ser empresario, mi espíritu se eleva. Me pongo feliz a pesar de que sé que es mucho más difícil que trabajar para cobrar un cheque de nómina en alguna empresa estadounidense.

Yo no quería ser especialista y quedarme como un empresario menor en la zona A del cuadrante.

P: ¿Entonces los empresarios de la zona A del cuadrante tienen que ser los más inteligentes de su equipo? ¿Y los empresarios de la zona D no tienen que ser los más inteligentes sino sólo formar el equipo más capaz?

R: Lo entendiste bien. Yo jamás he sido la persona más inteligente de mi equipo ni quiero llegar a serlo. Padre Rico decía: "Si eres la persona más inteligente del equipo, entonces todos están en problemas." Y si Padre Rico estuviera vivo ahora, diría: "Los especialistas siempre trabajan para los generalistas." Yo, por ejemplo, no trabajo para ningún médico, los médicos trabajan para mí. Por eso escribí el libro *Despierta el genio financiero de tus hijos: Por qué los estudiantes de "10" trabajan para los estudiantes de "6".*

¿Qué es lo más inteligente para ti? Sólo tu espíritu sabe la respuesta.

Lección para tu segunda oportunidad

Lo opuesto de un empleo seguro es la libertad financiera.

Tener un empleo seguro exige educación especializada.

La libertad financiera exige educación generalizada.

Tu misión es decidir qué es lo mejor para ti: la seguridad o la libertad. Son conceptos muy diferentes, de hecho son opuestos. Entre más seguridad busques, menos libertad tendrás, por eso todas las prisiones tienen celdas de *máxima seguridad.*

La educación financiera es... **La cara opuesta de la moneda**.
Los empleados y los autoempleados son especialistas.
Los empresarios son generalistas.

Capítulo trece

Lo opuesto a "Sal de deudas"

El Principio generalizado de efemerilización consiste en hacer más con menos.
–R. Buckminster Fuller

La mayoría de los expertos financieros dicen: "Sal de deudas, vive sin deberle a nadie." ¿Será porque no saben que después de que el presidente Richard Nixon sacó al dólar estadounidense del patrón oro en 1971, nuestra divisa se convirtió en deuda?

Aunque vivir sin deudas puede ser un buen consejo para la gente que carece de educación financiera, en realidad no es una buena sugerencia.

En el ámbito del dinero hay dos tipos de deudas:

1. La deuda buena
2. La deuda mala

Dicho de manera sencilla, la deuda buena te vuelve más rico, y la mala te empobrece. Tomando en cuenta la falta de educación financiera, no resulta sorprendente que millones de personas (y el gobierno de Estados Unidos), se encuentren sepultadas bajo montañas de deuda mala.

Los grandes gastadores

Mucha gente cree que los demócratas fueron quienes incrementaron la deuda interna, pero eso no es lo que nos dicen las gráficas.

Como ya lo mencioné en las primeras páginas de este libro, no soy ni republicano ni demócrata, pero la investigación detrás del Cono del aprendizaje indica que ver una imagen es mejor que escuchar palabras, en particular si se trata de discursos políticos.

¿Quién incrementó la deuda?

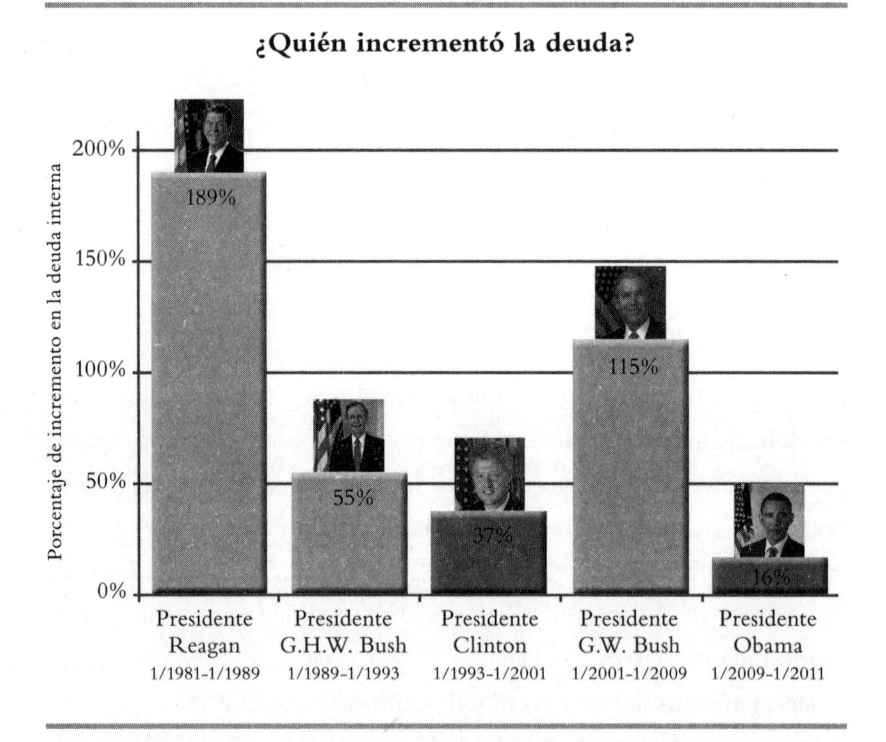

El problema con esta deuda es que es mala… es el tipo de deuda que tienen que pagar los contribuyentes y sus hijos.

Buena parte de la deuda en que incurrieron los republicanos beneficia a los ricos que controlan el complejo militar-industrial, a los bancos, las empresas farmacéuticas y otras corporaciones.

Mucha de la deuda acumulada por los demócratas es para programas de subsidio y las corporaciones que se benefician de ellos.

En general, Seguridad Social y Medicare no se incluyen en las cifras de la deuda interna a pesar de que representan obligaciones de deuda mucho, mucho más grandes que la deuda interna misma. A estas dos deudas –Seguridad Social y Medicare–, se les considera deuda fuera del balance general. Esto es un poco como si tú debieras un millón de dólares pero no lo reportaras en la solicitud de crédito con que vas a pedir un préstamo. Si tú o yo hiciéramos lo que hace nuestro gobierno, terminaríamos en la cárcel.

Nadie conoce con exactitud la cifra de la deuda de Seguridad Social y Medicare, pero la gente informada dice que la deuda de Seguridad Social es de 23 billones y la de Medicare de 87. Estoy hablando de billones… sí, con *b*. También he visto otros cálculos que llegan a los 125 billones. La deuda interna, por cierto, es de solamente 17 billones.

P: ¿Estás diciendo que Estados Unidos está en bancarrota?

R: Podría argumentar lo necesario para respaldar esa posición. No sería difícil.

¿Qué es la deuda buena?

La deuda buena es deuda que te vuelve más rico. Por ejemplo, si compro un edificio de departamentos, puedo usar la deuda para financiar la propiedad. Si los departamentos llevan dinero a mi bolsillo mensualmente, entonces mi deuda es buena. Si por el contrario, los departamentos me hacen perder dinero cada mes y yo tengo que hacer los pagos de la hipoteca, entonces esa misma deuda se vuelve mala. Aquí también, lo que determina si una deuda es buena o mala, es el flujo de efectivo.

P: ¿Por eso es que dices "Tu casa no es un activo?". La mayor parte de las casas obligan a los propietarios a sacar dinero de sus bolsillos.

R: Sí. Incluso si tu casa está libre de deudas, de todas formas sale dinero de tu bolsillo porque tienes que pagar impuestos, mantenimiento, seguro y servicios.

Apalancamiento

Una de las palabras más importantes en el ámbito del dinero es 'apalancamiento'. El apalancamiento es similar a la *efemerilización* de Fuller, es decir, significa hacer más con menos.

Una de las razones principales por las que la gente pobre cada vez pierde más y la clase media se está encogiendo, es que casi no tienen apalancamiento o carecen totalmente de él. Cuando los pobres y la clase media piensan en cómo hacer más dinero, sólo pueden considerar trabajar más arduamente y durante más tiempo. Pero por desgracia, cuando haces eso, aunque obtienes más dinero, también entras a un nivel en el que se pagan más impuestos.

La educación financiera es apalancamiento

Nuestro propósito al brindarte la educación financiera es proveerte apalancamiento, que tengas la capacidad de efemerilizar y puedas hacer más con menos.

Déjame darte algunos ejemplos de educación financiera y de las maneras en que puedes lograr más con menos.

1. Deuda

Como inversionista profesional activo del cuadrante I, yo siempre quiero usar la mayor cantidad posible de deuda para adquirir activos. Kim y yo no tenemos miles de propiedades porque hayamos podido ahorrar para comprarlas, sino porque *aprovechamos* la deuda. Por esto, aquel seminario de tres días sobre bienes raíces me resultó invaluable, porque me enseño a apalancar la deuda.

2. Licencias

Si observas la fotografía de los empleados de Rich Dad que se encuentra al frente de este libro, notarás que somos una compañía muy pequeña. Sin embargo, gracias a las licencias, en realidad somos un negocio internacional muy, muy amplio. Cada vez que escribo un libro, se conceden *licencias* a cincuenta editores de todo el mundo, y luego esos editores le pagan a Rich Dad Company regalías por el derecho de publicar mis libros y juegos.

3. Redes sociales

Si se utiliza de manera adecuada, el mundo de las redes sociales y los medios puede ofrecer un apalancamiento inmenso. En las oficinas de Rich Dad Company tenemos un diminuto estudio de radio y televisión desde el que nos ponemos en contacto con millones de personas de todo el mundo.

4. Marca

Rich Dad es una marca internacional, y esto nos proporciona un apalancamiento colosal porque una marca dice más que mil palabras. Además, cada marca comunica dos aspectos: confianza y diferenciación. Nuestra posición ofrece algunos de ejemplos de lo que nos diferencia. Nosotros, por ejemplo, no decimos "ahorra dinero" porque nuestra posición es la cara opuesta de la moneda. Tampoco recomendamos invertir a largo plazo en acciones, bonos y fondos mutualistas. Nosotros apoyamos lo contrario: mantén tu dinero en movimiento. Y por último, tampoco valoramos los empleos seguros porque la marca Rich Dad representa libertad financiera.

5. Gente

Los empleados prácticamente no tienen apalancamiento porque *ellos* son el apalancamiento de sus jefes. La actividad empresarial te ofrece la capacidad de apalancar el tiempo y el esfuerzo de otras personas –de *tus* empleados–, para hacer crecer tu negocio y tu columna de activos.

6. Haz más con menos

Brindar productos o servicios de mayor calidad por un precio menor, es otra forma de efemerilización. Cuando una persona pide un aumento, cobra más por hora, aumenta los precios o baja la calidad para ahorrar dinero, está actuando en contra del Principio generalizado de efemerilización. Digamos que hace menos por más, que es lo contrario a hacer más con menos.

La deuda como apalancamiento

Cada vez que los asesores financieros recomiendan "Sal de deudas", dañan a la gente porque la despojan de una gran cantidad de apalancamiento. Este tipo de sugerencias no forma parte de la educación financiera porque, si no incurre en deuda, la gente no puede hacer más con menos.

A continuación te daré un ejemplo de la vida real del uso de la deuda como apalancamiento. Te advierto que voy a usar cifras sencillas.

En la década de los ochenta compré una casa de dos recámaras y un baño por 50 000 dólares. Era una casa linda y estaba ubicada en un buen vecindario, junto a un parque que tenía un estanque. El problema era que necesitaba varias reparaciones.

Di un enganche de 5000 dólares y el vendedor financió los 45 000 dólares restantes con un 10 por ciento de interés. El hecho de que el vendedor financiara la operación, significó que no tuve que solicitar un préstamo bancario. Mis pagos mensuales totales de Principio, Interés, Impuestos y Seguro (PITI, por sus siglas en inglés), eran de 450 dólares, y las rentas en esa zona estaban aproximadamente en 750 dólares mensuales.

En cuanto amarré la propiedad fui a ver a mi banquero y le pedí que me prestara 5000 dólares para "renovación de vivienda". Con ese préstamo añadí una alcoba grande con baño, y arreglé el resto de la casa. Ahora tenía una casa casi nueva de tres recámaras y dos baños. La nueva renta era de 1000 dólares mensuales.

Cuando las tasas de interés empezaron a bajar, volví al banco y solicité un nuevo préstamo. Esta vez, por toda la casa.

El avalúo resultó ser de 95 000 dólares. El banquero me dio un préstamo de 80 por ciento: 76 000 dólares al 9.0 por ciento durante diez años. Pagué el préstamo de 45 000 dólares de quien me vendió la casa, el préstamo de 5000 dólares para renovación de vivienda, y me eché al bolsillo aproximadamente 25 000 dólares libres de impuestos.

Mis gastos de PITI eran de aproximadamente 700 dólares mensuales, pero yo decidí apartar cien dólares más al mes para reparaciones y gastos imprevistos. Esto significa que el pago de renta de mi inquilino por 1000 dólares me empezó a generar aproximadamente 200 dólares mensuales en flujo de dinero que iba directo a mi bolsillo.

P: ¿Entonces no pusiste nada de tu propio dinero para hacer esta inversión?

R: Así es. Y eso significa que mi retorno fue infinito.

P: ¿Infinito? ¿Por qué infinito?

R: Porque cuando se calcula el retorno sobre la inversión (ROI, por sus siglas en inglés), el retorno se basa en la participación o la cantidad de dinero del inversionista involucrada en la transacción. Pero como yo no tenía participación –tras la refinanciación ya no había ni un centavo mío en la inversión–, el ROI se volvió infinito.

P: ¿Entonces tu retorno real es resultado de tu conocimiento y tu educación financiera? Porque supongo que sin ellos no podrías hacer estas cosas, ¿verdad? Me refiero a encontrar y financiar inversiones que te ofrezcan retorno infinito.

R: Correcto. Por esta razón, una de las frases de posicionamiento de The Rich Dad Company es: El conocimiento es el nuevo dinero.

P: ¿Entonces puedes llevar a tu bolsillo 25,000 dólares libres de impuestos gracias a la deuda?

R: Sí. Pero si hubiera vendido la propiedad, los 25 000 dólares habrían estado gravados con impuestos sobre ganancias de capital que, de acuerdo con el nivel en que me encuentro como contribuyente, son del 20 por ciento.

P: *De acuerdo... Entonces, si hubieras vendido la propiedad, ¿tus ganancias netas después de impuestos habrían sido de 20 000 dólares?*

R: Incluso de un poco menos porque, mientras conservara la propiedad recibiría aproximadamente 200 dólares mensuales al mes en flujo de efectivo, o sea, 2 400 dólares al año en ingreso pasivo, que es el menos gravado de todos.

P: ¿Cuántos tipos de ingresos hay?

R: Hay tres tipos básicos.

1. Ordinario
2. De portafolio
3. Pasivo

El ingreso ordinario es ingreso ganado, es decir, proviene del salario, del interés sobre los ahorros y de los programas de ahorro 401(k). Este tipo de ingreso está gravado con las tasas más altas de impuestos. La gente pobre cada vez tiene menos y la clase media está desapareciendo debido a que trabajan para obtener ingresos ordinarios.

El ingreso de portafolio, también llamado "ganancias de capital", es un ingreso que obtienes por vender algo. La gente que especula con bienes raíces, intercambia acciones o vende negocios, paga impuestos sobre ganancias de capital, los cuales son los segundos más gravados después del ingreso ordinario.

El ingreso pasivo es el flujo de efectivo que proviene de los activos. Como yo no vendo los inmuebles que poseo –prefiero "pedir prestadas" mis ganancias–, mis ganancias de capital las llevo a cabo y las recibo a través de la deuda y del ingreso pasivo de las rentas que recibo. El ingreso pasivo es el menos gravado de los tres tipos.

Casi puedo escucharte decir, "No puedes hacer eso. Uno no puede conseguir que el vendedor sea quien financie la transacción". Y tienes razón: si dices que no se puede, no se puede.

P: ¿Pero qué pasa con la gente que no vive en Estados Unidos? ¿También puede hacer este tipo de inversiones?

R: Claro que sí. Las condiciones y las reglas pueden variar un poco, pero los conceptos fundamentales son iguales en todo el mundo.

En 1973, cuando apenas comenzaba, mi instructor de bienes raíces me advirtió que todos dirían: "Eso no se puede hacer aquí." Según él, "La gente sin educación financiera siempre te dice lo mismo. Incluso hay personas que lo están haciendo pero te dicen que no se puede."

P: ¿Por qué la gente dice "Eso no se puede hacer aquí"?

R: Porque es fácil afirmar algo así. Para la gente perezosa siempre va a ser más sencillo decir "No se puede...", que tomar clases, estudiar, practicar, cometer errores, fracasar algunas veces y aprender a hacer algo que los demás dicen que es imposible.

P: ¿Esta estrategia sólo es aplicable a los bienes raíces o me puede servir para cualquier otro tipo de bienes?

R: Esto lo puedes hacer con cualquier cosa. Las acciones y las opciones bursátiles sirven para hacer dinero de una manera sencilla y a partir de nada, pero la ventaja de los bienes raíces sobre las acciones, es la solidez de la deuda a largo plazo.

P: *¿Entonces la deuda es apalancamiento? ¿Y si no aprendo a usarla voy a trabajar cada vez más duro por menos?*

R: Así es. Déjame darte otro ejemplo de la forma en que la deuda me permite ser más rico.

Cuando los mercados bursátiles y de bienes raíces colapsaron en 2007, nosotros no compramos acciones a precios bajos: invertimos cientos de millones de dólares en bienes raíces a través de deuda. Pudimos comprar más bienes raíces que acciones porque usamos el dinero de nuestro banquero. Además, la gente del banco no tiene la costumbre de prestar cientos de millones de dólares a quienes planean comprar acciones.

En 2014, Ken McElroy, su socio Ross, Kim y yo, refinanciamos casi cien millones de dólares en deuda, deuda sobre nuestros edificios de departamentos adquiridos tras el colapso de 2007. La tasa de interés promedio sobre nuestros edificios era del 5.0 por ciento, y la de la nueva deuda sobre esos cien millones, es de aproximadamente del 3.0 por ciento. Esto significa que recuperamos millones de dólares en ganancias de capital, más dos millones adicionales en flujo de efectivo gracias a las bajas tasas de interés.

P: ¿De dónde vienen los 2 millones adicionales?

R: Los 2 millones en flujo de efectivo provienen de los ahorros, o sea, de la diferencia entre pagar 5 por ciento de interés sobre 100 millones de deuda, y luego 3 por ciento.

P: ¿Eso es *a lo que Fuller llama Principio generalizado de efemerilización? ¿La capacidad de hacer más con menos?*

R: Sí.

P: ¿Y esto es aplicable solamente a los bienes raíces?

R: No. Podemos encontrar ejemplos de efemerilización en todos lados. Creo que podría arriesgarme a decir que toda la gente adinerada ha aprovechado en algún momento, cierto tipo de apalancamiento para enriquecer. Un ejemplo de ello es cuando un músico graba un disco y luego vende millones de copias: eso es efemerilización. También cuando alguien desarrolla una aplicación y vende millones de descargas, puede decirse que está haciendo más con menos. La ventaja de los bienes raíces es que estos te brindan la fuerza de la deuda y los impuestos.

P: ¿Entonces cuando un asesor financiero me recomienda salir de deudas, en realidad me está quitando la oportunidad de apalancar?, ¿de efemerilizar?, *¿de hacer más con menos?*

R: Sí. Y aunque sus intenciones son buenas, los asesores no te proveen educación financiera. La educación financiera debería mostrarte el otro lado de la moneda y enseñarte a usar la deuda para ser más rico, no más pobre.

La ley de la compensación

P: ¿Pero qué pasará si cometo errores al manejar la deuda?

R: Primero tienes que tomar clases de inversión en bienes raíces y practicar, practicar, practicar. Eso fue lo que hice yo y, como me encanta practicar, lo hice innumerables veces antes de comprar de manera impulsiva y perder dinero.

En el mundo del dinero hay una ley conocida como la Ley de la compensación.

P: ¿Qué es la ley de la compensación?

R: Dicho de manera sencilla, significa que entre más aprendas (y entre más practiques y vayas enfrentando desafíos más grandes cada vez), más crecerán tu inteligencia y tu experiencia. Y naturalmente, también aumentará tu compensación.

Cuando Kim y yo estábamos aprendiendo a invertir, por ejemplo, ella tenía el plan de comprar dos casas pequeñas al año hasta tener veinte casas en diez años. Sin embargo, pudo comprar las veinte casas en menos de dieciocho meses. Actualmente tiene miles de propiedades y gana millones de dólares al año en flujo de efectivo. Claro, también tiene cientos de millones de dólares en deuda. Éste es un ejemplo de la Ley de la compensación.

Advertencia

He asistido a varios seminarios de bienes raíces en donde el instructor les da a los asistentes la idea de que encontrar un inmueble adecuado es difícil, riesgoso y desgastante. Este tipo de instructores suelen decir al final de la clase: "En lugar de invertir su tiempo en buscar propiedades, cometer errores y frustrarse por los problemas con los inquilinos y las reparaciones, denme su dinero y yo les encontraré, financiaré, compraré y manejaré una propiedad."

Te sugiero que te mantengas alejado de este tipo de gente y de sus organizaciones porque no son maestros sino promotores. Son casi lo mismo que cualquier vendedor de fondos mutualistas, o sea, una persona que te invita a un seminario gratuito de planeación financiera y luego te dice que lo más astuto que puedes hacer es entregarle tu dinero.

P: ¿Está mal darle tu dinero a alguien más? ¿Por qué no debería dejar que ellos hagan todo el trabajo?

R: Ésta es una excelente pregunta y tal vez la respuesta te sorprenda. Es muy sencillo: cuando le entregas tu dinero a alguien más, la Ley de la compensación deja de funcionar a tu favor.

Tal vez recuerdes que cuando analizamos el Cono del aprendizaje destaqué que los renglones más importantes –las formas más eficaces de aprender–, son las simulaciones y vivir la experiencia real. Si en verdad quieres alcanzar la libertad financiera, tienes que practicar y luego vivir la experiencia real. Pero debes hacerlo tú mismo.

P: *Pero si de todas maneras consigo mi flujo de efectivo y las ventajas fiscales, ¿qué de malo hay en que alguien más haga la inversión por mí?*

R: El problema es que los bienes raíces no tienen liquidez. Tener liquidez significa que puedes comprar o vender el activo rápidamente. Las acciones y los fondos mutualistas, por ejemplo, tienen muchísima liquidez porque los puedes comprar y vender en cuestión de segundos. Con los bienes raíces sucede lo contrario. Si cometes un error, tendrás que enfrentar un proceso largo, lento y costoso para deshacerte de una mala propiedad. Millones de propietarios de inmuebles y especuladores ya descubrieron la falta de liquidez de los bienes raíces.

Por todo lo anterior, si no estás dispuesto a practicar hasta el cansancio, te sugiero que no inviertas en bienes raíces. Recuerda que cuando un instructor te dice: "Yo puedo hacer la inversión por ti", de todas formas el responsable de los pagos hipotecarios, las dificultades con los inquilinos, los gastos de mantenimiento, el cuidado y los seguros, sigues siendo tú, no el instructor. Lo peor de todo es que no vas a aprender nada y la Ley de la compensación y el apalancamiento se volverán en tu contra.

Es necesario que aprendas a manejar la deuda porque la deuda es el dinero de nuestro tiempo. La deuda es la mayor fuerza del ámbito del dinero. Necesitas tomar clases y practicar para poder controlar este tipo de fuerzas.

Si no estás dispuesto a empezar poco a poco y a aprender a usar la deuda para invertir en bienes raíces, será mejor que ahorres dinero, vivas sin deudas e inviertas a largo plazo en fondos mutualistas. Al menos los ahorros y este tipo de fondos tienen liquidez.

LECCIÓN DE BUCKY FULLER

Bucky Fuller dijo: "No luches contra las fuerzas, úsalas a tu favor."

Al principio de este capítulo te mostré la gráfica de los presidentes de Estados Unidos y la deuda porque quería destacar que, si las cosas no cambian, la deuda terminará aniquilando a nuestro país, una nación que alguna vez fue la más rica del mundo. La deuda esclavizará a nuestros niños y a los hijos de sus hijos.

La educación tradicional le enseña a la gente a vivir libre de deudas, y aunque tal vez tú elijas seguir ese camino, debo advertirte que nuestros líderes están poniendo el futuro de nuestro mundo en deuda de todas maneras.

Si no quieres ser esclavo de la deuda del gobierno, combate el fuego con fuego. Aprende a usar las fuerzas de la deuda personal para contrarrestar la incompetencia de nuestros líderes.

LECCIÓN PARA TU SEGUNDA OPORTUNIDAD

Si planeas tener una vida libre de deuda, ¿qué otro tipo de apalancamiento vas a usar? ¿Cómo vas a efemerilizar tu vida? ¿Cómo planeas hacer más con menos?

El juego de mesa CASHFLOW es el único juego del mundo que te enseña a usar la deuda para volverte rico. Es una simulación en la que utilizas dinero de juguete.

Si no aprendes a usar algún tipo de apalancamiento, vas a trabajar toda tu vida y de todas formas terminarás siendo pobre.

Si quieres aprender a dominar el poder de la deuda, juega CASHFLOW y aprovecha todas las oportunidades que tengas para endeudarte en lugar de salir de deudas. Cuando participas en un juego puedes perder, pero de todas maneras aprenderás mucho.

La educación financiera es... **La cara opuesta de la moneda**.

La deuda mala hace que los pobres y la clase media empobrezcan cada vez más.

La deuda mala es deuda que tienes que pagar tú solo.

La deuda buena les ayuda a los ricos a tener más.

La deuda buena es deuda que alguien más paga por ti.

La educación financiera consiste en aprender a manejar el poder de la deuda porque... la deuda es el dinero de nuestro tiempo.

Capítulo catorce

Lo opuesto a "Vive por debajo de tus posibilidades"

Dios quiere que todos seamos ricos.
–R. Buckminster Fuller

La mayoría de los expertos financieros te recomiendan "vivir por debajo de tus posibilidades".

La pregunta es: ¿De verdad *quieres* vivir por debajo de tus posibilidades?

Evidentemente, la mayoría de la gente no quiere hacer eso. Por eso muchos se endeudan con las tarjetas de crédito, viven de una quincena o de una semana a la siguiente, viven en casas y conducen autos que no pueden pagar, y se van de vacaciones sólo para alejarse de sus empleos, sus deudas, sus miedos y sus problemas financieros.

La ironía es que la mayoría de la gente que parece rica, es más pobre que buena parte de los pobres mismos. Déjame explicarte, mucha gente pobre no tiene el tipo de deuda del consumidor que la clase media se puede dar el lujo de acumular. La clase media está metida en deuda hasta el cuello y sigue pidiendo prestado sólo para seguirles el paso a los vecinos de enfrente. No tienes idea con cuánta frecuencia conozco gente que maneja un Mercedes, vive en un vecindario lujoso y tiene a sus hijos en escuelas privadas, pero está a dos quincenas de la bancarrota.

Como la mayoría de la gente *no quiere* vivir por debajo de sus posibilidades, es común que no siga esta recomendación.

Yo, por el contrario, te recomiendo exactamente lo opuesto. En lugar de *vivir por debajo de sus posibilidades*, la gente debería aprender a *expandir sus posibilidades* para poder disfrutar de una vida más plena.

P: ¿Cómo puede expandir sus posibilidades una persona?

R: Asumiendo el control de su columna de activos. Actualmente, el GRUNCH tiene el control de las columnas de activos de casi toda la gente. Por eso en las escuelas se enseña a ahorrar dinero, comprar una casa e invertir a largo plazo en el mercado de valores.

EL JUEGO DEL DINERO

Ya lo dije antes, una imagen vale más que mil palabras. A continuación verás una ilustración de las diferencias entre los ricos, los pobres y la clase media. Como podrás notar, cada uno de los tres grupos practica un juego del dinero completamente distinto.

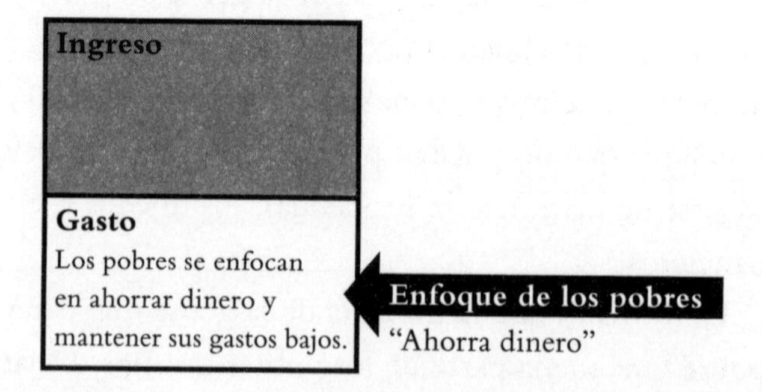

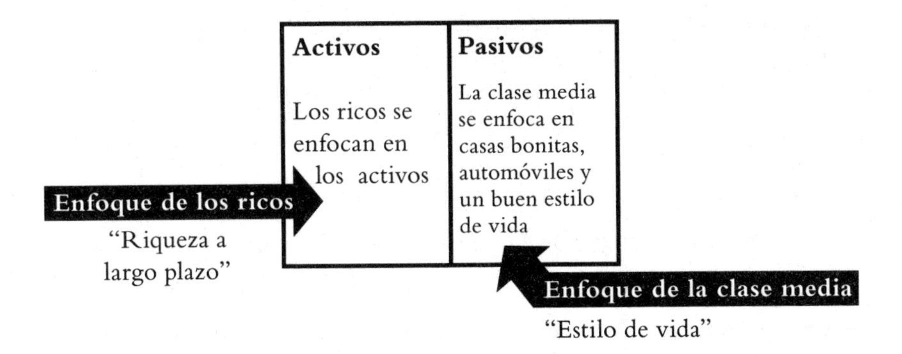

Cambia tu juego

Tu segunda oportunidad comienza con un cambio de juego. En lugar de trabajar arduamente para ahorrar dinero o para parecer pudiente, sólo cambia tu enfoque y, en lugar de poner toda tu atención en la columna de ingreso, ponla en la de activos. ¿Por qué permitir que el GRUNCH controle tus activos? ¿Por qué seguir las sugerencias de "expertos" financieros y entregarle tu dinero al GRUNCH sin siquiera pensarlo?

Los ricos practican el juego del dinero en la columna de activos, ¿por qué no haces tú lo mismo?

Cómo pagar menos impuestos

Lo primero que sucede cuando te enfocas en la columna de activos es que tus impuestos comienzan a bajar.

Por ejemplo, cuando echas a andar tu propio negocio con base en casa, muchos de los gastos que antes eran personales –gastos después de impuestos–, se convierten de inmediato en gastos de negocio antes de impuesto.

Si tienes un negocio, muchos de tus gastos –viáticos, hotel y comidas–, se pueden deducir como gastos de negocios. Naturalmente, antes de tratar de reclamar cualquier deducción, vas a necesitar verificar con tu asesor profesional fiscal o tu contador privado qué es lo que sí puedes hacer.

La enseñanza aquí es que, al enfocarte en la columna de activos, el lugar en donde se mueven los ricos, comenzarás a disfrutar de algunos de los beneficios fiscales de los que ellos ya gozan.

Me gustaría tener un Ferrari

Hace poco fui manejando a una propiedad de Kim y mía, y estacioné mi Ferrari afuera. Tres albañiles, sudorosos por el intenso sol de Arizona, interrumpieron sus labores para admirar el auto. Uno de ellos sonrió y dijo: "Me gustaría poder comprarme un Ferrari."

"Puedes hacerlo", le dije.

"No, nosotros no podemos. No fuimos a la universidad. Venimos de familias pobres y por eso no pudimos estudiar. Por eso somos albañiles", explicó uno de ellos.

Les pregunté entonces si podía mostrarles la forma en que podrían comprar un Ferrari a pesar de no haber ido a la universidad, y los tres contestaron: "Sí."

Para explicarles, primero dibujé el siguiente diagrama en una hoja de papel.

BALANCE GENERAL

Activos	**Pasivos**
Propiedad	Ferrari

Luego señalé mi edificio de departamentos, en el que estaban trabajando, y les dije: "Esta propiedad está pagando el Ferrari. También está pagándoles a ustedes y está cubriendo el trabajo que realizan para mejorar mi inmueble."

Cuando empezaron a entender la diferencia entre activos y pasivos, les expliqué la lección de Padre Rico: Los ricos no trabajan para obtener dinero, sino para adquirir activos que generen flujo de efectivo.

"¿Y eso no lo aprendiste en la universidad?", me preguntó uno de ellos.

"No", le contesté, y luego le expliqué que aprendí a hacer eso mismo en un seminario de tres días que me costó 385 dólares, y que tomé cuando tenía más o menos la misma edad que ellos. En cuanto entendieron que sólo estaba jugando *Monopolio* en la vida real y que el complejo de departamentos en el que estaban trabajando era como un hotel rojo, les aparecieron foquitos sobre la cabeza.

"¿Entonces nosotros también podemos hacerlo?", me preguntaron.

"¿Por qué no podrían? Si yo pude, ustedes también. No es ciencia nuclear."

Luego seguí explicándoles que mis activos compran mis pasivos. Les dije que la mayoría de la gente tiene problemas económicos porque compran pasivos creyendo que son activos.

"¿Entonces lo qué haces es expandir tus posibilidades en lugar de vivir por debajo de ellas?", me preguntó otro.

"Correcto", contesté. "En el interior de cada uno de ustedes hay una persona rica, una pobre y una de clase media, pero si eligen enfocarse en la columna de activos, y aprender más y más sobre los activos, entonces emergerá la persona rica."

Continué explicándoles que la palabra educación se deriva de la palabra griega 'educe', que significa extraer. La educación tradicional está diseñada para extraer a la persona de clase media que vive en la gente, pero para poder extraer a la persona rica, es necesario recibir educación financiera.

"¿Entonces la educación financiera es lo contrario a la educación tradicional?"

"Sí", les contesté.

"¿Los bienes raíces son los únicos activos?"

"No", dije, y luego les conté que cuando escribió los libros de Harry Potter, JK Rowling estaba recibiendo ayuda del gobierno para vivir, pero que luego los libros y las películas la volvieron millonaria.

Les conté sobre un conocido que tengo que nunca terminó la preparatoria, pero que ahora es millonario y vende huevo. Su abuela le regaló unos cuantos pollos cuando él estaba en la preparatoria, y poco tiempo después, ya estaba criando pollos y gallinas, y vendiendo huevo. Actualmente tiene 50 años y vende aproximadamente un millón de huevos al día.

También les hablé del coronel Sanders que, lo único que tenía era una receta para cocinar pollo, pero con ella construyó el imperio de Kentucky Fried Chicken.

Y también hablé de Mark Zuckerberg, un muchachito de la edad de ellos que jamás terminó la escuela pero creó Facebook.

Hice énfasis en que suena sencillo, pero no lo es.

"Entonces, si nos enfocamos en nuestra columna de activos podemos expandir nuestras posibilidades, obtener dinero a través del flujo de efectivo –en lugar de tener que esperar el cheque de la semana–, y pagar menos impuestos? ¿Es eso lo que estás diciendo?"

"Correcto", contesté. "Y además de eso, serán capaces de manejar cualquier auto que deseen, y que sus activos lo paguen."

Mientras me alejaba los alcancé a ver conversando muy animados. No los he vuelvo a ver, así que no sé lo que pasó después de la plática, pero por lo menos comprendieron que no tenían por qué vivir por debajo de sus posibilidades si no querían. Lo único que debían hacer era asumir el control de su columna de activos.

LECCIÓN DE BUCKY FULLER

La gente suele preguntar, "¿Cómo sobrevivió Fuller cuando dejó de trabajar por dinero en 1927?"

Y yo explico que Bucky hizo lo mismo que Padre Rico nos enseñó a su hijo y a mí: empezó a construir activos para su columna de activos. En lugar de propiedades concretas, la mayor parte de los activos de Bucky los conformaba su *propiedad* intelectual. La propiedad intelectual es un activo invisible, como las patentes, los libros, las licencias y las marcas registradas.

Yo también poseo muchos activos de este tipo. Éste libro es uno de ellos. En cuanto lo terminamos, les concedimos licencias a editores de todo el mundo para que lo publicaran.

Lección para tu segunda oportunidad

En primer lugar: Haz una lista de todas las cosas buenas que quieres en la vida. Ésta puede ser tu Lista de deseos.

Por años, Kim y yo pasamos frente a la casa en que ahora vivimos, y siempre decíamos: "Algún día esa casa será nuestra." Y hoy, lo es.

La diferencia es que primero compramos propiedades para rentar, con las que ahora podemos pagar la hipoteca mensual de la casa de nuestros sueños.

En segundo lugar: Haz una lista de los distintos activos que quieres adquirir, los que van a pagar los sueños de tu vida.

No te preocupes si todavía no sabes cómo los vas a adquirir: admitir que no sabes algo, es el primer paso del aprendizaje. La gente que lo sabe todo, no aprende nada.

En tercer lugar: Lee esta lista todos los días.

La educación financiera es... **La cara opuesta de la moneda**.

Expandir tus posibilidades y vivir por debajo de ellas, son dos caras de la misma moneda, dos puntos de vista para vivir la vida. Muy a menudo, la sabiduría tradicional te indica que debes vivir por debajo de tus posibilidades, sin embargo, todos tenemos la opción –la oportunidad–, de vivir una vida más plena que comienza cuando te enfocas en tu columna de activos y empiezas a expandir tus posibilidades.

Capítulo quince

Lo opuesto a "No hagas trampa"

Cooperen por encima de todo y no se impidan avanzar entre sí ni traten de ganar a costa de alguien más. Cualquier éxito disparejo, será pasajero.
–R. Buckminster Fuller

Cada vez que pides ayuda en la escuela, la gente cree que estás haciendo trampa, particularmente si lo haces a la hora del examen. De hecho, estando en preparatoria una vez leí el manual del maestro de mi padre pobre, y vi que en él se definía a la trampa como "prestar ayuda a alguien que la necesita". Desde mi perspectiva, eso más bien sonaba a ser un ser humano compasivo.

Cuando todavía estaba en preparatoria, mi Padre Rico permitía que su hijo y yo participáramos en las reuniones matutinas del domingo que tenía con su equipo de trabajo. Lo primero que noté estando ahí, fue que Padre Rico no tenía que ser el más inteligente del grupo. De hecho, creo que era quien menos educación formal tenía.

Alrededor de él se encontraban sus abogados, contadores, gerentes; su banquero, su corredor de bienes raíces y su corredor de bolsa. En lugar de decirle a la gente qué hacer, Padre Rico discutía sobre los problemas que enfrentaba y luego permitía que los asesores le ofrecieran sugerencias para resolverlos.

En casa, en cambio, siempre veía a mi padre pobre sentado frente a una pila de facturas, partiéndose la cabeza, pensando qué hacer para pagarlas todas.

Lo que estoy tratando de decir es que mi padre rico resolvía sus problemas económicos solicitando la ayuda de gente más inteligente y astuta que él porque era un hombre cooperativo.

Mi padre pobre hacía lo opuesto: resolvía sus problemas económicos solo para no "hacer trampa".

En el mundo real de los negocios, lo opuesto a hacer trampa es cooperar.

P: ¿Entonces cómo debe ser mi equipo? ¿A quiénes debo incluir?
R: Fíjate en mis asesores: ellos son mi equipo.

1. Tom Wheelwright es contador público certificado y es mi asesor fiscal. Como sabes, los impuestos pueden llegar a ser tu mayor gasto.
2. Ken McElroy es mi asesor en deuda. Ya mencioné que el presidente Richard Nixon sacó al dólar del patrón oro en 1971, y cuando eso sucedió, la deuda se convirtió en el nuevo dinero.
3. Blair Singer ha sido mi amigo y asesor desde 1981. Él es a quien siempre recurro cuando se trata de ventas. Si uno de mis negocios tiene problemas con las ventas, Blair va y le enseña a todo mundo a vender mejor. Como él dice: "Ventas = Ingreso". Si tu ingreso es bajo, seguramente tú o tu negocio

no están vendiendo. Recuerda que la habilidad más importante de un empresario es saber vender a otros, y venderse a sí mismo.

4. Andy Tanner es mi asesor de activos en papel y mercado de valores. Andy es el mejor en lo que se refiere a enseñarle a otras personas a obtener flujo de efectivo a través de acciones.
5. Darren Weeks me asesora en mi actividad empresarial como educador. Darren se ha vuelto muy rico enseñándole a cientos de miles de personas a jugar CASHFLOW.
6. Garren Sutton es mi asesor de asuntos legales y ha salvado mi riqueza en muchas ocasiones porque puede proteger mis activos de las fulminantes demandas legales y los onerosos impuestos.
7. Lisa y Josh Lannon son mis expertos en capitalismo social. Como podrás imaginar, si la gente percibe a tu negocio como una organización desalmada, corres el riesgo de salir del negocio en muy poco tiempo.

Y por supuesto, Kim... La pasión de mi esposa es enseñarles a las mujeres. Kim habla con una compasión y entendimiento que muchos hombres no tienen.

P: ¿Estás diciendo que debería tener el mismo tipo de asesores?

R: No, en absoluto. Sólo te estoy mostrando mi lista como ejemplo. Cada uno de mis asesores ha escrito un libro en el que comparten su conocimiento y experiencia.

Asimismo, todos mis asesores visitan con frecuencia mi programa de radio: Rich Dad Radio Show. Todos los programas de la serie están archivados para que puedas escucharlos en richdadradio.com/radio, y escuches a cada asesor cuando te resulte conveniente.

Tema:
Cubre tus activos
Invitados:
Garren Sutton, Esq.

The Rich Dad Radio Show
Descarga la aplicación gratuita
www.richdad.com/radio

P: ¿Por qué recomiendas que escuche a tus asesores?

R: Por muchas razones. Una de ellas es que escuchar a alguno de los invitados de Rich Dad Radio te ofrece uno de los elementos clave del Cono del aprendizaje.

El Cono del aprendizaje

Después de dos semanas recordamos		Clase de participación
90% de lo que decimos y hacemos	Vivir la experiencia	Activa
	Simular la experiencia	
	Hacer una dramatización	
70% de lo que decimos	Dar una plática	
	Participar en una discusión	
50% de lo que escuchamos y vemos	Ver cómo se realiza la actividad en su entorno real	Pasiva
	Ver una demostración	
	Asistir a una exposición	
	Ver una película	
30% de lo que vemos	Ver imágenes	
20% de lo que escuchamos	Escuchar palabras (Conferencia)	
10% de lo que leemos	Leer	

Fuente: *Cono del Aprendizaje*, adaptado de Dale (1969).

Mi razón principal para compartir la lista de asesores contigo, es que quiero que desarrolles tu instinto para distinguir entre un asesor malo y uno bueno.

Recuerda que lo opuesto a hacer trampa es cooperar, y la cooperación implica que no tienes que ser el más inteligente para volverte rico. Es mucho mejor contar con un equipo de personas inteligentes en sus respectivos campos.

Lección de Bucky Fuller

Ésta es una de mis citas favoritas de Fuller:

> Por supuesto, nuestros fracasos son consecuencia de muchos factores, pero tal vez uno de los más importantes es el hecho de que la sociedad opera con la teoría de que la clave del éxito es la

especialización, y la gente no se da cuenta de que la especialización excluye el pensamiento pleno.

Aquí Fuller habla sobre el hecho de que en las escuelas nos preparan para ser especialistas –contadores, ingenieros o abogados–, y la resolución de problemas exige distintos tipos de especialistas.

Fuller habría dicho que mi padre rico era un generalista. Padre Rico era empresario, o sea, un generalista que sabía un poco sobre muchas cosas. Los especialistas –como los abogados o los contadores–, en cambio, saben mucho pero sólo sobre ciertos temas.

Por esta razón Padre Rico tenía un equipo de especialistas que le ayudaban a resolver sus problemas, y tú deberías hacer lo mismo.

¿Estás empezando a entender que cuando hablamos de educación financiera genuina nos enfocamos en los opuestos? ¿Y que para que un equipo pueda resolver problemas necesita tanto de especialistas como de generalistas?

Lección para tu Segunda oportunidad

A continuación te daré una lista de pasos que te interesará seguir:

1. Haz una lista de asesores para tu equipo.
2. Si no tienes ningún asesor, escucha a los míos en Rich Dad Radio para que te des una mejor idea del equipo que te gustaría conformar.
3. Si tienes asesores pero no estás contento con ellos, escucha Rich Dad Radio para que puedas elegir mejores elementos.
4. Aprende cuál es la diferencia entre asesores y agentes o corredores. Hay mucha gente que recibe asesoría de vendedores, no de asesores de verdad.
5. Warren Buffett dice: "Nunca le preguntes a un vendedor de seguros si necesitas asegurarte más."

La educación financiera es... **La cara opuesta de la moneda**.

Recuerda tres cosas:

Primera: El único lugar en donde a pedir ayuda se le llama "hacer trampa", es en la escuela. No hay nada de malo en ser tonto, no tienes por qué fingir que eres inteligente. Si ya sabes todo, va a ser muy difícil que te superes y te vuelvas más astuto.

Segunda: Tu equipo debe irse volviendo más inteligente en la misma medida que tú lo hagas. Si alguno de los integrantes no aprende y mejora de manera constante, sustitúyelo.

Tercera: Lo contrario de estúpido es inteligente. La mejor manera de volverse inteligente consiste en ser suficientemente humilde para aceptar que no lo sabes todo. Si tienes un asesor que cree saberlo todo, busca uno nuevo. Es muy difícil llegar a ser más astuto si ya se conocen todas las respuestas.

Capítulo Dieciséis

Lo opuesto a "Los ricos son codiciosos"

¿Te entusiasmas de manera espontánea al pensar que todos tengan lo que tú puedes llegar a tener?
–R. Buckminster Fuller

Mucha gente cree que los ricos son codiciosos.

Y algunos lo son.

Hay quienes creen que la única forma en que una persona se puede volver rica, es siendo avariciosa.

Pero Padre Rico solía decir: "Lo que le molesta a la gente no es cuánto dinero hace una persona, sino la forma en que lo hace."

Por ejemplo, a la mayoría de la gente le parece bien que una luminaria del futbol gane millones de dólares porque ha trabajado arduamente durante años. En muchos casos, la carrera comienza cuando el jugador es un niño con un sueño, luego practica durante años sin recibir un salario, y después se vuelve profesional y empieza a ganar millones de dólares porque hace felices a millones de fanáticos de los deportes. Poca gente creería que los jugadores de este tipo son codiciosos y, de hecho, hay una cantidad enorme de fanáticos contentos con el hecho de que su estrella sea millonaria.

Con las estrellas de cine sucede lo mismo. A la mayoría de la gente le parece que no hay ningún problema en que una estrella gane un montón de dinero. Tom Hanks y Sandra Bullock ganan millones porque a casi toda la gente le encanta verlos en pantalla.

Y cuando yo era niño, estaba contento de que los Beatles ganaran muchísimo dinero vendiendo millones de discos porque su música me proporcionaba un gran gozo.

Sin embargo, cuando un empresario pudiente les paga intencionalmente a sus empleados casi con cacahuates, todo mundo tiene derecho de indignarse.

Lo que quiero decir es que cuando la gente se vuelve rica siendo corriente, cruel, deshonesta, criminal o inmoral, las personas honestas enfurecen.

Presión alta

A mí me sube la presión cada vez que pienso en:

... los banqueros que provocaron el colapso de 2007 y recibieron bonos a pesar de que millones de personas perdieron el empleo, su casa y su futuro.

...los políticos corruptos que aprovecharon su poder para enriquecerse aún más y enriquecer a sus amigos.

... los directores ejecutivos a los que les pagan millones de dólares por dirigir compañías y llevarlas a la quiebra. Su incompetencia les cuesta el empleo a los empleados y, a los accionistas, dinero.

...la Fed, Wall Street y el gobierno de Estados Unidos, quienes les inyectan billones de dólares falsificados a los grandes bancos para proteger a sus amigos pudientes a costa de los pobres, la clase media y las generaciones por venir.

...los sindicatos de empleados del gobierno que, a través de los bonos y pensiones que reciben, le roban a la gente que deberían servir. Muchos servidores públicos se retiran ganando mucho más que los veteranos de guerra que arriesgaron sus vidas para servir a su patria.

Estos son algunos de los ejemplos recientes que conozco:

- Un bibliotecario de la ciudad de Phoenix se retiró a los 58 años y recibió un bono de 286 000 dólares y una pensión anual vitalicia de más de 102 000 dólares.
- Tres bomberos de Phoenix que, cuando se retiraron en 2011, recibieron –cada uno–, más de un millón de dólares adicional a sus pensiones.
- Un reporte de que, para cuando cumplan 75 años, los 50 jubilados más importantes del gobierno de Phoenix recibirán 183 millones de dólares (sacados del dinero de los contribuyentes) de manera colectiva.

Mucha gente de Phoenix está molesta porque creen que estos empleados del gobierno son codiciosos. En lugar de que haya una distribución equitativa, hay millones de dólares que están siendo entregados a sólo unas cuantas personas.

Ahora piensa las cosas desde otra perspectiva: Los servidores públicos creen que son generosos porque han dedicado su vida a servir como empleados del gobierno. ¿Pero tú qué opinas? Este mismo tipo de pagos exagerados se llevan a cabo en casi todos los estados y ciudades de Estados Unidos.

Los ejemplos anteriores son síntomas de codicia extrema y de corrupción. El gran atraco está en pleno apogeo, y la codicia parece estarse apoderando del mundo.

Vuélvete rico siendo generoso

Al mirar la otra cara de la moneda, podemos ver que mucha gente se vuelve rica gracias a su generosidad.

Walt Disney se volvió millonario porque hizo feliz a una cantidad abrumadora de gente, y Henry Ford lo hizo cuando logró que el automóvil fuera accesible para la clase trabajadora.

Sergey Brin de Google, es multimillonario porque hizo que el acceso a la información llegara a ser mucho más sencillo que ir a la biblioteca local.

Aprende a ser rico y generoso

Si ya leíste *Padre Rico, Padre Pobre*, tal vez recuerdes que mi padre pobre se enojaba mucho con mi Padre Rico porque no nos pagaba ni a su hijo ni a mí, y quería que trabajáramos gratis.

A cambio de nuestro tiempo, sin embargo, Padre Rico nos enseñaba a ser ricos a través de la generosidad. Nuestras lecciones empezaron con el juego de *Monopolio*, el cual jugábamos por horas. Casi todos sabemos cuál es la fórmula para obtener riqueza en *Monopolio*: cuatro casitas verdes se pueden canjear por un hotel rojo.

Actualmente, Kim y yo jugamos *Monopolio* en la vida real. Tenemos miles de casitas verdes que, en este caso, incluyen: departamentos, dos hoteles, cinco campos de golf, edificios comerciales, varios negocios y muchos pozos petroleros.

También compartimos nuestro conocimiento a través de los libros que escribimos y de los juegos de educación financiera que hemos diseñado.

Algunas personas dicen que somos codiciosos, pero nosotros nos consideramos generosos. Muchos de los que acusan a los ricos de ser codiciosos, a veces sólo tienen una casa, y su balance general luce así:

BALANCE GENERAL

Activos	Pasivos
0 casas	1 casa

¿Tú quién crees que es el codicioso? ¿El empleado o el empresario?

Kim y yo somos responsables, directa e indirectamente, de miles de empleos que creamos a través de nuestros negocios e inversiones en todo el mundo. Nuestro hotel rojo –un gran centro vacacional en Phoenix–, por ejemplo, les da empleo a más de ochocientas personas. Piensa en los millones de dólares en impuestos que generan esos ochocientos empleados. Ahora piensa en todos los otros negocios, tiendas, restaurantes, doctores, dentistas y familias a las que benefician los ingresos de esos empleados.

Ésta es la razón por la que me irrito cada vez que escucho a la gente decir categóricamente: "Los ricos son codiciosos."

Creo que lo que hace que la gente se vuelva codiciosa o avariciosa, es la falta de educación financiera en nuestras escuelas porque, cuando alguien tiene dinero pero carece de activos, empieza a codiciar más, se desespera y piensa que necesita más.

P: ¿Estás diciendo que la gente que llama "codiciosos" a los ricos, lo es más?

R: Sí y no. Lo que estoy diciendo es que tu punto de vista depende del lado de la moneda en que te encuentres.

Mi padre pobre pensaba que mi Padre Rico era avaricioso, y viceversa. Para mí, ambos eran hombres generosos.

Tu misión es pararte en el canto de la moneda para determinar qué es lo verdadero para ti. Tu segunda oportunidad comienza con la definición de la generosidad y la codicia.

P: ¿Por qué tu Padre Rico creía que tu padre pobre era codicioso?
R: Porque mi padre pobre creía que uno debía quitarles a los ricos para darles a los pobres, que los ricos debían pagar mejores salarios y estar sujetos a tasas fiscales más altas.

P: ¿Tu padre pobre era socialista?
R: Podría decirse que sí. En realidad sólo era un buen hombre que creía en ayudarle a la gente.

P: ¿Y tu Padre Rico era capitalista?
R: Me parece que ésa es una opinión acertada. Él también era un hombre bueno y creía en ayudarle a la gente.

P: ¿Cómo es posible que puedas opinar lo mismo de ambos?
R: Pues porque es verdad. Ambos eran buenos y querían ayudar a otros, sólo tenían opiniones opuestas.

Lección de Bucky Fuller

Bucky Fuller hizo muchas predicciones y varias de ellas se cumplieron. El resto tal vez no se han cumplido porque les hace falta tiempo y avances tecnológicos.

Pero hay dos predicciones en particular que me obsesionan:

1. Bucky predijo que los humanos que nacieron después de 1945 y que no fuman, tienen una esperanza de vida de 140 años. Esta predicción la hizo con base en el concepto de aceleración acelerada aplicado a la tecnología médica.
2. Predijo que el desempleo aumentaría conforme las computadoras fueran reemplazando a los humanos. Según Bucky: "La

> computadora sustituirá por completo al hombre como especialista. El hombre se verá forzado a restablecerse, y a aplicar y disfrutar de su 'capacidad abarcadora' nata."

Hace muchos años, en las décadas de los sesenta y los setenta, Bucky ya estaba prediciendo que el desempleo se incrementaría debido a los avances tecnológicos. Dijo que la noción de "ganarse la vida" se volvería obsoleta. "Tenemos que deshacernos de la engañosa noción de que todo mundo tiene que ganarse la vida."

Fuller también dijo:

> Actualmente vemos a gente sin vida que apoya la generación de riqueza cada vez que aborda su auto o un autobús para ir a su oficina de 1980, y gasta billones de dólares diariamente en gasolina para llegar a ese trabajo que no le genera ninguna riqueza. No necesitamos una computadora para darnos cuenta de que, pagarle muy bien a esta gente para que se quede en casa, le ahorraría al Universo y a la humanidad billones de dólares al día.

Al ver que en pleno 2014 los programas de subsidios siguen creciendo y los jóvenes recién graduados no pueden encontrar empleo, vuelvo a escuchar lo que Fuller nos dijo en su conferencia de 1983: "En el futuro, va a tener más sentido pagarle a la gente para que se quede en casa."

Pero, claro, en 1983 me parecía que esta idea estaba completamente fuera de la realidad.

P: ¿Entonces qué es lo que te preocupa?

R: Que las predicciones de Fuller se están cumpliendo. Actualmente, incluso los países con salarios bajos como China, se están percatando de los desafíos que representa el desempleo masivo. Ahora mismo en China hay miles de fábricas inactivas.

Mi preocupación es: ¿qué pasará si miles de millones de personas desempleadas llegan a vivir más de cien años?

P: *Pero eso no podría suceder, ¿o sí?*

R: Eso es precisamente lo que pensaba en 1983, pero ahora no estoy tan seguro. ¿Qué le pasaría a China, Estados Unidos y todo el mundo si cientos de millones de personas se quedaran sin empleo y los gobiernos colapsaran al tratar de pagarles para que no salieran de casa? La mera idea de que esto suceda, me perturba.

En 1983, Bucky Fuller nos dijo que nuestra generación se enfrentaría a estos problemas en el futuro. Lo que me preocupa es que el futuro ya haya llegado.

P: ¿Qué fue lo que quiso decir con, "El hombre se verá forzado a restablecerse, y a aplicar y disfrutar de su 'capacidad abarcadora' nata"?

R: Fuller creía que a la mayoría de la gente le encantaría que le pagaran por permanecer en casa. Además, sería muy bueno para el medio ambiente que menos gente se quedara atrapada en el tráfico en su camino a la oficina, adonde sólo va para realizar un trabajo que no mejora en nada al mundo.

Al hablar de la "capacidad abarcadora", se refería a que algunos humanos a los que se les pagara por permanecer en casa, se sentirían inspirados a realizar la "labor del espíritu" y cumplir el propósito en la vida que dios les dio. Fuller decía que millones de personas harían cosas a las que llamaba, "de emoción espontánea", y que la gente empezaría a resolver los problemas del planeta gracias a un deseo interior genuino, y no sólo por la necesidad de recibir un cheque de nómina.

P: ¿Eso es lo que tú hiciste?

R: Sí. Después de leer *Grunch of Giants* en 1983 supe qué era lo que tenía que hacer.

P: ¿Y qué fue?

R: Supe que tenía que hacer lo que George Orwell dijo en su libro *1984*: "En un tiempo de engaño universal, decir la verdad es un acto revolucionario."

Por coincidencia, Kim y yo dimos nuestro salto de fe en 1984.

P: ¿Y qué soluciones propones?

R: La educación tiene que cambiar. Ya no podemos seguirles diciendo a los jóvenes, "Ve a la escuela y consigue un empleo".

Tenemos que capacitar a la gente para que se convierta en empresarios, no en empleados. El mundo necesita empresarios que creen empleos y trabajen para resolver los problemas del mundo en lugar de sólo para ganar dinero.

Afortunadamente, hoy en día hay millones de personas que se están convirtiendo en empresarias; la mayoría, sin embargo, lo está haciendo en la zona A del cuadrante, lo que quiere decir que sigue trabajando para obtener dinero.

El mundo necesita más empresarios de la zona D que creen activos que generen flujo de efectivo. Hablo de activos que no sólo generen dinero, sino que también puedan cambiar el mundo.

P: ¿Entonces lo que me estás pidiendo que me pregunte es: "¿Qué haría si no tuviera que ganarme la vida? ¿Qué obsequio le daría al mundo si no tuviera que volver a trabajar por un cheque de nómina"?

R: Así es. Éstas son las mismas preguntas que me hice en 1983.

Lección para tu segunda oportunidad

Pregúntate lo siguiente: "Si jamás tuviera que volver a trabajar por dinero, ¿qué haría?". Después: "¿Sería mezquino o generoso con mi conocimiento y mi vida?" Recuerda que la moneda tiene dos caras.

La educación financiera es... **La cara opuesta de la moneda**.

Puedes elegir entre acumular tu conocimiento, ser mezquino con lo que tienes y sabes o... compartirlo. La educación financiera se basa en la generosidad, no en la codicia ni la mezquindad.

Capítulo diecisiete

Lo opuesto a "Invertir es arriesgado"

He pasado la mayor parte de mi vida tratando de olvidar cosas que resultaron no ser ciertas.
–R. Buckminster Fuller

Casi toda la gente cree que invertir es arriesgado.

Y de hecho, para muchos *sí* lo es.

El GRUNCH quiere que creas esto.

P: ¿Por qué querría el GRUNCH tal cosa?

R: Porque así preferirás entregarle tu dinero.

P: *Tú crees que esa es la razón por la que no se imparte educación financiera en la escuela, ¿no es verdad?*

R: Sí, eso me parece. Por eso casi todos los maestros les aconsejan a los estudiantes ahorrar dinero e invertir a largo plazo en el mercado de valores. Este consejo, por desgracia, envía tu dinero directamente a los bolsillos del GRUNCH.

P: ¿Me estás diciendo que es malo?

R: No, porque, como siempre, la moneda tiene dos caras. Algunos creen que invertir es arriesgado, pero otros no. La pregunta es, ¿tú qué opinas? ¿Qué es lo que tú *quieres* creer?

Fuller dijo: "He pasado la mayor parte de mi vida tratando de olvidar cosas que resultaron no ser verdad."

P: ¿Pero lo que tú haces no es arriesgado?

R: Sí, lo que hago conlleva un riesgo, pero toda acción es riesgosa. ¿Tú no te caíste cuando estabas aprendiendo a caminar?

P: *Claro que sí.*

R: ¿Y ahora puedes caminar sin caerte?

P: *Por supuesto.*

R: Bueno, pues con la inversión sucede lo mismo.
¿Tú manejas?

P: *Sí, y tengo un automóvil.*

R: ¿Cómo aprendiste a manejar?

P: *Me enseñó mi padre.*

R: ¿Su guía aumentó o disminuyó los riesgos de manejar?

P: *Los disminuyó. Está bien… ya te entendí.*

R: ¿Ahora comprendes por qué invertí en un seminario de tres días sobre bienes raíces y pasé 90 días practicando –buscando propiedades–, antes de invertir mi dinero?

P: ¿Lo hiciste para reducir el riesgo?

R: Sí, y para incrementar mis recompensas. Gracias a ese seminario de tres días y a los tres meses subsecuentes de práctica, ahora soy millonario. Pero lo más importante es que reduje los riesgos financieros y aumenté las recompensas... como la de nunca necesitar un empleo, nunca tener que preocuparme por las subidas y las caídas de la bolsa de valores. La educación y la práctica me han dado la libertad de hacer todo el dinero que quiero sin tener que trabajar; además he podido disfrutar la vida sin miedo, y sin la preocupación de hacer enojar a mi jefe y que me despida.

P: ¿Entonces lo opuesto del riesgo es la recompensa?

R: Ése es uno de los elementos opuestos, pero en lo personal, creo que lo opuesto al riesgo es el control:

Riesgo + Control = Recompensa

Aprende a volar

En 1969 me reporté en Pensacola, Florida, para aprender a volar. Fue un proceso educativo emocionante, divertido y de crecimiento. Entré arrastrándome como oruga, pero dos años después salí volando como mariposa. Fue una experiencia más allá de lo educativo: fue toda una transformación.

Años después me volvió a suceder lo mismo cuando participé en el seminario de tres días de bienes raíces. Entré ahí como un hombre pobre y, dos años después, ya era rico. Jamás volví a necesitar un empleo ni un cheque de nómina.

Ejemplos de control

En Vietnam aprendí acerca del riesgo, las recompensas y el control. Ahora que soy inversionista, utilizo mucho del control que aprendí ahí. Yo aplico el control en los siguientes aspectos:

1. Control sobre mi educación

Cuando estudiábamos para ser pilotos, teníamos que estar todo el tiempo en la escuela. Jamás dejamos de aprender, pero el aprendizaje y la vida iban de la mano: entre más aprendíamos, mayores eran nuestras probabilidades de supervivencia.

2. Control sobre mis asesores

Mis maestros en la escuela de vuelo eran pilotos de verdad. Mucha gente está en problemas financieros porque recibe asesoría de vendedores, no de gente rica.

3. Control sobre mi tiempo

La mayoría de la gente está tan ocupada, que no tiene tiempo para volverse rica.

P: ¿Me puedes dar un ejemplo de la forma en que asumir el control de la educación, los asesores y el tiempo puede reducir los riesgos y aumentar las recompensas?

R: Por supuesto. Digamos que invierto 10 000 dólares en acciones de Exxon. Esta inversión no me da garantía de retorno, pero si invierto 10 000 dólares en un pozo petrolero, el gobierno me garantiza un retorno de 3 200 dólares a través de una deducción de impuestos.

P: ¿Un retorno garantizado de 32 *por ciento? ¿Realmente se puede hacer eso?, ¿conseguir un crédito fiscal?*

R: Naturalmente. Cualquier persona puede invertir en los mismos tipos de oportunidades. Te repito que todo tiene que ver con el control de los tres aspectos que mencioné: educación, asesores y tiempo.

Tema:
ROIs garantizados por el gobierno...
en gas y petróleo
Invitados:
Mike Mauceli y
Tom Wheelwright, Contador público

The Rich Dad Radio Show
Descarga la aplicación gratuita
www.richdad.com/radio

Si deseas aprender más sobre cómo funciona esta deducción de 32 por ciento, escucha el programa de Rich Dad Radio sobre este tema, con nuestro invitado especial Mike Mauceli. Cuando escuches el programa, fíjate en la forma en que el control de los tres aspectos –educación, asesores y tiempo–, puede reducir tus riesgos e incrementar tus retornos.

El poder de la confianza

En cada dólar estadounidense se pueden leer las palabras "In God We Trust" ("En dios confiamos"), pero en mi opinión, esta frase es un fraude. Francamente dudo mucho que dios confíe en el dólar estadounidense.

Los banqueros de Wall Street que trabajan para el GRUNCH suelen decir "El oro es una reliquia primitiva del pasado", y claro, es de esperarse que piensen así porque el oro es su competencia. A los banqueros no les gusta el oro porque no pueden imprimirlo.

En la otra cara de la moneda, podría decirse que hay algo de cierto en que el oro es un metal primitivo porque, aparte de su uso ornamental en la joyería, tiene poco valor como metal. La plata, en cambio, vale muchísimo porque además de ser un metal precioso, es un metal industrial. El oro se acumula y la plata se consume. Desde mi perspectiva, esto hace que la plata sea mucho más valiosa que el oro.

P: *Si el oro tiene tan poco valor, ¿por qué lo creó dios? ¿Por qué los humanos codician, acumulan, asesinan y conquistan naciones enteras... con tal de conseguir oro?*

R: La respuesta se encuentra en la palabra "confianza". El oro es confiable. Es raro, es un elemento que no puede falsificarse.

Tema:

El patrón oro...
una revisión

Invitado:

Steve Forbes

The Rich Dad Radio Show

Descarga la aplicación gratuita
www.richdad.com/radio

En su libro más reciente, *Money*, de 2014, Steve Forbes –director ejecutivo del imperio Forbes Media–, hace una petición para volver al patrón oro. Steve menciona en su libro tres razones importantes por las que el mundo necesita volver al patrón oro.

Las razones son:

1. El papel moneda no es riqueza.
2. Si Estados Unidos hubiera seguido perteneciendo al patrón oro, los ingresos en la actualidad serían 50 por ciento más altos.
3. El patrón oro aumentará la confianza. El oro les permite a los extranjeros comerciar y hacer negocios entre sí con tranquilidad. Pero cuando la gente no confía en el "dinero" que utiliza, el comercio mengua y las economías se contraen.

En otras palabras, cuando los gobiernos imprimen dinero, disminuye la confianza entre la gente y los países, el comercio se ve afectado y, en consecuencia, las economías se contraen. Cuando las economías se contraen, la gente honesta sufre y, a menudo, se desespera. La desesperación puede conducir a un incremento en el crimen, la violencia, la inmoralidad y el terrorismo.

Reducir el riesgo

Si la confianza disminuye, el riesgo aumenta.

Entre más dinero imprime el gobierno, más disminuye nuestra confianza en él, y más aumenta el riesgo. Actualmente hay millones de personas sumamente inquietas por su futuro.

Tú puedes reducir los riesgos a través de un incremento en la confianza que tienes en ti mismo, y este incremento se logra a través de la educación, los asesores y el tiempo.

P: ¿Cómo puedo empezar a construir la confianza en mí mismo?

R: Te repito: todo empieza con las palabras. Para fortalecer la confianza en ti mismo tienes que aprender el lenguaje del dinero, el cual no se enseña en las escuelas.

El lenguaje del dinero

En 2009, Raúl Diez-Canseco, otrora primer vicepresidente de Perú, nos invitó a Kim y a mí a visitar su extraordinario país para conocer el sistema de educación privada que él mismo fundó, y su hogar en Lima. Raúl es un empresario de la educación. Su sistema empieza con el kínder y se extiende hasta la universidad. Es un sistema innovador que prepara a los estudiantes para el comercio en el mundo real.

Evidentemente, Machu Picchu formaba parte de nuestro itinerario. Mientras contemplábamos esta magnífica civilización en la cima de los Andes, le pregunté a Romero, uno de los maestros incas de nuestro grupo, lo siguiente: "¿Qué separaba a los que vivían en los niveles más altos de los que vivían en los más bajos?", y él contestó sin dudar: "El idioma. El lenguaje. Los que vivían en los niveles superiores hablaban 'quechua', el lenguaje del comercio." Romero nos explicó que el quechua le imbuyó poder al Imperio inca para dominar la costa oeste de Sudamérica.

Las cosas no han cambiado mucho. Actualmente la gente rica habla el lenguaje del comercio, *el lenguaje del dinero* que no se enseña en las escuelas. La diferencia entre mi padre pobre y mi Padre Rico, radicaba en el vocabulario. Aunque el idioma de ambos era el inglés, no hablaban la misma lengua del dinero.

Si aprendes unas cuantas palabras nuevas cada mes, la confianza en ti mismo aumentará, el riesgo disminuirá y las recompensas se multiplicarán.

P: ¿Me puedes dar un ejemplo de palabras que me podrían volver rico?

R: Claro. En este momento ya sabes que los *activos* ponen dinero en tu bolsillo, y que los *pasivos*, sacan dinero.

Otras palabras importantes son: flujo de dinero –o de efectivo– vs. ganancias de capital. Los pobres y la clase media invierten para obtener ganancias de capital. Compran, atesoran y rezan para que los precios suban. Los "especuladores" invierten en ganancias de capital, por eso creen que invertir es arriesgado. No tienen control sobre el ascenso y descenso de los precios. Los especuladores casi no reciben flujo de efectivo, y cuando venden y obtienen una ganancia, tienen que pagar impuestos sobre ganancias de capital, los segundos más altos.

P: ¿Entonces los ricos invierten para obtener flujo de efectivo?

R: Los ricos de las zonas D e I del cuadrante invierten para obtener muchas cosas: flujo de efectivo, ganancias de capital, control y ventajas fiscales.

P: ¿Cómo puedo aprender a hacer eso?

R: Cambia tu educación, tus asesores y la forma en que ocupas tu tiempo. Si haces eso, empezarás a utilizar otras palabras.

En el siguiente capítulo aprenderás más sobre cómo los ricos del lado D e I del cuadrante invierten en ganancias de capital, flujo de efectivo y reducciones fiscales.

P: ¿Me puedes decir algunas de las diferencias entre los empresarios de la zona A y los de la zona D del cuadrante?

R: Los empresarios de A trabajan por dinero y ofrecen productos y servicios.

P: *¿No son activos?*

R: En la mayoría de los casos, no. Un verdadero activo produce flujo de efectivo; los productos y servicios producen dinero.

P: ¿Me lo puedes explicar con más detalle?, ¿con términos más simples?

R: Por supuesto, pero quiero que te fijes bien en las diferencias en las palabras.

Digamos que un empresario abre un restaurante en el que ofrece comida deliciosa y un servicio excelente. La comida es el *producto* y los empleados proveen el *servicio*. Cada día que pasa, el proceso se lleva a cabo de nuevo desde el principio. Todos trabajan para obtener un ingreso ordinario: *cheques de nómina* y *propinas*. El ingreso ordinario es el que tiene el mayor gravamen. Cuando trabajas por dinero, lo ahorras e inviertes en un plan 401(k), pagas la tasa de impuestos correspondiente al *ingreso ordinario*.

En cambio, si yo soy empresario de bienes raíces de la zona D del cuadrante, y soy dueño del edificio en donde está el restaurante, estoy proveyendo un *activo*. Utilicé *deuda* para adquirir el edificio y recibo *ingreso pasivo*, o sea, el menos gravado. Por si fuera poco, cada vez pago menos impuestos debido a la *depreciación*, la *amortización* y la *apreciación*: tres tipos distintos de ingreso.

P: ¿La depreciación, la amortización y la apreciación son distintos tipos de ingreso?

R: Sí. Si no entiendes la diferencia en las palabras, habla con un contador fiscal o un abogado fiscal, o lee el libro *Tax-Free Wealth*, de Tom Wheelwright. La enseñanza de este capítulo es sobre el riesgo, la importancia de las palabras y la forma en que éstas pueden reducirlo. Te recomiendo que escuches los programas de Tom en Rich Dad Radio.

P: *Entonces el empresario del cuadrante A trabaja cada vez más, corre todos los riesgos y paga* más impuestos. ¿Y el del cuadrante *D trabaja menos, gana más dinero y paga menos impuestos?*

R: Sí. Lo más importante es que entiendas las diferencias entre las palabras, y que los individuos de las distintas zonas usan palabras específicas.

Voy a volver a usar una historia, pero esta vez la contaré en un contexto diferente. En *Padre Rico, Padre Pobre* escribí que Ray Kroc, el fundador de McDonald's, dijo: "Yo no estoy en el negocio de las hamburguesas, sino en el de bienes raíces." Dicho de otra manera, las hamburguesas y las papas fritas de McDonald's –los *productos* y los *servicios*– pagan los bienes raíces: el *verdadero activo.* Es por esto que McDonald's es una de las empresas de bienes raíces más grandes del mundo.

Explicado de manera sencilla, los pobres y la clase media usan las palabras de las zonas E y A del cuadrante, y los ricos usan las de las zonas D e I, o sea, el lenguaje del dinero, el lenguaje al que los incas denominaron *quechua.*

Padre Rico solía decir: "Las palabras tienen el poder de volverte rico o pobre. Si quieres ser rico, aprende las palabras que te prepararán para ello. Lo mejor de todo es que... las palabras no cuestan."

Lecciones de Bucky Fuller

En *Grunch of Giants*, Fuller escribió:

> Las corporaciones no son fenómenos ni físicos ni metafísicos, son estratagemas socioeconómicas –juegos que se representan legalmente–, organizadas por individuos abrumadoramente poderosos que luego las imponen a la sociedad humana y a todos sus miembros.

P: ¿Qué quiere decir con esto?

R: Creo que estaba tratando de decir que es muy arriesgado confiar en el GRUNCH, ese poder invisible detrás de los bancos y corporaciones más grandes del mundo.

Me parece que Fuller nos está diciendo que es arriesgado confiarle tu columna personal de activos al GRUNCH. Si insistes en invertir en activos en papel, al menos no lo hagas a largo plazo. Mejor toma clases sobre cómo invertir en opciones de acciones y aprende a hacer dinero cuando los mercados suban o bajen.

Y pensando en la otra cara de la moneda, si quieres reducir tus riesgos y ser rico, tal vez te interese aprender el lenguaje del GRUNCH, o sea, el lenguaje de las zonas D e I del cuadrante.

Reducción del riesgo en el mercado de valores

Si tienes tus inversiones en el mercado de valores, o "la bolsa", deberías escuchar a Andy Tanner, asesor de Rich Dad, en Rich Dad Radio.

Tema:

Activos en papel y el mercado de valores

Invitado:

Andy Tanner

The Rich Dad Radio Show

Descarga la aplicación gratuita

www.richdad.com/radio

Andy tiene la cualidad de explicar las cosas con mucho humor. Cuando fue invitado a The Rich Dad Radio Show, por ejemplo, en un segmento, dijo, "Si vas a irte de crucero en el Titanic, tal vez debas contar el número de botes salvavidas antes que nada".

Invertir una hora de tu tiempo en escuchar a Andy Tanner, es una excelente manera de dar inicio a tu segunda oportunidad.

Lección para tu segunda oportunidad.

Muchos expertos financieros dicen: "Obtener retornos más altos, exige un riesgo mayor".

P: ¿Por qué dicen eso si no es verdad?

R: Quién sabe. Tal vez porque son mentirosos, estafadores, o sólo estúpidos.

Lo más probable es que sólo estén repitiendo lo que les dijeron. Son gente que no ha hecho nada de lo que recomienda Fuller: "He pasado la mayor parte de mi vida tratando de olvidar cosas que resultaron no ser ciertas."

Hoy en día, millones de estadounidenses le entregan su dinero a gente que no conocen y en la que no confían, a través de sus planes 401(k) e IRA. Siguen instrucciones como periquitos y sólo repiten lo que les han indicado que deben decir. En mi opinión, ésta es una conducta riesgosa.

La educación financiera es… **La cara opuesta de la moneda**.

Lo opuesto al riesgo es el control. Para aprovechar la segunda oportunidad en tu vida, debes asumir el control de tu educación, de tus asesores y de tu tiempo.

Capítulo dieciocho

Lo opuesto a "Ahorra dinero"

Nos están despojando de nuestra riqueza a través del dinero, entonces, ¿para qué ahorrarlo?
–R. Buckminster Fuller

Muchos expertos financieros dicen: "Ahorra, ahorra y ahorra hasta que no puedas más." Pero cualquier persona en su sano juicio se preguntaría: "¿Para qué ahorrar dinero si los gobiernos lo están imprimiendo por montones?"

Por qué los ahorradores son perdedores

Al ahorrar dinero perdemos nuestra riqueza. Cada vez que una persona ahorra, le roban a través del sistema de reserva fraccionaria. Por ejemplo, si la reserva fraccionaria es 10, los bancos tienen permiso de prestar 10 dólares por cada dólar que tengan en depósito. Durante la gestión del presidente Bill Clinton, algunos de los megabancos, como Bank of America y Citibank, operaron con una reserva fraccionaria con un tope de 34, es decir, por cada dólar ahorrado, ellos podían prestarles 34 a los solicitantes. Esto significa que el poder adquisitivo de cada dólar ahorrado, se diluyó en un múltiplo de 34.

El sistema bancario de reserva fraccionaria es una de las maneras en que el gobierno "imprime dinero" y provoca que los ahorradores se conviertan en perdedores. Dicho llanamente, el dinero se crea cada vez que alguien lo pide prestado, no cuando tú y yo lo ahorramos.

Los ahorradores también se convierten en perdedores cuando ahorran en fondos mutualistas porque las compañías que los manejan obtienen sus ganancias a través de tarifas escondidas.

John Bogle, fundador de The Vanguard Group, Inc, se pregunta: "¿Realmente quieres invertir en un sistema en el que tú, como accionista del fondo mutualista, pones el 100 por ciento del capital, asumes el 100 por ciento del riesgo y, como retorno, obtienes el 30 por ciento?" Visto desde el otro lado de la moneda, el fondo no pone dinero ni corre riesgo, pero se lleva 70 por ciento del retorno.

En los tiempos de la República de Weimar, los ahorradores fueron los mayores perdedores. En los cinco años entre 1918 y 1923, los millonarios se convirtieron en mendigos.

P: ¿Entonces qué es lo opuesto a ahorrar dinero?, ¿endeudarse?

R: Sí y no, porque la deuda por sí misma no es la respuesta.

Lo opuesto de ahorrar es un concepto conocido como la "velocidad del dinero". La mayoría de la gente "estaciona" su dinero en algún lugar que le permita ahorrar o invertir para su jubilación, pero las personas inteligentes mantienen su dinero en movimiento.

Dicho de manera simple, si estacionas tu dinero, su valor disminuye, y si lo mantienes en movimiento, aumenta.

Primero piensa en una persona que se pasa todo el día viendo la televisión, y luego piensa en alguien que corre, anda en bicicleta y escala montañas. ¿Cuál de ellas estará más sana en diez años?

P: ¿Entonces entre más rápido mueva mi dinero, mejor?

R: Sí, pero tienes que saber hacerlo. Los alemanes que salieron beneficiados en la hiperinflación de la República de Weimar fueron aquellos que sacaron su dinero del país y lo cambiaron por otras divisas como dólares estadounidenses, libras británicas y francos franceses. Los alemanes que mantuvieron su dinero ahorrado en marcos, terminaron perdiendo todo.

P: ¿Estás diciendo que debería comprar otras divisas?

R: No. Las cosas son distintas ahora. En la actualidad, todo el mundo está involucrado en una guerra global de divisas, y la mayoría de los gobiernos están haciendo lo mismo que hicieron los alemanes en 1918.

P: ¿Por qué?

R: Porque ahora los gobiernos tienen miedo de que su divisa se vuelva más fuerte y saludable. Si el dólar estadounidense se fortalece, por ejemplo, las exportaciones de Estados Unidos se harán más costosas y el desempleo crecerá.

Como ya lo mencioné, todos los líderes del planeta viven con el miedo de que el desempleo crezca, y por eso están dispuestos a hacer prácticamente cualquier cosa para mantener a la gente trabajando, incluso si eso implica destruir su propia divisa.

P: ¿Entonces Estados Unidos *imprimirá dinero para debilitar el dólar?*

R: Podría ser.

P: ¿Qué *debo hacer?*

R: Te diré lo que *yo* hago, pero eso no significa que te recomiende que lo hagas también.

P: ¿Por qué no? Y si no me lo recomiendas, entonces por qué me lo vas a decir?

R: Porque lo que yo hago implica un proceso muy sofisticado que me ha llevado años llegar a dominar. De hecho, todavía sigo aprendiendo.

Y te voy a contar al respecto para que puedas ver la otra cara de la moneda. Si logras ver lo que la mayoría pasa por alto, entenderás mejor cómo se juega el verdadero juego del dinero. Los verdaderamente ricos no estacionan su dinero, lo mantienen en movimiento.

P: ¿Y qué pasa si quiero hacer lo que tú?

R: Entonces te diría: "Buena suerte y bienvenido al juego." Vas a participar en un juego en el que algunos ganan en grande, pero hay muy pocos sobrevivientes.

Después de que veas el siguiente diagrama y comprendas cómo se juega, podrás decidir si quieres jugar "La velocidad del dinero". Pero sólo tú puedes decidir si el sistema es adecuado para ti.

La velocidad del dinero

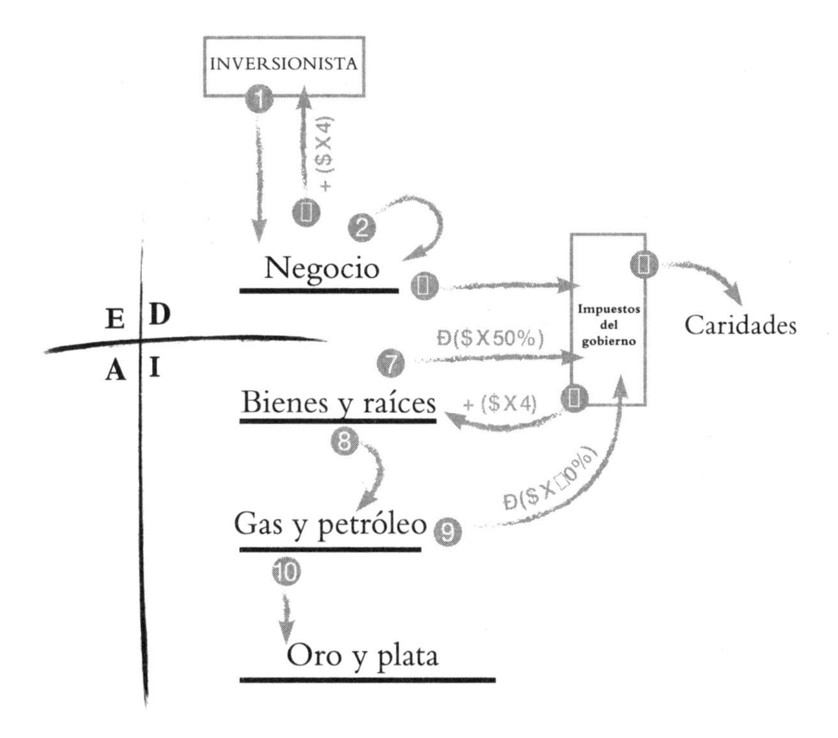

Para entender el camino que traza el dinero, sigue las flechas numeradas…

1. La primera flecha muestra en dónde comenzó el juego para Kim y para mí cuando reunimos 250 000 dólares gracias a inversionistas y fundamos The Rich Dad Company.
2. La segunda flecha representa la reinversión del dinero en el negocio. Esta flecha da vuelta y vuelve al negocio para ilustrar que el dinero está exento de impuestos.

   Este ingreso exento se usa para contratar más gente, comprar más equipo y hacer crecer el negocio.
3. La tercera flecha representa el pago que les hicimos a nuestros inversionistas para devolverles su dinero ($ X 4). Esto significa que recibieron un retorno de 400 por ciento sobre su dinero en dos años, o un millón.

4. La cuarta flecha representa el punto en que Kim y yo finalmente sacamos nuestro dinero de la compañía a través de cheques y bonos que nos pagamos a nosotros mismos, o sea, dinero gravado por el gobierno. Pasaron casi tres años antes de que sacáramos un solo centavo del negocio.
5. La quinta flecha representa la caridad. Nosotros donamos 10 por ciento de nuestro ingreso bruto a organizaciones de caridad reconocidas oficialmente. Aunque recibimos deducciones fiscales del gobierno por este dinero, nuestra razón principal para donarlo es espiritual. Las deducciones fiscales son sólo una ventaja adicional.

   Nosotros donamos dinero porque creemos que dios es nuestro socio. Si no le pagamos a nuestro socio, él dejará de trabajar.

   Siempre recuerda que si quieres una sonrisa, primero tienes que brindar una. Si quieres un golpe, deberás dar uno antes, y si quieres dinero, también tienes que dar dinero.

   Cada vez que escucho a alguien decir :"Voy a donar dinero cuando lo tenga", me río entre dientes. Desde mi perspectiva, la razón por la que esa gente no tiene dinero es porque *no es generosa.*
6. La sexta flecha indica nuestras inversiones en bienes raíces. Junto a ella se puede ver: ($ X 4). El símbolo $ representa nuestra liquidez, el enganche que damos cuando invertimos en bienes raíces. El 4 representa la deuda bancaria que aseguramos para adquirir la propiedad. La deuda compensa la carga fiscal.
7. La séptima flecha representa la deducción fiscal que recibimos del gobierno, así que ($ X 50 por ciento) significa que, al pagar menos impuestos, obtenemos dinero del gobierno. A esto se le llama *flujo de efectivo fantasma.*

   Digamos, por ejemplo, que debo 1200 dólares en impuestos sobre mi ingreso personal. Como tengo una propiedad en la que invertí, el gobierno me permite deducir "pérdidas" y la *depreciación* es uno de los tipos de "pérdida".

Para hacerlo más sencillo, digamos que mi *depreciación* es de 500 dólares.

Esto significa que en lugar de pagarle 1200 dólares al gobierno en impuestos, mi pago se reduce a 700. A los 500 dólares que sobran por la depreciación se les llama *flujo de efectivo fantasma* porque es dinero que permaneció en mi bolsillo y no se lo tuve que pagar al gobierno.

8. La octava flecha representa el flujo de efectivo que va a las inversiones en los pozos petroleros y de gas.
9. La novena flecha representa la reducción en impuestos –($ X 80 por ciento)–, que es dinero que el gobierno me permite deducir de mi obligación fiscal por las inversiones en gas y petróleo.

En uno de los capítulos anteriores mencioné que invertí en petróleo y gas, y recibí un retorno de 32 por ciento sobre mi dinero.

Este 32 por ciento lo recibo asumiendo que estoy en el nivel fiscal de 40 por ciento. Si invierto 1 000 dólares en un pozo de gas o petrolero, el invierno me permite una deducción de 80 por ciento. 800 dólares X 40 por ciento = 320 dólares, un retorno de 32 por ciento en impuestos. Te repito que, en lugar de pagárselos al gobierno, esos 320 dólares permanecen en mi bolsillo.

Observa cómo disminuye mi obligación fiscal:

$	1 200
	<500>
	<320>
$	380

10. La décima flecha señala el oro y la plata.

    En lugar de ahorrar dinero, yo prefiero ahorrar oro y plata. No considero, sin embargo, que estos metales preciosos sean una buena inversión por sí mismos, ya que están sujetos a impuestos muy altos.

    Sospecho que los impuestos por al venta de oro y plata son altos porque el gobierno de Estados Unidos no quiere que sus ciudadanos los posean.

    Yo sólo guardo oro y plata como una especie de *cobertura*, un seguro contra el posible colapso del dólar, como el que sufrió el marco estatal alemán en 1923.

Éste es mi cuaderno de jugadas personal para el juego de La velocidad del dinero.

Recuerda que ésta es solamente una explicación simplificada de un proceso muy complejo, y que los números son nada más aproximados y pueden variar según las condiciones del mercado y el nivel de obligaciones fiscales que se tenga. Antes de hacer cualquier cosa, consulta con un abogado y un contador especializados en este tipo de procesos.

Si tus asesores no entienden el proceso, dales el libro *Riqueza libre de impuestos* de Tom Wheelwright para que lo usen como guía.

Tema:
Cómo usar los impuestos para volverte rico
Invitado:
Tom Wheelwright, Contador público

The Rich Dad Radio Show
Descarga la aplicación gratuita
www.richdad.com/radio

Si tu asesor te dice: "No puedes hacer eso aquí", consigue otra persona. En todo el mundo se aplican distintas versiones de este proceso porque es el juego del dinero que juegan los ricos.

P: *¿Cómo puedo entender mejor los diez pasos del juego?*
R: El Cono del aprendizaje nos sugiere un camino probado: *participa en una discusión* con un grupo de amigos. Si tú y ellos siguen los diez pasos del diagrama por lo menos diez veces, tu mente empezará a ver el "invisible" mundo del dinero, un mundo que muy poca gente llega a percibir.

P: *Déjame entender esto. Empezaste con dinero de inversionistas, o sea, no tenías nada de dinero metido en el juego, como tú le llamas. Y ahora obtienes millones de dólares sin arriesgar tus propios recursos.*
R: Sí.

P: *Entre más dinero haces, más tienes para invertir. Entre más inviertes, más dinero ganas… ¿Y lo haces todo de tal forma que incluso pagas menos impuestos?*
R: Así es.

P: ¿Y si tu dinero se desacelera, *tu ingreso baja y los impuestos suben?*
R: Sí.

P: ¿Entonces tu dinero lo obtienes de gente que "estaciona" el suyo en los bancos a través de las cuentas de ahorros y para el retiro?
R: Sí.

P: ¿Tú tomas el dinero de los ahorradores y le das velocidad? ¿Tu labor es mantenerlo en movimiento?
R: Sí.

P: *Vaya, y así es como te vuelves cada vez más rico. ¿El dinero se tiene que mantener en movimiento? ¿El efectivo debe seguir fluyendo? ¿Se tiene que utilizar para adquirir más activos y producir más flujo de efectivo? ¿Estoy en lo correcto? ¿Así va el juego?*
R: Acertaste en todo.

P: *Y si el dinero o efectivo deja de fluir, ¿la economía se detiene?*
R: Efectivamente.

P: *Por eso el gobierno te da ventajas fiscales, ¿verdad? Porque generas empleos y utilizas la deuda para crear viviendas, alimentos y energía.*
R: Así es. El flujo de dinero o efectivo es lo que mantiene la economía en movimiento. Si toda la gente ahorrara dinero nada más, la economía mundial sufriría un colapso. Por eso el gobierno da incentivos a través de los impuestos. En realidad, los impuestos son la forma en que el gobierno te dice: "Esto

es lo que necesito que hagas." Cuando los propietarios de viviendas reciben una deducción fiscal por el interés pagado en una hipoteca, el gobierno les está diciendo: "Gracias, tú sí estás haciendo justo lo que necesitamos."

P: *Cuando los pobres y la clase media ahorran su dinero, el efectivo deja de fluir, por eso el gobierno les cobra impuestos sobre ese dinero, ¿verdad? Los castiga por no mantenerlo en movimiento.*
R: SÍ.

P: *He notado que tú no inviertes en activos en papel, acciones, bonos ni fondos mutualistas… y tampoco ahorras dinero. ¿Por qué?*
R: Porque los activos en papel son riqueza terciaria.

P: *Tú inviertes en riqueza primaria y secundaria, en recursos y producción, ¿verdad?*
R: Sí.

P: ¿Por qué inviertes en riqueza primaria y secundaria?
R: Porque eso es lo que el gobierno quiere que haga. Es a lo que se dedican los empresarios. Los empresarios no tienen empleos, los crean. Los empresarios no compran acciones, construyen compañías y *venden* acciones de *sus* empresas.

P: ¿Esto es la educación financiera real? ¿La educación financiera debe mostrar las dos caras de la moneda?
R: Sí. La mayor parte de la educación que *casi* es financiera, sólo te da una perspectiva: invertir en activos en papel o en riqueza terciaria que se le vende a los E y los A. La verdadera riqueza proviene del lado de los D e I.

P: ¿Los E y los A pueden disfrutar de los mismos beneficios fiscales?

R: Sí y no. Todo depende de a qué te refieras con beneficios fiscales. En la mayoría de los casos, a lo más ventajoso que pueden aspirar los E y los A, es a invertir a través de un plan Roth IRA.

P: ¿Y qué hay de malo en ello?

R: Que es riqueza terciaria con riesgo alto y retornos que dependen de ganancias de capital, no de flujo de efectivo. Aquí no hay manera de controlar nada y los beneficios fiscales se generan solamente a largo plazo. Sin embargo, lo más inconveniente de este plan es que, al adquirirlo, tienes que "estacionar" tu dinero en él.

P: ¿Entonces los ricos crean el dinero de la nada y todos los demás trabajamos para ellos y… además pagamos impuestos?

R: Felicidades, lo entendiste bien. Ahora te das cuenta de que la unidad es pluralidad, es la cara opuesta de la moneda, el yin y el yang. Ahora sabes más que el 99 por ciento de la gente del mundo. Puedes ver lo invisible. Cuando ves el otro lado, por fin comprendes cómo se crean los activos.

P: ¿Entonces el dinero se crea en mi mente?

R: Sí. Los verdaderos activos no existen, se crean. Ya te conté la historia de mi amigo que compró una iglesia de 150 años de antigüedad en Escocia y la convirtió en un activo. El *activo* no existió sino hasta que él armó el rompecabezas. Durante casi cinco años, la gente pasó frente al letrero de Se vende que estaba afuera de la iglesia. Muchos pasaron cuando se dirigían a trabajar y a cobrar sus cheques de nómina, pero lo único que veían era una iglesia vieja y maltrecha. Graeme vio un activo. Ese activo cobró forma por primera vez en su cabeza, luego en su corazón y, por último, en sus emociones. Luego Graeme actuó. Ésa es la verdadera educación financiera. No se trata sólo de trabajar para obtener un cheque en la quincena, pagar impuestos, ahorrar dinero e invertir a largo plazo en el mercado de valores: eso es esclavitud.

La verdadera educación te da el poder de crear activos de la nada. Recuerda que Google no existía hace algunos años. Tampoco Amazon ni... The Rich Dad Company.

P: ¿Entonces en mi cabeza hay una fortuna?

R: Eso lo debes decidir tú. Tu realidad –tu vida–, comienza en tu cabeza, pero también de ahí surge la idea de buscar empleo, ahorrar dinero, salir de deudas e invertir a largo plazo en el mercado de valores. Puedes verlo de las dos formas.

Cada zona del Cuadrante del flujo de efectivo ofrece una perspectiva distinta del mundo. Quienes están solamente en una de las zonas, aprenden de manera distinta a los demás porque cada zona tiene valores diferentes.

Los empleados de E, por ejemplo, valoran la seguridad que les brinda un empleo y un cheque de nómina constante. Los empresarios autoempleados valoran la independencia y la capacidad de hacer cosas por sí mismos. El empresario de la zona D trabaja con un equipo y enfoca a su equipo en crear activos que produzcan flujo de efectivo. Por último, las personas de la zona I del cuadrante invierten en empresarios de la zona D porque estos producen activos que, a su vez, producen más activos. Los inversionistas rara vez invierten en los empresarios de la zona A.

P: ¿Entonces la gente de las distintas zonas del cuadrante valoran tipos de educación disímiles?

R: Sí.

P: *Para mi segunda oportunidad necesito decidir qué es lo que quiero aprender, y también es posible que tenga que olvidar lo que ya he aprendido.*

R: Sí. Ésa es una buena forma de verlo: en una cochera para un solo automóvil no puedes meter dos. Pasa lo mismo con la educación. Si quieres ampliar tu mundo, tendrás que agrandar tu cochera. En cuanto ves las dos caras de la moneda, ya estás ampliando tu mundo y estás dando entrada a posibilidades infinitas que no esperabas.

Ahora repetiré una cita de Fuller:

> He pasado la mayor parte de mi vida tratando de olvidar cosas que resultaron no ser ciertas.

P: ¿Entonces qué debo hacer ahora?

R: Decidir qué te conviene más. Somos seres humanos y eso significa que todos somos distintos. Tenemos dones, inteligencia y sueños diferentes.

En 1973 tuve que decidir qué tipo de vida sería mejor para mí. ¿Me iría mejor en el lado E y A, o en el D e I? Luego tuve que averiguar qué tipo de educación me llevaría a donde quería ir. ¿Una maestría y una vida de trabajo en las zonas E o A, o una vida como empresario de las zonas D e I?

En 1973 supe que no sería fácil tomar estas decisiones, pero que tendría que basarme en lo que me inspiraba a dar lo mejor de mí.

Ha llegado el momento de que decidas qué es lo mejor para ti.

Lecciones de Bucky Fuller

Esto es lo que dijo Fuller sobre la importancia de elegir una buena educación:

> Llegará un momento en que será posible que los niños reciban una educación adecuada, en un sistema glorificado de educación espontánea y elegida, parecida a la del sistema Montessori.

Traducción: "¿Por qué no permitirles a los niños que elijan lo que quieren aprender?"

Eso fue justamente lo que hizo Steve Jobs cuando se salió de Reed College para poder *volver a inscribirse* y estudiar *lo que en verdad quería aprender.*

El GRUNCH controla las materias que estudiamos, y por eso, miles de millones de personas se encuentran en medio de una crisis financiera actualmente.

A los nueve años le pregunté a mi maestra: "¿Cuándo vamos a aprender sobre dinero?"

Y en cuanto me respondió: "En la escuela no les enseñamos nada sobre el dinero", comencé a buscar a alguien que *sí* me enseñara lo que quería aprender, y así fue como encontré a Padre Rico.

Fuller también dijo:

> La educación por elección, con su maravillosa y motivante psicología del deseo de conocer la verdad, hará que la vida sea más sana y feliz, más rítmica y artística.

En otras palabras, la verdadera educación es ese deseo espiritual que tenemos de conocer la verdad.

Lección para tu segunda oportunidad

Nunca olvides que los ricos no ahorran su dinero, lo mantienen en movimiento.

La educación financiera es... **La cara opuesta de la moneda**.

La vida es una cuestión de elecciones, y cuando te colocas en el canto de la moneda, en un sitio desde el que puedes ver ambas caras, te estás dando la ventaja de ver la oposición entre el pensamiento y la educación tradicionales, y el camino hacia una vida plena y millonaria.

Mantener tu dinero en movimiento –a alta velocidad–, es lo opuesto a "estacionarlo" a largo plazo.

Capítulo diecinueve

Lo opuesto a "La emergencia es negativa"

Lo que tenemos que hacer es: las cosas que tienen que hacerse, las que has visto que se tienen que llevar a cabo pero que nadie más nota.

–R. Buckminster Fuller

Como sabes, nuestro mundo enfrenta muchos desafíos que son mucho más abrumadores que cualquier crisis financiera.

Mucha gente se pregunta: "¿Qué va a hacer nuestro gobierno al respecto?", pero a mí me parece que esta actitud es parte de la crisis porque casi todo mundo espera que el gobierno resuelva sus problemas. Yo creo que ya hay demasiadas personas que dependen de que el gobierno les dé un cheque de nómina.

A Fuller no le interesaba mucho la política, de hecho, solía decir:

> Mis ideas han pasado por un proceso de emersión por emergencia. Son aceptadas sólo cuando se les necesita con desesperación.

También decía que tenemos la opción de crear el paraíso o el infierno en la Tierra. Nos advirtió que nuestra generación, no la suya, se enfrentaría a la mayor crisis de todas, una crisis que marcaría el fin de la Era Industrial y el principio de la Era de la Información.

Su predicción fue muy precisa. Ahora vivimos en un gigante estado global de emergencia.

La buena noticia es que Fuller también habló del Principio generalizado de la emersión a través de la emergencia. Fuller explicó que de las *emergencias* siempre *surge* algo nuevo; le gustaba usar el ejemplo del pollito nonato que todavía está dentro del cascarón, sintiendo pánico a medida que crece, atrapado en una diminuta concha en donde el alimento, el aire, el espacio y el apoyo de vida se le van acabando. Y cuando el panorama se ve más sombrío que nunca, el pollito rompe el cascarón y surge a un mundo completamente distinto.

Fuller se preguntaba si, en nuestra evolución al futuro, los humanos elegiríamos crear el paraíso en la tierra o sucumbir al olvido. Nos advirtió que no fuéramos complacientes, que no permitiéramos que los políticos decidieran el futuro de la humanidad. Nos dijo que la vieja guardia en control del poder, lucharía para aferrarse a él.

Ahora que entramos a esta emergencia global, nuestro desafío es definir quién determinará nuestro futuro.

Enseguida te dejaré con algunas reflexiones para tu segunda oportunidad y tu futuro.

Steve Jobs dijo:

> No puedes conectar los puntos si miras hacia el frente, sólo puedes hacerlo si miras hacia atrás. Por eso tienes que confiar en que, de alguna manera, los puntos se conectarán en tu futuro.

Para comenzar tu segunda oportunidad, date algo de tiempo y mira hacia atrás. Luego conecta los puntos y pregúntate: ¿Qué cosas de mi pasado señalan hacia mi futuro?

Cuando me hice esta pregunta, descubrí que mi futuro comenzó cuando estaba en cuarto grado y alcé la mano para preguntar: "¿Cuándo nos van a enseñar sobre el dinero?".

En ese mismo discurso, Steve Jobs nos ofreció el mejor consejo para esta época: "Permanece hambriento. Sigue siendo un insensato."

En 1984, Kim y yo hicimos algo verdaderamente insensato. Dimos un salto a lo desconocido en busca de respuestas a la misma pregunta que me había hecho décadas atrás: ¿Por qué no nos enseñan sobre el dinero en la escuela?

En 1984, Kim y yo estábamos muy hambrientos y éramos muy insensatos. Y así descubrimos que Steve Jobs tiene razón porque permanecer hambrientos e insensatos ha sido benéfico. Si no hubiéramos dado ese salto de fe a lo desconocido, jamás habríamos sido amigos de John Denver, pasado una hora con Oprah Winfrey en su programa de televisión, coescrito libros con Donald Trump, conocido a Steve Forbes, asistido a audiencias con líderes del mundo como Shimon Peres, presidente de Israel y, lo más importante: jamás habríamos viajado alrededor del mundo para conocer a millones de personas sensacionales como tú.

Permanecer hambriento y seguir siendo insensato es algo genial, por lo que, definitivamente, no planeo cambiar mi forma de actuar.

Hay varias preguntas que me gustaría que te hicieras:

1. Si conecto los puntos de mi pasado, ¿a dónde vería que va mi futuro?
2. ¿Qué preguntas quería que me fueran respondidas cuando era niño?
3. ¿Qué es lo que veo que tiene que hacerse? ¿Qué es eso que nadie más está haciendo?

Ésta es una pregunta muy importante porque, si haces lo que se tiene que hacer sin que nadie te lo indique, surgirá tu verdadero genialidad.

1. ¿Cuál es la causa por la que estoy dispuesto a permanecer hambriento y seguir siendo insensato?
2. ¿Qué tanto bienestar para el mundo está generando mi trabajo?

Esta última pregunta me llevó al límite. Cuando di un paso atrás y analicé mi negocio de *rock and roll*, la respuesta fue: "No mucho". Estaba trabajando con muchas ganas y generaba dinero, pero no estaba haciendo gran cosa por el mundo.

En cuanto me di cuenta de que trabajaba arduamente –creaba empleos y ganaba dinero, pero no beneficiaba al mundo–, supe que mis días en el negocio de rock and roll estaban contados. Amaba lo que hacía pero sabía que trabajar sólo porque me gustaba el negocio, era mezquino.

Poco después de que me comprometí con mi salto de fe y renuncié a mi compañía, conocí a Kim.

Dudo mucho que la habría conocido si hubiera sentido indecisión respecto a mi futuro. En el fondo de mi corazón creo que dios me la envió porque sabía que iba a necesitar ayuda.

HAZ LO OPUESTO

Aquí tienes algunas ideas para tu segunda oportunidad y para lo que ésta podría significar para tu vida, tu espíritu, tu familia y tu futuro:

1. En lugar de buscar un empleo, busca problemas que necesiten ser resueltos.
2. En lugar de trabajar arduamente para obtener dinero, ahorra para servir a más gente.
3. En lugar de pedirle ayuda a dios, piensa de qué manera puedes ayudarle tú a él.

Creo que estas tres acciones te servirán como guía en el camino de tu segunda oportunidad.

Para finalizar, te dejaré con las siguientes palabras de sabiduría de Margaret Mead:

> Nunca dudes que un pequeño grupo de ciudadanos comprometidos y organizados pueda cambiar el mundo porque, ciertamente, es lo único que lo ha hecho.

De Albert Einstein:

> No podemos resolver problemas usando el mismo tipo de mentalidad que aplicamos cuando los creamos.

Y por último, de Bucky Fuller:

> Fuimos llamados para ser los arquitectos del futuro, no sus víctimas.

Lección para tu segunda oportunidad

¿Cómo surgirás de las crisis que enfrentamos? ¿La vida que crees será el paraíso o el infierno en la tierra? Al futuro lo determinan las decisiones que tomes.

La educación financiera es... **La cara opuesta de la moneda**.

La mayoría de la gente sólo ve el caos o las crisis en una emergencia, pero en la cara opuesta de la moneda está la posibilidad que puedes apalancar para crear tu segunda oportunidad.

Gracias por leer este libro.
–RTK

Reflexiones finales

"¿Qué puedo hacer?", se preguntaría Bucky Fuller. "Sólo soy un hombrecito...".

Tres años después de que tomé esta fotografía, empecé a trabajar en lo que podía hacer *yo*.

Creo que necesitamos que en nuestras escuelas se imparta educación financiera, y que esté disponible para todos, tanto para los pobres como para los ricos.

Necesitamos un sistema educativo que le enseñe a la gente a aprender de sus errores, en lugar de que los castigue por cometerlos.

Necesitamos enseñar que cada moneda tiene tres lados, cara cruz y el canto. Hay tres puntos de vista... tomando en cuenta el "canto" que representa la inteligencia y el sitio desde donde puedes ver las dos caras.

De cierta forma creo que estas tres perspectivas cambian la forma en que pensamos y actuamos en el mundo.

Robert con Bucky Fuller

Evento *The Future of Business* • Kirkwood, California, 1981.

Epílogo

Sé que tu espíritu tiene un poder increíble. Lo sé porque si te sumergiera la cabeza en agua, tu espíritu se haría cargo de la situación.

Este libro fue escrito para inspirar tu espíritu, para que éste se convierta en el motor de tu segunda oportunidad... una segunda oportunidad para asumir el control de tu dinero, tu vida y nuestro mundo.

No somos seres humanos teniendo una experiencia espiritual. Somos seres espirituales teniendo una experiencia humana.

–Pierre Tielhard de Chardin, filósofo francés

Acerca del autor
ROBERT KIYOSAKI

Robert Kiyosaki, mejor conocido como el autor de *Padre Rico, Padre Pobre* –el libro #1 de finanzas personales de todos los tiempos–, ha desafiado y cambiado la forma en que piensan sobre el dinero decenas de millones de personas alrededor del mundo. Es empresario, educador e inversionista, y cree que el mundo necesita más empresarios que creen empleos.

Debido a sus opiniones acerca del dinero y las inversiones –a menudo en contra de la sabiduría tradicional–, Robert se ha ganado la reputación de un autor candoroso, irreverente y valeroso; y se ha convertido en un defensor apasionado y franco de la educación financiera.

Robert y Kim Kiyosaki son los fundadores de The Rich Dad Company, una empresa de educación financiera, y creadores de los juegos CASHFLOW®. En 2014 la empresa apalancará el éxito global de los juegos de Padre Rico con el lanzamiento de una novedosa oferta de juegos en línea y aparatos móviles.

Robert ha sido proclamado como un visionario con el don de simplificar conceptos complejos –ideas relacionadas con el dinero, la inversión, las finanzas y la economía– como "Tu casa no es un activo", "Invierte para conseguir flujo de efectivo" y "Los ahorradores son perdedores", las cuales provocaron una tormenta de crítica y escarnio... pero luego se comprobaron en medio del escenario económico mundial de la última década, de una forma profética y perturbadora.

Desde la perspectiva de Robert, la "vieja" recomendación – consigue un buen empleo, ahorra dinero, sal de deudas, invierte a largo plazo y diversifícate–, se volvió obsoleta para la acelerada Era de la Información en que vivimos ahora. Sus filosofías y mensajes de Padre Rico, desafían el *status quo*. Sus enseñanzas motivan a la gente a buscar educación financiera y asumir un papel activo en la inversión para su futuro .

Además de ser autor de diecinueve libros, entre los que se encuentra el éxito internacional *Padre Rico, Padre Pobre*, Robert ha aparecido en medios de todo el mundo, desde CNN, BBC, Fox News, Al Jazeera, GBTV y PBS, hasta *Larry King Live, Oprah, Peoples Daily, Sydney Morning Herald, The Doctors, Straits Times, Bloomberg, NPR, USA TODAY* y cientos más. Asimismo, sus libros han estado a la cabeza de listas internacionales de *bestsellers* por más de diez años. Robert sigue enseñando e inspirando a públicos de todo el mundo.

Entre sus libros más recientes se encuentran, *La ventaja del ganador: El poder de la educación financiera, El toque de Midas* –su segundo libro escrito con Donald Trump–, y *Despierta el genio financiero de tus hijos: por qué los estudiantes de "10" trabajan para los de "6"*.

Para conocer más sobre Robert, visita RichDad.com

¡Qué comiencen los juegos!

Rich Dad Company ha existido desde 1997. Hemos tenido éxitos asombrosos y hemos cambiado millones de vidas. Nos hemos enfocado en nuestra misión –elevar el bienestar financiero de la humanidad–, a través de todos los vehículos posibles. Ofrecemos libros, juegos de mesa, seminarios, e incluso "coaches" o entrenadores personales para que te ayuden a atravesar tu proceso.

Y a pesar de que nuestro éxito a nivel mundial ha sido grandioso, nos hemos dado cuenta de que el mundo está cambiando.

A Robert le gusta citar a Joel Barker: "Tus éxitos del pasado no te garantizan nada para el futuro." En algún momento comenzamos a enfocarnos en nuestros éxitos del pasado y dejamos de mirar al futuro, y sabíamos que teníamos que cambiar esa actitud. Siempre que se quiera mirar el futuro, lo mejor que se puede hacer es empezar por estudiar el trabajo de Buckminster Fuller.

Uno de los principios generalizados de Bucky Fuller, es: "Entre a más gente sirva, más eficiente seré."

De pronto, la clave para el futuro se hizo evidente. Teníamos que servirle a más gente. Siempre nos hemos enfocado en eso, por eso Robert y Kim crearon el juego de mesa CASHFLOW para empezar. Por eso escribieron libros en lugar de enfocarse solamente en seminarios.

Para servir a más gente teníamos que aplicar los principios generalizados de Bucky como la efemerilización.

La efemerilización consiste en hacer más con menos. ¿Cómo podíamos llevarle los mensajes de Padre Rico a más gente? ¿Cómo podíamos hacerlo mejor y por menos? Sabíamos que si encontrábamos la manera de hacerlo por menos, llegaríamos a más gente.

En 2011, The Rich Dad Company resolvió el acertijo de la efemerilización y entró a un nuevo campo creativo.

Shane Caniglia, presidente de Rich Dad, vio el futuro de la empresa, el futuro de la interacción personal y el futuro de la diseminación del mensaje de la independencia financiera. Su visión: los juegos digitales.

La evolución de la tecnología y el auge de las aplicaciones móviles es la oportunidad que le puede dar su "segunda oportunidad" a The Rich Dad Company, la capacidad de revitalizar y vigorizar nuestra capacidad para involucrarnos con un público nuevo, más joven e inmerso en la tecnología y, al mismo tiempo, asegurarnos de seguir sirviendo a nuestra incondicional comunidad ya existente.

Lo más emocionante de esta idea fue que, lo que vimos como nuestro futuro, en realidad era nuestro pasado. No muchos conocen este dato de la empresa, pero el juego de mesa CASHFLOW fue nuestro primer producto. El libro *Padre Rico, Padre Pobre* –una publicación de 1997 que se convirtió en un *bestseller* internacional y en el libro de finanzas personales #1 de todos los tiempos–, en realidad fue escrito como un "folleto" para promover y vender el juego.

Las preguntas son: ¿Cómo se ingresa al mundo de los juegos digitales? Con el espacio móvil repleto de miles y miles de aplicaciones, ¿cómo se diferencia uno de los demás?

El primer paso fue recordar nuestra misión y mantenerla a la cabeza de todo el trabajo para desarrollar la aplicación. Sabíamos que teníamos que mejorar la misión de educar al mundo y elevar el bienestar financiero de la gente de todas partes. Siempre habrá quienes tengan el poder de escapar de su carrera de la rata, vidas que transcurren bajo el sometimiento de empleos de 9 a 5, la espera entre un cheque de nómina y el siguiente, y la tristeza de ser el activo de alguien más. Siempre habrá vidas para las que los sueños sólo se desplieguen durante el descanso nocturno.

Cuando empezamos el proceso de desarrollo nos enfocamos en dos creencias fundamentales:

✓ La misión es lo que debe guiarnos
✓ Diseñemos un producto de calidad y el éxito vendrá solo

El equipo de desarrollo esencial se dirigió a la Conferencia de Desarrollo de juegos (GDC, por sus siglas en inglés), para hacer una evaluación sobre a dónde se dirigía la industria, conocer nuevos conceptos y ponerse en contacto con personas que podrían convertirse en aliados para propagar nuestro mensaje.

Como sucede con muchas búsquedas, uno no siempre encuentra lo que necesita. En la GDC el equipo entró en contacto con gente que afirmó entender los mensajes de Padre Rico. Nos hicieron promesas respecto a la forma de entrega, el mensaje y el respeto por el espíritu de la marca.

Invertimos varias horas intercambiando correos electrónicos y sosteniendo conferencias telefónicas con el objetivo de determinar si lo que nos ofrecían era adecuado. Hicimos varios viajes para conocer el estudio en donde trabajaban y a la gente de su equipo, e incluso los trajimos en avión a Phoenix para que se reunieran con todo el equipo de Rich Dad. El fundador de la empresa tenía una reputación importante como asesor en el ámbito de la industria de los juegos. La empresa enfocó su experiencia en hacer los juegos más divertidos y en capitalizar con la psicología del jugador casual.

Nosotros estábamos emocionados de dar inicio al proyecto con nuestros nuevos socios, por lo que empezamos a conceptualizar: ¿Qué tipos de mecánicas de juegos estábamos buscando? ¿queríamos crear una repetición del juego de mesa CASHFLOW o diseñar algo totalmente nuevo? ¿Sería mejor producir un híbrido? Las ideas y los planes empezaron a cobrar forma.

De pronto notamos el surgimiento de algunas grietas. En cuanto la etapa de "cortejo" terminó, pudimos ver con mayor detenimiento a la empresa que habíamos contratado para este proyecto. Faltaban algunas tareas fundamentales o solamente habían sido producidos a medias, y las excusas empezaron a acumularse. Nos preocupamos de inmediato. Estábamos entre la espada y la pared. ¿Nos deteníamos en ese momento o... presionábamos y continuábamos porque ya habíamos empezado? Ya habíamos elegido y trazado el camino que tendríamos con esa empresa y, además, carecíamos de la experiencia para desafiar a nuestros socios o para siquiera hacer patente nuestra inquietud.

Para paliar nuestra preocupación, tanteamos el terreno con gente cercana a Rich Dad y encontramos a alguien con la experiencia adecuada en la industria de los juegos pero que también se apegaba a los ideales de Padre Rico. Era alguien que había ascendido en varias empresas de alto nivel de desarrollo de juegos, había fundado sus propias empresas y las había vendido después. Lo mejor de todo era que era socio de alguien cercano a The Rich Dad Company, y que teníamos mucha confianza en su experiencia y su capacidad para encajar con nuestro equipo.

Cuando nuestro nuevo experto estuvo a bordo, se dedicó a evaluar las fortalezas y capacidades de nuestros socios, y descubrió que nuestros miedos eran legítimos. En lugar de seguir viendo si podíamos sobrevivir al proyecto con ese peso muerto a cuestas, rompimos nuestra relación con esa empresa y seguimos adelante.

Como sucede con muchas "segundas oportunidades", esta nueva travesía no ha sido tan sencilla ni libre de baches como creímos que sería. Nos llevó más allá de la zona de confort pero sabíamos que teníamos una oportunidad increíble y no podíamos renunciar a ella. Aceptamos nuestros errores, identificamos las enseñanzas que recibimos de ellas e hicimos los cambios necesarios. Llega a suceder. Nos salió caro pero aprendimos mucho.

Aunque este imprevisto inicial desalentaría a muchos equipos, la filosofía de Padre Rico proveyó nuevamente una oportunidad en un suceso en el que la mayoría sólo vería un fracaso. Ahora sabíamos de qué aspectos tendríamos que estar pendientes en las futuras asociaciones con otros desarrolladores. A los primeros socios les dimos demasiada libertad y autonomía porque nos aseguraron que entendían nuestro mensaje, pero después se hizo evidente que sólo hablaban de dientes para afuera.

El equipo de desarrollo de Rich Dad empezó una nueva búsqueda de cero. Habían comprendido que no sólo podían entrar al mercado y confiar en el primer "amigo" sonriente que se presentara. Esta nueva búsqueda condujo a una relación con una agencia de desarrolladores de juegos. Como sucede en casi todas las industrias, hay gente que tiene información privilegiada, y si uno puede apalancar ese conocimiento, es posible evitar los obstáculos contra los que otros sí tendrán que enfrentarse. Esta agencia de desarrolladores conocía bien la industria, conocía los mejores estudios y sabía quién sería adecuado para la visión del juego de Rich Dad Company.

La búsqueda comenzó con una lista de 25 estudios que nos pareció que podrían materializar nuestro concepto para mostrarlo al mundo. De esos 25, catorce nos enviaron propuestas aceptables, pero sólo siete coincidían con la cultura y la mentalidad de Rich Dad.

Tal vez habríamos podido solamente revisar las propuestas, hacer algunas llamadas y elegir el estudio que "funcionaba" y llenaba nuestros requisitos, pero gracias a nuestros errores del pasado ya habíamos aprendido que teníamos que cavar todavía más hondo. Cruzamos el país de lado a lado, conocimos personalmente cada estudio, inspeccionamos las instalaciones, revisamos sus juegos y aplicaciones anteriores, entrevistamos a sus equipos y conocimos a la gente desde la base. Y sólo cuando supimos en el fondo de nuestro corazón que habíamos encontrado al equipo adecuado, tomamos una decisión.

Tener al equipo adecuado no garantizó que el desarrollo fuera sencillo. Creamos seis versiones distintas del juego y, cada vez que teníamos una nueva, nos preguntábamos: "¿Cómo podemos mejorarla?" Jamás nos preguntamos cómo podríamos convertirla en "la mejor" porque llegar a "lo mejor" implica llegar a un límite, al final. Mejorar la aplicación es una tarea permanente que va más allá del lanzamiento inicial y se refleja en las actualizaciones, las mejoras en comunicación y en un aprendizaje cada vez más eficiente. Es un proceso que no termina nunca.

Además necesitábamos asegurarnos de seguir fieles a la marca. Cuando haces un juego con tanques, aerodeslizadores y edificios futuristas, puede resultar difícil que éste logre transmitir nuestros principios fundamentales como el ingreso pasivo y los activos. Lo más difícil de todo fue aprender a equilibrar la diversión con el aprendizaje. Este aspecto provocó mucho debate y conflicto en el equipo. ¿Cuál era el equilibrio perfecto?

A lo largo del proceso del desarrollo del juego, adoptamos el mantra, "mejóralo". Prometimos no conformarnos. Además, "mejorarlo" no sólo era una frase aplicable al juego sino a todo lo relacionado con la aplicación y el ámbito lúdico cibernético. Contactamos a gente en Apple y nos preguntamos, ¿cómo podríamos hacer que esta relación mejore? Trajimos consultores y asesores, y nos desafiamos a nosotros mismos: ¿Cómo podríamos hacer que ese equipo de más elementos también fuera mejor? ¿Cómo mejorar el desempeño de nuestros socios? Y, lo más importante, queríamos asegurarnos de que el juego siguiera mejorando con cada repetición. La falta de educación financiera es un problema serio y creciente en el mundo de hoy, por lo que nosotros nos comprometimos a atender esa necesidad con un juego nuevo.

El 15 de junio de 2014, el juego *Capital City* fue lanzado en iOS y Android. Fue un parteaguas para The Rich Dad Company y representó un importante logro, resultado de un desafiante proyecto de dos años de duración. Gracias a las lecciones que aprendimos y al equipo que formamos, desarrollamos algunas otras aplicaciones de paso, todas ellas diseñadas para propagar nuestro mensaje y misión.

Produjimos una aplicación que es una réplica perfecta del juego CASHFLOW; se llama CASHFLOW–*El juego de la inversión*. Este juego entró a la categoría de finanzas de Apple Store en el número 1 y, conserva esa posición hasta la fecha.

A través de este viaje para crear Capital City, también diseñamos *Rich Dad Poor Dad*, por Clutch Learning. En esta aplicación condensamos todas las lecciones del *bestseller* internacional de Robert, y las convertimos en mini juegos, animaciones, videos y ejercicios interactivos, todo con el objetivo de ludificar el aprendizaje. También creamos un estado financiero para que acompañara al juego de mesa y una aplicación del programa Rich Dad Radio Show, para que lo puedas escuchar en cualquier momento y lugar que desees.

Todas estas aplicaciones fueron resultado del proceso y el aprendizaje que tuvieron lugar para diseñar *Capital City.* Son resultado directo del aprovechamiento de los elementos propicios para tener una "segunda oportunidad" y para crear un futuro en el que podamos servir a más gente.

Crear estas aplicaciones nos enseñó lecciones que utilizamos en la producción de *Capital City* y que nos dieron la oportunidad de mostrarle a Apple el trabajo de alta calidad que estábamos comprometidos a producir. ¿El resultado? Que Apple, un líder de la industria con altísimos estándares, que ha rechazado otras aplicaciones, confiara en nuestra relación y en la fortaleza de la marca Rich Dad, y aprobara *Capital City* en tiempo récord. El juego debutó en el #3 en la categoría de Juegos/Educativos, lo cual representa una gran hazaña en un mercado conformado por millones de aplicaciones.

Y todavía no acabamos.

Aunque sentimos que estas aplicaciones son buenas, incluso geniales, estamos comprometidos a mejorarlas continuamente y a aplicar las lecciones que hemos aprendido, en nuestros futuros productos virtuales. Robert nos dice con frecuencia que nuestra labor es hacer más con menos y servirle a más gente en todo el mundo. Rich Dad Company está comprometida con la educación financiera y cree que el aprendizaje debe ser divertido, y que los juegos y las aplicaciones son el futuro del aprendizaje para muchas de las generaciones que vendrán.

Segunda oportunidad, de Robert T. Kiyosaki
se terminó de imprimir en abril de 2015
en los talleres de Litográfica Ingramex, S.A. de C.V.
Centeno 162-1, Col. Granjas Esmeralda,
C.P. 09810 México, D.F.